人間書話

第二辑

安琪——著

中国华侨出版社

· 北京 ·

图书在版编目（CIP）数据

人间书话.第二辑/安琪著.—北京：中国华侨出版社，2021.3
ISBN 978-7-5113-8252-8

Ⅰ.①人… Ⅱ.①安… Ⅲ.①读书笔记—中国—现代
Ⅳ.① G792

中国版本图书馆 CIP 数据核字（2020）第 123625 号

人间书话.第二辑

著　　者 / 安　琪
责任编辑 / 王　委
经　　销 / 新华书店
开　　本 / 787 毫米 × 1092 毫米　1/16　印张 / 20　字数 /466 千字
印　　刷 / 大厂回族自治县德诚印务有限公司
版　　次 / 2022 年 2 月第 1 版第 2 次印刷
书　　号 / ISBN 978-7-5113-8252-8
定　　价 / 56.00 元

中国华侨出版社　北京市朝阳区西坝河东里 77 号楼底商 5 号　邮编：100028
法律顾问：陈鹰律师事务所
编辑部：（010）64443056　　64443979
发行部：（010）64443051　传　真：（010）64439708
网　址：www.oveaschin.com　E-mail：oveaschin@sina.com

序

极具创造性的自由劳作

吴子林

友人第一次到我家，发现除了厨房和洗手间，每一面墙都是顶天立地的书架，上万册的图书置身其间。书架上有多年来求之不得的书，有出于强烈愿望顶着雨雪购回的书，有从不同图书馆里借来的书，有向别人借到的书，有与现在的工作有关的书，有早已计划要读的书，有现在不需要但某天可能会读的书，有希望放在手边随时查阅的书，有大家都读过自己也应当读过的书，有谎称读过但现在才下决心一读的书，有早已读过现在还想重读的书，有暂时可以不读的书，有不用读就知道内容的书，有没读过并且肯定不会读的书……它们静静地待在书架上，皱着眉头凝视一个个到访的客人，投来"威吓"一般的眼神……

友人在书架前来回踱步，忍不住问："你们全都读过吗？我是说，从第一个字读到最后一个字……"对于这个问题，可能有好几种不同的答案——

第一种："不。我写作时才可能读。"

第二种："我一本都没读过。不然我留着它们干吗。"

第三种："怎么可能呢，借你十辈子的时间，也不可能全部读完。"

第四种："比这还多，我所读过的，比这还多得多。"

第五种："只读了一点，其他的以后再说吧。"

……

种种回答兴许会让提问者感到失望，乃至不解。难道不是这样吗？我们和这些书的"约会"，基本上是在以后，很久以后，甚至在来生……

看我犹豫未答，扑哧，友人笑了，随口说了句："书非借不能读也。"我说："不，不，不，不是这样的。书不是拿来读的，书是拿来用的。就像写文章是为了解惑，而不是为了完成什么课题啦项目啦……等你写东西的时候，它们不就派上用场了？"

"那为什么收藏这么多的书呢？"

我搬出了艾柯的名言："这是一种知识的保证。"可不是？藏书就类似于酒徒的酒窖，没必要把里面的美酒全喝了。只要兴致好，就不时下酒窖喝干其中年份最佳的那几瓶醇香的酒。同样，书也该这么办，把它放在一旁，等它慢慢"成熟"，总有一天会下决心看的——至少，我是这样想也是这样做的……

法国电影界泰斗卡里埃尔的看法是正确的，阅读的关键，"不在于不惜任何代价地读，而在于懂得如何实践这一行为，并从中汲取基本而持久的养分"；"一本伟大的书永远活着，和我们一起成长与衰老，但从不会死去。时间滋养、修改它；那些无意义的书则从历史的一边掠过，就此消失"。也就是说，阅读完全是一种个体的活动，是阅读主体通过阅读建构起一个属于自我的意义世界；借用伽达默尔的话说，是读者视域与文本视域的一种融合，是读者视域在文本的召引下不断前行、延伸、扩展的一个无限运动过程。

阅读需要理解，即进入和认同；而我们所能理解的，都是与自我有关的东西。在某种意义上，我们对书籍的兴趣，也就是对自我兴趣的具体表现。在接触、阅读一本书时，我们不是暂时地被移入文本的世界，而是我们就在其中；彼此相遇，彼此对话，一个意义世界由此生成。在阅读过程中，自我视野不断打破又不断形成，不断修正又不断扩充，不断更新又不断提升：这比从书中获取某种知识重要得多。我们认识了外部世界，更是与自我遭遇，认识了自己。

卡里埃尔说得好："一本伟大的书的权威性、通俗性和现实性就在于此：我们打开书，它向我们讲述我们自己。因为我们从这一刻起真正地活着，因为我们的记忆获得补充，与书相系"；"有时是具体发现，有时却是个人发现，人人都可以实现的珍贵发现，只需在夜里拿出一本早已被遗忘的书"。

真正意义上的阅读，首先是"六经注我"，即自我的开启、理解和建构。安琪这些年的阅读有力地印证了这一点。

人们一般喜欢阅读那些实用性的书籍，在他们看来，包罗万象、无所不及的文学、历史、哲学、艺术毫无用处，它不能从政治上改善人生（这是政治家的职责），不能从技术上改善人生（这是工程师的职责），不能从医学上改善人生（这是医生的职责）……

安琪所读的基本都是些"无用之用"的书：文学经典、历史著作、哲学名著、艺术名作、当代作家作品等，它们呈现了生动的细节、新颖的形式或是丰饶的思想。迥异于上述"经世致用"的书，它们"只是烛照道路，但并不筑造道路"（什克洛夫斯基语）。

读过之后每有所得，安琪便晃到我面前，"手之舞之，足之蹈之"；或朗朗上口读几段，或发表其独到高见；然后，转身电脑前，以其独创的"书话体"写下诸多札记。我是这些"书话"的第一读者，它们随心随性、不拘章法，充满了诗人的灵思妙想。安琪总是结合自己的生活境况或人生遭际，将文本组合化为自我理解，通过另一种可能的途径与自我对话；生命的渴望，命运的无常，莫名的迷惘，都在其中一一展现，心灵的律动怦然作响。读安琪书话，倾听其存在吐纳，仿佛超越世间纷乱万事的困扰，却又分明感受到其中有一种快乐中掺杂沮丧之缠绕的"愉悦"。

是的，"愉悦"是安琪"书话"给人的第一审美反应，故其《人间书话（第一辑）》甫一问世，便被人们抢购一空。这种"愉悦"是一种情感评价，它让我们过着一种"内心生活"，洞察自身历史发展的历程，内在感受世界的生活形式，其精神维度是向"上"的。

品读安琪的书话，我们深深陶醉于其内在性灵的充盈与发现，而自然联想到明清之际文学评点大家金圣叹所言："圣叹批《西厢记》是圣叹文字，不是《西厢记》文字。"我知道，不少朋友按"书"索"骥"，依照安琪"书单"网购品读，同样体悟到契合自己心灵的、丰沛的意义世界，领会到生活是有趣的，生命是美好的，人生是有价值的——这是一种异常强烈、恒久的"愉悦"之感。由此，我们重新认识了生命，走向了人生的深处！

安琪的书话属于我所心仪的"趣味"型写作，这是一项极具创造性的自由劳作：不从俗，不慕虚荣，为性简素，避喧兰若；踽踽独行，自苦自适，心定气闲；任天而动，触事兴感，见微知著；因文为题，纵谈古今，纡徐不迫，讲论自乐；有细密处，有奔放处，谿朗深邃，不拘一格。这种趣味型写作，不忮不求，机心全息，力究本来，风神蕴藉，总是竭尽了心力，决不含糊敷衍。这是一种类似爱情的工作，知之深，爱之切，多按个人的趣味发而为文，触处生春，若俯若偃，俱从其情，天趣盎然，启人心扉。因为完全按照自己的喜好摸索而得，有一种学院体系之外的率真与轻盈、清淡与准确；在萧散随意之中，总是蕴藏个人化的发现与创见，读者唯有"以心会心"方有所得；这是林语堂先生说的"我们精神上的屋前空地"，是只对与自己处于同一层次的读者的拈花微笑……

安琪诗、文、画兼通，可谓多才多艺。她的《人间书话（第二辑）》就要问世了，善于创造奇迹的诗人又给我们带来怎样的惊喜呢？

让我们一起开卷悦读吧！

是为序。

2020 年 2 月 14 日，北京"不厌居"

（吴子林，1969 年生，福建连城人，文学博士，中国社会科学院文学研究所研究员，《文学评论》编审。主要致力于中国古代文论、文学基本理论、中西比较诗学及中国当代文学理论的研究与批评。专著有《自律与他律——中国现当代文学论争中的理论问题》（合著）、《经典再生产——金圣叹小说评点的文化透视》《中西文论思想识略》《文学问题：后理论时代的文学景观》《童庆炳评传》《批评档案》《文学瞽论》等 10 部；编著有《艺术终结论》《教育，整个生命投入的事业——童庆炳教育思想文萃》等近 40 部。）

目录

contents

辑一

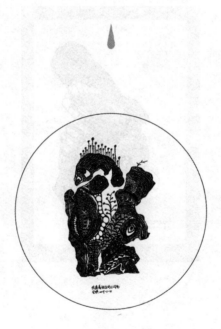

书 名	《文心雕龙》
著(译)者	［南朝梁］刘勰 著，王运熙、周锋 译注
版 别	上海古籍出版社 2016 年

"自重其文"

读《文心雕龙》，必须配套《童庆炳文集》第七卷《〈文心雕龙〉三十说》，这是我的经验之谈。甚至可以不用读《文心雕龙》，直接读童老师的书即可。童老师的《〈文心雕龙〉三十说》每引用《文心雕龙》章节，必翻译、分析，童老师的文字不单只对《文心雕龙》，他会横向纵向引用古今中外诸多名家来类比：一是，这些名家有"龙学"研究者，他们对《文心雕龙》某个部分各自持有什么观点，童老师自己又是什么观点，童著皆有，读童著，相当于也跟着读了众多"龙学"研究者的著作；二是，这些名家有与作者刘勰同为文章大家的陆机、王充、王国维等，读童老师此著，又相当于读了各位文章大家。坦白说，《文心雕龙》50 篇，我读了 30 篇，并未全部读完。刘勰漂亮的骈体文在当时应该是形式美的典范，但白话翻译本只是把意思传递出来，却无法把漂亮的词句表达到位，这也是大部分古诗文今译的通病。倒不如读童老师的《〈文心雕龙〉三十说》，既有流畅的讲解也有精到的阐释。后来我就丢了《文心雕龙》原本专读童老师的著作了。

刘勰家贫，不婚娶，但自小好学，曾跟随定林寺的僧佑学习并校订、编定佛经，经过十余年的努力，"遂博通经纶"。33 ~ 34 岁时，撰写了长篇论文《文心雕龙》(4 万字)。"自重其文"，背着书，等着当时文坛领袖沈约车到，"干之于车前，状若货鬻者"，沈约"便命取读，大重之"。考察《文心雕龙》的成书和传世可知刘勰对自己人生的规划和行动力。刘勰承继了古人"立德、立功、立言"的思想，权衡自己的能力，选择了"立言"，在《序志》篇中刘勰写到了 7 岁梦见攀采彩云，30 岁以后曾梦见拿着礼器跟随孔子南行。这些都是非我凡人之梦，客观上也坚定了他的抱负。刘勰原本打算注释经书，但认为前人已注释得很优秀，自己超不过了，于是转向撰写《文心雕龙》。刘勰确实是一个很清醒的人，行文处世有章法，他的《文心雕龙》也因此条理清晰。全书50篇，"龙学"家都已经有清晰的分类，我就不再列举。我喜欢这50篇的题目，两字构成，大气、洒脱、简洁、明快。我做编辑的时候也乐意用两字结构的词组。《文心雕龙》所总结出的写作手法或曰评判标准，于今依旧有现实意义，诸如神思、风骨、情采、丽辞、练字、养气等。《文心雕龙》启发了后世很多作家和文论家的写作。

相比于王国维的《人间词话》，刘勰的《文心雕龙》更丰富、扎实、犀利，用心更多，自然也更伟大，此为笔者一家之言。

2018-7-4

书　　名	《司空图诗文研究》
著(译)者	祖保泉 著
版　　别	安徽教育出版社 1998 年

"如有佳语，大河前横"

本意是为读司空图《二十四诗品》，家中却只有这一本研究司空图诗文的书，想来《二十四诗品》行文太短字数太少，难以独立成书吧。

资料获悉，祖保泉，安徽巢县人，中国文艺理论家、教育家、学者，中国当代著名"龙学"专家，安徽师范大学文学院教授，2013年10月1日在芜湖逝世，享年93岁。"龙学"（《文心雕龙》）专家研究《二十四诗品》也是顺理成章之事，因为二者都是中国古代文学理论专著。本书中祖先生用相当部分篇幅论证《二十四诗品》乃司空图所撰。为驳斥陈尚君、汪涌豪两位先生所提出的《二十四诗品》用"宋人诗文来诠证"的说法，祖先生特意为《二十四诗品》作注，细致列出《二十四诗品》每句话所引用或化用的唐以前诗文，这真是一项大工程，仅以《缜密》"水流花开，清露未晞"两句来看，祖先生引证了《敦煌变文集·庐山远公话》"地平长流之水，园开不朽之花，是如来修行之处"，又引隋灌顶《大般涅槃经玄义》卷下"左临水镜，澄彻鉴心；右带藻池，红葩悦目"来论证"水流花开"的出处。"清露未晞"则是来自《诗·蒹葭》"蒹葭萋萋，白露未晞"和王维《酬诸公见过》"晨往东皋，草露未晞"。读祖先生此著，感叹先生腹中不知藏有多少古籍！

本书既为司空图诗文研究，自然不单研究《二十四诗品》，对司空图的诗祖先生也有论断，祖先生认为"司空图的诗，虽有少数名句为后人称道，但从他的诗集看，还缺乏沁人心脾的艺术力量"，祖先生也给出了原因，"我以为在于他在人生道路上的彷徨"，这就牵涉到了司空图的生平。司空图生活在晚唐，正是幼主相继当朝、宦官专权、藩镇割据和农民被迫起义的大动荡时代，33岁考进士以"列第四人登科"的司空图，入了仕途有心从政，却遭逢黄巢起义，不得不在46岁正当壮年时退归老家中条山王官谷，其间又有几次出仕、退隐，总之是一个进退于隐逸、出仕之间的人。因为确实不曾经历过苦难（一有动乱就回老家），他的诗也就欠缺苦难的力量，又因为不曾真正安于"隐"，他的诗也就难以有隐逸者真正的忘情、寂静，故而司空图传世的并非诗作，而是他的《二十四诗品》。

祖先生此著考据之处颇多，对我这等不求甚解的读者而言读起来不免磕磕碰碰，如果你无意研究司空图，那就没必要对司空图了解太多，只需记住他的《二十四诗品》就够了。巧的是9月20~23日我应邀参加"2018关公文化旅游节"来到运城，这才知道司空图是河中虞乡人，也就是现在的运城永济人（经咨询青年学者刘杭，永济时归属唐代设立的行政区河中府），而永济又有一座被诗人王之涣开过光的鹳雀楼，现在的鹳雀楼自然是后来修建的，第二层即是运城历史名人展，其中就有司空图，他的《二十四诗品》被刻写在墙上，"如有佳语，大河前横"。

2018-9-28

书　　名	《世说新语笺疏》
著(译)者	［南朝宋］刘义庆 撰，［南朝梁］刘孝标 注，余嘉锡 笺疏
版　　别	中华书局 2015 年

魏晋造了一座人物群雕

每次看到笺注、笺疏，很抱歉，我都没耐心读，虽然也知道这里面甚至有比原文多得多的内容，但心里感觉它们辅、原文主，就以主为主了。细究起来应该是一种非专业心态作祟：又不研究，没必要读那么细。

刘义庆所生活其中的南朝介于魏晋和隋朝之间，一个特别混乱的时代，五胡十六国、南北朝，朝代更迭迅速，你方唱罢我登场，却是"精神史上极自由、极解放，最富于智慧、最浓于热情的一个时代"（宗白华《论〈世说新语〉和晋人的美》）。个人在无法把握自己的命运时、贵族阶层在明天醒来不知道穿上的会是哪一只鞋子的没有安全感里，索性就放浪形骸、今朝有酒今朝醉了，"魏晋风度"就这样形成了。这是我的猜测。《红楼梦》里史湘云所说的"是真名士自风流"的名士们，大都出在魏晋时期，而这些魏晋名士们很幸运有这样一部书记录他们，这就是《世说新语》。反过来也成立，没有《世说新语》，就没有这些魏晋名士们。如果想便捷迅速了解魏晋风度的表现形式，可读鲁迅先生《魏晋风度及文章与药及酒之关系》。

我读《世说新语》最大的好奇，这些名士的风流做派、言谈举止、生死际遇……刘义庆是怎么知道的，刘义庆和他笔下诸公并不生活在同一时代，他是从哪里获知这些信息？要知道《世说新语》以及刘孝标的注涉及的各类人物共 1500多个，魏晋两朝主要的人物，无论帝王、将相，或者隐士、僧侣，都包括在内。真是一个庞大的数字、庞大的群体。读《世说新语笺疏》我就在想，当代真应该有人也来做这项工作，点滴记录，趁大家都活着，一定也是一部有趣又有意义的书。想归想，真实行起来也有难度，至少那些负面的就写不进来，同代人写同代人拉不下脸，最后就变成光辉形象的集中，视角略显单一。

《世说新语》体裁上被归为笔记小说，写的又是真人真事，按现在流行的说法，该是非虚构文本了。全书3卷36门，上卷4门——德行、言语、政事、文学，中卷9门——方正、雅量、识鉴、赏誉、品藻、规箴、捷悟、夙惠、豪爽，下卷23门——容止、自新、企羡、伤逝、栖逸、贤媛、术解、巧艺、宠礼、任诞、简傲、排调、轻诋、假谲、黜免、俭啬、汰侈、忿狷、谗险、尤悔、纰漏、惑溺、仇隙。每一门下就是一个个故事，也没有小标题，每则基本就几十字，有的只一句。写法上真是随性得很。

《世说新语》相当于为魏晋造了一座人物群雕，我们现在熟知的刘伶醉酒、看杀卫玠、难兄难弟、割席断义、广陵散绝等，都出自于此，如果没有《世说新语》，魏晋这些人要活在哪里？

2020-2-3

书　　　名	《宋词三百首笺注》
著(译)者	唐圭璋 笺注
版　　　别	人民文学出版社 2018 年

拧一拧，滴滴沥沥一大把泪水

相比于《唐诗三百首》，《宋词三百首》委实逊色很多，至少前者的编选家蘅塘退士就比后者的编选家上彊村民更广为人知。

一说到宋词，我就想起李敬泽先生《会饮记》里的一篇文章，说的是宋徽宗被金人抓去以后一路往东北赶，遭遇自是十分悲惨，但当他拿起笔想写一首词表达自己的心境时，依旧十分风雅，看不出是一个亡国之君。并不是宋徽宗内心没有伤痛，实在是因为宋词有自己的语言和规范，而这种语言和规范处理不了他所遭遇的现实。这首词就是《宋词三百首》第一首，《宴山亭》（北行见杏花）。同样是亡国之君，明显宋徽宗才不如李煜，宋徽宗所谓的"天遥地远，万水千山，知他故宫何处？"落笔太实，怎比得李煜"故国不堪回首月明中"？梁启超笺注云：昔人言宋徽宗为李后主后身。这真是历史的报应。宋词留给我的印象大抵就是宋徽宗这一路，绵柔有余、阳刚不足，拧一拧，滴滴沥沥一大把泪水，这是我不喜宋词的原因。

宋代男性词人写诗总也让我忍俊不禁，一代儒宗欧阳文忠公欧阳修鼎鼎大名《蝶恋花》（庭院深深深几许）最后两句"泪眼问花花不语，乱红飞过秋千去"，须眉男子做此缠绵状，真给人怪异感。古装剧里大臣们在皇帝面前经常痛哭流涕也不知是真是假？但男人们在宋词里哭反正是真的。柳永《雨霖铃》（寒蝉凄切）："执手相看泪眼，竟无语凝噎"；周邦彦《绮寮怨》（上马人扶残醉）："何须渭城，歌声未尽处，先泪零。"还有入选本书最多的吴文英《齐天乐》（烟波桃叶西陵路）"清尊未洗，梦不湿行云，漫沾残泪"。说到入选问题，吴文英入选25首，周邦彦入选22首，可谓数一数二，但在我心中，岳武穆岳飞一首《满江红》（怒发冲冠），灼灼耀目。我是崇尚力量型和实干型的，要我排，岳飞第一、苏东坡第二、辛弃疾第三、李清照第四。总结这四位的共同点是，都言之有物、都切己、都情真，都不"为赋新词强说愁"。

唐诗宋词不是用来读的，是用来背诵的，需在学龄前死记硬背，囫囵吞枣地背、不求甚解地背，只管背下，便一生受用。似我这等年纪，背也背不下，光靠读，其实是没意义的，它们又不是文章要告诉你什么道理，就是培养你的语感、陶冶你的性情、熏陶你的审美的。好在这本还有笺注，基本每一首词后都附有宋以后诗词专家的三言两语点评，这部分倒是好看得紧，也很涨知识。

2020-1-19

书　名	《水浒全传》
著(译)者	［明］施耐庵 著
版　别	岳麓书社 2001 年

他们应该怎么办

　　菏泽，古称曹州，《水浒传》中的梁山泊就在这里。有幸应赵思运博士之邀去了一趟菏泽，沿途看见铁路沿线标志的沧州、鄄城、郓城、阳谷等，自然觉得亲切，并隐生豪情。这一切，与一部英雄史书《水浒全传》大有关系。

　　因为时间关系，主人没有安排游玩梁山，据去过梁山的谭五昌博士讲，山上果真设置了一百零八条好汉的座椅，游人可选择任一把坐上。按照中国人重上心理，估计宋江那把坐的人会多些。倘若是我，又会选择哪一把？

　　菏泽回来，重读《水浒全传》，许多地方读出另外感受。

　　第一，它的人物出场方式，犹如拉面线或扯圆环一样，一条好汉牵出另一条好汉，以此类推。比如由九纹龙史进牵出花和尚鲁智深，再由鲁智深牵出豹子头林冲，由林冲再牵出青面兽杨志，等等。

　　第二，好汉们的残忍。年轻时读水浒，少年任性，意气风发，所谓大碗喝酒，大块吃肉。现在读水浒，却受不了好汉们动辄血洗仇家连同无辜家小数十口的残忍。无论武松，无论李逵，无论石秀，总之无论谁，把人一刀或一斧砍死，割下头来。让人不忍卒睹。

　　第三，不解宋江何以在江湖享有如此大的声誉和号召力，几乎是凡好汉们一听宋公明大名，没有不倒头便拜的。这在当代，实在罕见。可见旧时中国，游侠任性是有传统的。

　　第四，梁山好汉们基本全是不解风情的。关于水浒对女性的丑化及仇视许多文章均有提及，本文就不拟视为本人发现。全书除了一个李师师稍有人性，还真没看到哪一个女性公民德才兼备。潘金莲、潘巧云、阎婆惜，这些淫妇在好汉们眼中自当罪该万死，千刀万剐都不解气。

第五，设想好汉们不接受招安，他们最后的结局会是什么？我想，大体也是像他们招安后去灭方腊一样被另一群招安的灭了。梁山看起来是个不大的地盘，好汉们要么就下山自立为王，图谋大宋江山，要么就接受招安，不然这样一个地盘要供养这一群好汉们想来也难。在我看来，他们要聚众谋反的可能性不大，一来宋江这个主帅一门心思就图被招安，其余的大抵如乌合之众，自己没有思维能力（这从他们各自上梁山的理由就可看出大概，许多人都是被宋江、吴用使计谋诓骗上山的），除了听从宋大哥、吴军师替自己谋未来，我不相信他们有智慧有勇气自己做出另外的选择。

第六，我们假设，宋江们不被招安，那他们的结局除了第五条所说的被灭或不太可能真正实行的聚众谋反外，就是老死梁山。因为他们大多没有娶妻生子，一旦好汉们年老，又没有后继力量，其结果也是死，而且是老死。想想更不值。

所以，为这群有意或无意被逼上梁山的好汉们着想，有一个正当理由下山，也不失为一个不可为而为之的办法。而全书最后，好汉们或战死，或被奸臣们害死，似乎也在昭示，接受招安也不是办法。他们应该怎么办呢？

2007-2-11

书　　名	《西游记》
著(译)者	［明］吴承恩 著，［明］李贽 评
版　　别	上海古籍出版社 2018 年

"虽然写的是师徒五个去取经，其实写的只是一个人"

　　祖师道："你这去，定生不良。凭你怎么惹祸行凶，却不许说是我的徒弟。你说出半个字来，我就知之，把你这猢狲剥皮锉骨，将神魂贬在九幽之处，教你万劫不得翻身！"

　　悟空道："绝不敢提起师傅一字，只说是我自家会的便罢。"

　　朗诵至此，先是哈哈大笑，后又黯然神伤，时至今日，说起悟空的师傅，竟只有那个肉眼凡胎、人妖不分的唐三藏，这个师傅不曾教得悟空一拳半脚却偏会念紧箍咒，孩提时读《西游记》，最怕唐僧念紧箍咒，内心对孙悟空是无限的佩服、无比的同情，同时也有老大的不解，孙悟空既会腾云驾雾、一个筋斗十万八千里，为何不托举着唐僧师傅直到西天？整部西游记，最好看的自然是前几回，石猴出世、花果山水帘洞称王、灵台山学艺、龙宫取金箍棒、阎罗王殿里勾名、招安被封弼马温、自封齐天大圣、大闹天宫，直至被如来佛祖压在五行山下，这时的孙悟空就像孩子一样受不得拘束，顽劣叛逆、随心所欲、无法无天，并且还有朴素的公正观，自封齐天大圣后让把兄弟们也以大圣自封，在他的眼中没有成人的尊卑贵贱，所谓"皇帝轮流做，明年到我家"，凭什么玉帝就能永远坐在凌霄宝殿上？

　　这种观点在古代可谓大逆不道，考察作者吴承恩，确乎是个官场不得志的人。当然，对吴承恩是不是《西游记》的作者其实也是有争议的，现存明刊百回本《西游记》均无作者署名，提出《西游记》作者是吴承恩的是清代学者吴玉搢，按现当代著名古代文学研究专家徐朔方的说法，《西游记》和《三国演义》《水浒》《金瓶梅》都不是作家的个人创作，"那时中国小说界还没有可能出现这样的个人作家"，徐先生给出了一个概念，称这几部小说为"世代累积型的集体创作"，这些作者确切地说应该是"编定者"，我发现徐先生指认的书目里没有《红楼梦》，不禁暗暗松了一口气，我一向认为曹雪芹就是《红楼梦》唯一的作者。

不记得哪篇文章读到对四大名著的推演，大略是，《西游记》是中国人的童年，《红楼梦》是中国人的青年，《水浒传》是中国人的壮年，《三国演义》是中国人的老年。其实都不需要具体的阐释和演绎，隐约有道理在，所以记住了。

记住的还有何士光的《如是我闻》一书关于《西游记》的定论，真正是醍醐灌顶。何士光，1942 年出生，贵州贵阳人，曾任《山花》主编，已退休。《如是我闻》一书出版于 1993 年，我应该是当年就读到，迄今念念不忘，特意让吴子林从孔网购了一册，现在且让我摘引则个。书中借隐居某县城一位姓邵的老先生之口说到了《西游记》，"虽然写的是师徒五个去取经，其实写的只是一个人。咋会是一个人呢？其实，唐僧者，我性也；沙僧者，我命也；悟空者，我心也；白龙马，我意也；而八戒，则我欲也。心自性出，意自心生，而欲则是意的具体表现。心性不能合一，以至于心猿意马，吴承恩才将它们比喻为五个人。而所谓取经，就是要性命双修，使心性合一，经过——所谓经过，就是取经的过程，要历经八十一难，不断地磨炼，才还原为一个人。一个本来的人，一个大写的人。"

此刻，当我一个一个字敲打出如上这段文字，我眼眶湿润，觉得自己的性和意和欲都还分离着，并未合一，修行之路迢迢，还需磨炼。

为了写这篇读书记，昨晚我一口气朗声诵读了前五回，没错，确实是前五回都诵读完了，以此速度，百回《西游记》20 天可重读完，奈何诸事压身，也就读个语感，便匆匆写作此文。老一辈作家中钱锺书先生对《西游记》最为熟稔，随便抽取一段他都能流畅无碍地背出，在《小说识小》一文中钱先生点到了《西游记》对俗谚奇语的运用，如第七十五回孙悟空说出的"放屁添风"，委实令人忍俊不禁。孙悟空本是石头蹦出的，也没见他进过学堂学儒家经典，他的语言多的是老百姓的家常语，好玩，有趣。

有一年读吴子林《经典再生产——金圣叹小说评点的文化透视》，发现金圣叹所推崇并评点的六才子书（《庄子》《离骚》《史记》《杜工部集》《水浒传》《西厢记》）里并无《西游记》，金圣叹认为，"《西游记》又太无脚地了，只是逐段捏捏撮撮，作者的想象力确实丰富，但是故事情节不连贯，譬如大年夜放烟火，一阵一阵过，中间全没贯串，便使人读之，处处可住"。金圣叹不喜欢就不喜欢吧，我的福建老乡李贽喜欢就非常好了，李贽（1527–1602），福建泉州人，明代官员、思想家、文学家，泰州学派的一代宗师，评点过的许多书目仍是至今流行的版本，本书其一。

2020-1-7

书　　名	《三国演义》
著(译)者	罗贯中 著，毛宗岗 评
版　　别	内蒙古人民出版社 1981 年

一个晋人把另一个晋人塑造成神

　　步出运城东高铁站，便看到车站广场关帝塑像，虽远远望去，也知其威武，一身铠甲、一把青龙偃月刀、一副飘飘美髯，是关帝站立像的标配。若坐，便离不开一部《春秋》。解州关帝庙也有一尊关羽夜读《春秋》的青铜坐像。曾读一文，言及关公好读《春秋》，乃儒家不折不扣传人，于是便想从《三国演义》中找关公读《春秋》的佐证，不想却在寻找时被告知，《三国演义》并无关公读《春秋》的记录，不免震惊和迷糊。想到好读书如我都会犯这种记忆错误，便觉得有必要把这第二十五回做一个简要回顾。

　　本回题，"屯土山关公约三事，救白马曹操解重围"，说的是刘备兵败曹操，投奔了袁绍，留下两位夫人在下邳，由关羽保护。曹操爱护关羽人才，采纳程昱之计，用激将法诱使关羽出城后，这边一干人合而围之，那边曹操率兵攻下邳。关羽无路可退，只能暂时屯兵土山。第二日天晓欲想攻回下邳时，张辽来劝降，关羽表示宁战死也不从，张辽寥寥数语，说得关羽无言可对。张辽说的有三点：第一，你跟刘使君同生共死，现在刘使君才刚刚吃了败战你就死了，倘若刘使君复出你却不在了，岂不是辜负了当初的结义？第二，刘使君将两位夫人托付给你，你死了，她们怎么办？第三，你文武兼备，还没辅佐刘使君匡扶汉室就这么死了，也只是匹夫之勇，称不得义。确实张辽这三点哪一点都可以阻止关羽莽撞战死。但关羽就是关羽，你张辽有三点，我关羽也有三点，我的三点是：第一，我跟刘皇叔结义约好的是匡扶汉室，因此我投降的是汉，不是曹操；第二，要好好对待我两位嫂子，柴米油盐、丫鬟奴仆不可少；第三，一旦我知道兄长刘皇叔的去向，不管在哪里，我都要找他去。这三条实在相当苛刻，尤其第三条，曹操也被这第三条噎住了，一有刘备消息就走，那我收你云长何用？张辽劝说，关羽对刘备那么好那是因为刘备对他有恩，丞相你要是对关羽比刘备好，关羽对你应该会更好吧。曹操一想，也对，那我就对关羽比刘备好！

怎么好？拨府邸给关公住（关公分一宅为两院，内院归嫂嫂们，关公自居外宅），备绫锦及金银器皿相送，小宴三日、大宴五日，送美女十人（关公尽送去服侍嫂嫂们），最关键的送赤兔马给关公，为日后关公离开曹操备足了良驹。曹操为了"乱其君臣之礼"，在携关公回许昌的路上，让关公和二位嫂嫂共处一室。关公"乃秉烛立于户外，自夜达旦，毫无倦色"。我们所熟知的关公夜读《春秋》本该是发生在这里的，不料却竟然无有读书、更无《春秋》一书。赶紧再查陈寿的《三国志·蜀书六·关张马黄赵传第六》一章，也没有，又查司马光《资治通鉴》，卷第六十三汉纪五十五，就更简单了，只有一段，连曹操如何厚待关羽的细节都没有，更遑论关羽如何处理与嫂嫂们同处一室的难题。由此便有一个疑问想在此提出：究竟在什么时候、在谁的文本中，关公被曹操安排与两位嫂嫂同处一室时他彻夜不眠、秉烛夜读《春秋》，并成为国人的千古记忆？

不到运城，真不知道关公乃运城人。《三国志·蜀书六·关张马黄赵传第六》这么写到关羽的身世，"关羽字云长，本字长生，河东解人也。亡命奔涿郡"，用的是第三人称，客观、冷静，基本不带情感。《三国演义》写关羽，那就活色生香了，它先写涿县素有大志的刘备看到招募讨伐张角贼兵的榜文，慨然长叹，随后被一豹头环眼的好汉厉声叱问，大丈夫不为国家出力，在这边叹干吗？！哈，大名鼎鼎的张飞。刘备忙解释，我本来就是汉室宗亲，看到贼兵作乱，当然想破贼安民，只是力不从心。张飞很高兴，咱哥俩心意相通，那就到店里喝酒商讨商讨。此时关羽入场，先从玄德眼睛看他：身长九尺，髯长二尺；面如重枣，唇若涂脂；丹凤眼，卧蚕眉；相貌堂堂，威风凛凛。这段描写已成中国古典小说经典，后世也只有《红楼梦》王熙凤出场似可比拟。玄德邀他同坐叩其姓名，这就引出了夫子自道："吾姓关，名羽，字长生，后改云长，河东解良人也。因本处势豪，倚势凌人，被吾杀了；逃难江湖，五六年矣。今闻此处招军破贼，特来应募。"此段自我介绍，把前半生经历点将出来，有情节、有性格、有志向。端的是罗贯中好手笔。

罗贯中（约 1330 — 1400），名本，字贯中，号湖海散人，山西并州太原人，汉族，元末明初著名小说家、戏曲家，中国章回小说的鼻祖，代表作《三国演义》。原来罗贯中也是晋人呀，这晋人写晋人，真是一支妙笔，全不掩饰对关公的厚爱。解良，即今日解州，隶属河东。河东，乃今日运城。运城，隶属山西。

一部《三国演义》，合久必分、分久必合，打打杀杀，最后三家归司马，貌似司马家族最后胜出，但时间和历史说，错，关公才是最后的胜者。罗贯中全力塑造出一个近乎完美的关羽形象，每一次关羽的失误都能为他赢得个人形象的加分，如前所述明明是中计贸然杀出下邳，却安排一个张辽苦口婆心劝降，反衬得关公义正词严，比打了胜仗还光荣；华容道放走曹操在旁人罪不可赦，在关羽却又是一个"拼将一死酬知己，致令千秋仰义名"的美誉，且还有诸葛亮解围：曹操命不该绝，就把这人情给了关羽吧；败走麦城表面是因为糜芳、傅士仁不提供军粮，实则也是因为此前对此二人放出狠话，冷了他们的心。但罗贯中就有这本事，让关公在遇害前厉声斥骂前来招降的孙权，"碧眼小儿，紫髯鼠辈……"其痛快淋漓、其威武不屈，又挽回了事实上的败局。对关公的真正豪杰部分，诸如温酒斩华雄、斩颜良诛文丑、刮骨疗伤，罗贯中自是不惜笔墨，铺垫渲染，尽显关公的英雄气概！可以说，整部《三国演义》，已为后世历代皇帝追封关羽打下坚实的人物形象基础，在《晋人关羽》一诗中我如此写道——

一个晋人把另一个晋人塑造成神/三国演义的你，大于三国志的你。

有意思的是，同为晋人且是老乡的河东人司马光在《资治通鉴》里并未给予关羽多少美化，毕竟，《资治通鉴》和《三国志》一样，都是历史笔法，不像《三国演义》是文学笔法，而事实证明，文学笔法更得人心，老百姓难得去读历史，历史自命尊重史实却少有读者，文学多有借题发挥却广受流布，真善美，真总是排第一位，在史实与演义之间，真，却是不讨好，要如何看待这个现象，我也糊涂了。

任何一个现实中人最后成为神，离不开民间自发的崇仰，和统治阶级的全力加持，尤其后者。自汉代开始，历朝历代有 16 位皇帝 23 次为关公御旨加封，使其由侯而王、由王而帝、由帝而圣、由圣而神。到清光绪五年（1879），关公的封号已达26字，"忠义神武灵佑仁勇威显护国保民精诚绥靖翊赞宣德关圣大帝"。关帝信仰已成为中华民族共同的信仰。为什么整部《三国演义》唯有关羽享受到被历代皇帝敕封的地位，我以为首字当头就是一个"忠"字，忠于刘备、忠于当时的正统汉室，再加上"义、仁、勇、信"，关羽于是被拣选出来，成为统治阶级所着力塑造的楷模。归根结底，统治阶级需要的是那些能够维护自己统治的伦常纲理，和忠诚不贰，孔子如是，关公如是。

而民间对关公的信仰，则更多建立在务实的基础上，保平安、保发财，都需要关神助力，从解州关帝祖庙走出的3万多座关帝庙已遍布全球各地，有华人的地方就有关帝庙、就有关帝信仰，关羽是唯一获得儒、释、道三家推崇的历史人物。

漫长的时间长河里泰山一般矗立的一文一武两圣人，已成为凝聚中华民族的人文符号和精神图腾。他们，一个在山东济宁曲阜，一个在山西运城解州。

2018-10-30

书　　名	《闲情偶寄》
著(译)者	［明］李渔 著
版　　别	作家出版社 1996 年

"是中国人生活艺术的指南"

"不读了不读了，再读下去要崩溃了"，我合上书，口里念叨着，"太琐细了，我已经很认真读完前面戏曲部分，现在这居室部分，窗、墙壁、假山挨个写来，还有后面吃喝玩乐，恐怕读到明年也读不完啊"。

"没有闲情还想读《闲情偶寄》？"吴子林笑我。

真是的，我确实是没有闲情的人，总觉得有无限的事要做，这么多书要读，这么多诗要写，这么多地要走，一辈子早就不够用了，也不能如歌词所唱，"向天再借五百年"，自己感觉就像狗熊掰棒子，掰一个丢一个，忙忙碌碌，手中空无一物。回想重读《闲情偶寄》，是想在读当代诗歌多部之后回到古典里嗅嗅老祖宗的气味，古今中外轮着读方能不偏废某种气息。当代人确实比古人累多了，不用说可玩的多，单就书籍本身，今天的书就不知比古代多几千倍。那天在肥西紫蓬山，张德明博士聊到古代读书人有一个基本通约书目，四书五经、二十四史，不像今人，杂乱无章地读。我自己倒是在写"读书记"的过程中无师自通地想到一个问题，屈原李白杜甫没读过任何一本西方著作一点也不妨碍他们成为伟大诗人，于是便想给自己一个借口不读西方书籍，当然，按我这逻辑，人类历史上的第一个作家从没读过任何一本书，完全从无到有，那就根本不用读书了。只是，这人类第一个作家是谁？在哪儿呢？

在我，不读书是不行的，黄庭坚有言，"三日不读书，则义理不交于胸中，便觉言语无味，面目可憎"，书如秤砣，帮你在这尘世站得扎实、立得稳重。

回想近两月，外出多，每次外出回京，便着急写外出诗篇（我的习惯，一拖延灵感就过了，再也写不出），委实没有静心读书。《闲情偶寄》便在这外出与写作间隙抽出时间零星读。这是一本适合文学爱好者阅读的书，虽是古文，却文通字顺，没有语言障碍。按当下的说法，这是一部闲适随笔，分几个主题撰述，此类文字本也是吾乡先贤林语堂先生擅长，因此林语堂评论此书，"是中国人生活艺术的指南"。本书词曲部、演习部、声容部比较专业，讲述的是与戏曲表演艺术有关的知识，这正是李渔专长。李渔，明末清初文学家、戏剧家、戏剧理论家、美学家，曾家设戏剧班，到各地演出，积累了丰富的戏曲创作、演出经验，被后世誉为"中国戏剧理论始祖"。在"字分南北"这个小节里，李渔注意到，"南音自呼为'我'，呼人为'你'，北音呼人为'您'，自呼为'俺'为'咱'之类是也"，真是如此啊！作为南人，我真是很不习惯称'你'为'您'，总觉得有点难为情。但在北人听来，直呼'你'则有不礼貌的嫌疑。南北诸人应该读读李渔的《闲情偶寄》，互相体谅各自的习俗，不要互相误会为好。

李渔对女性审美有自己的一套理论，譬如"簪珥之外，所当饰鬓者，莫妙于时花数朵"，这个美学准则简易又便宜，女同胞们尽可以听之遵之。有意思的是，李渔不仅教女同胞插花，还具体到细节，他说，玫瑰这种花太香太艳，只能够"压在鬓下……勿使花形全露"。李渔在关于女性的化妆打扮上着墨颇多，体现了古代男性知识分子对女色的"雅好"，也表明了长期以来女性确实一直处于"被看"的位置。

李渔真的太闲了，也真的对日常生活的方方面面非常用心、在意，当然，他更大的特点是爱写、会写，什么都想写，什么都能写，养花种草、吃饭喝水、保健养生，有什么写什么，方能成就这样一本足以"反映他的文艺修养和生活情趣"的奇书。前天我在转吾省诗人、画家吕德安新近出版的《在山中写诗、画画、盖房子》一书时留言："对作家而言，没有什么文字是浪费，只要你写下来，总是对的。"

这句话也可赠送给李渔老师。

2018-12-8

书　　　名	《论语七讲》
著(译)者	王财贵 著
版　　　别	上海古籍出版社 2017 年

《论语》：经典中的经典

合上书，内心满溢着"感动"二字。读《论语七讲》，很偶然，在书架上扫过，觉得它很薄，可以快读，又因为喜欢《论语》，便拿了下来。说起来《论语》也读过几遍，每遍都零星记下一些，不成体系，也不成完型。按王财贵的意思，这样的读法当也是可以的。一代名师陆象山应朱熹之约到书院讲学，讲的就是《论语》里的一章，"君子喻于义，小人喻于利"，这也是很常见的宋明儒的讲学方式。可以零星讲，当然也可以零星读、零星记。《论语七讲》采用的也是零星讲的方式，它不是对《论语》全书的讲解，而是抽取学思、仁智、礼乐、君子展开解读。读《论语七讲》，你甚至能看到主讲人一颗泫然欲泣的心：世之愚顽之人太多，该如何引导他们来读《论语》，来宗孔子？！第一讲中王财贵主要论述《论语》何以是"经典中的经典"，迫切地要求，有智慧的人，当追随孔子，智慧不够的人，追也要追他一步！王财贵有一句口号，"论语一百"，他希望全国国民十四亿人口尽量都来读我们民族圣人的书，都来读它一百遍。他说，有七亿人能把《论语》读一百遍，这个民族马上有救。

这当然是一种理想，一种心愿，并且是一种无法达成的理想和心愿。似我这等爱读书的迄今也只读过《论语》三五遍，距离一百遍还山长水远，更遑论大众。王财贵自己自然也是知道的。在王财贵看来，知识可以日新月异、精益求精，但智慧不是这样，智慧是一成永成、一定永定，智慧没有新旧之说，没有过时之说，圣贤之道更没有。"读圣贤书"的教育在古时候不用推广，民国后因为国民政府一心一意要摧毁这种两千多年来的教育传统，国民的基础教育就变成了问题，造成的后果是，一百年来各方面都很少再出现大的人才了。胡适那一代有感于国家的贫弱，想以西方的猛药治中国，客观上割裂了中华文明的传承，这基本是王财贵的认识。此中的争议当下依旧存在，复古派认为应回归国学，从中国自身的文化中寻求国家发展之道。西学派则坚持，我们的现代化还现代得不够，应该加大引进西方的各种制度，方能革除现存的各种弊病。必须说明的是，倾向复古的王财贵乃台湾学者，是牟宗三先生的入室弟子，台湾台中教育大学退休副教授、博士生导师，本书是他 2013 年 4 月在北京中华书局的讲课整理。

《论语七讲》当然不止于《论语》、不止于孔子，它是各种知识、各种经典的类比、旁通，佛、道《圣经》等等，而最伟大、最高一级的一定是《论语》、是孔子，因为儒学是一种"实践理性"，而康德说了，"实践理性有优先性"，这是王财贵的信念。是非对错，读者自行选择。我更喜欢读的是《论语七讲》里故事性的内容，譬如孔子用一句"《诗》云'匪兕匪虎，率彼旷野'。吾道非邪？吾何为于此？"询问他的三个弟子子路、子贡、颜渊所得到的三种回答后孔子的表现，瞬间让我想到了孙绍振教授，如果要我从认识的当代教授里挑出一个孔子，我选孙绍振。

2018-12-19

书　　名	《四书集注》
著(译)者	［宋］朱熹 集注，陈戍国 标点
版　　别	岳麓书社 2007 年

阅读的连带性

想读读朱熹的书，家里却都是繁体竖排版，好在还有一部《四书集注》简体横排，那就这本了。要在古代，这本书是第一必读的，哪里能等到 50 岁。说古代，也不是很古，也就宋代以后，自本书出版后，就被列为钦定的教科书，成为科举考试的标准读本，与"五经"具有同等的地位，对中国社会产生了极大的影响。

1130 年，朱熹出生于福建尤溪县城水南郑义斋馆舍，从政后任过泉州同安县主簿、漳州知府等，在福建留下大量历史遗迹。我的家乡漳州就有许多与朱熹有关的传说，老百姓最熟悉的当属塔口庵经幢了，因为它就在市中心大同路。漳州风景名胜区白云岩还有一块石碑，上刻"紫阳夫子解经处"并一副朱子题写的对联——

地位清高，日月每从肩上过；
门庭开豁，江山常在掌中看。

2018 年 11 月我应邀参加厦门市作家协会在厦门筼筜书院举办的第六届海峡两岸文学笔会，筼筜书院是一座集开会、住宿于一体的三层楼宾馆，雅致、文气，最大的特色是每一间客房均以某某书院命名，我住的那一间恰好名为"紫阳书院"，房间里有朱熹简介。漳州人住进了漳州知府的房间，真是天意。后来我写了一首题为《紫阳：筼筜书院》献给朱子，微圈中年龄不大、古典造诣却颇深的 70 后作家慕容骁老弟直言，"没写好，因为你对朱子不了解"。这也是我开读朱熹的原因。

说开读，也没读好。《四书集注》四书:《大学》《中庸》《论语》《孟子》，原文和朱子的注均无翻译，说起来羞愧，名为大学中文系毕业生，每次读文言文，还是有吃力感。于是便从手机调出《大学》《中庸》的白话译文，读了一遍，又从书柜里抽出上海古籍出版社"十三经译注"中的《论语译注》和《孟子译注》。说到《论语》，其实已经读过几个白话文版本了，却总是感觉没读够，每次读都像是重新开始。《孟子》此前倒没有读过，这次借《四书集注》的辐射，恰好补读，是为阅读的连带性。连带着读的还有叶秀山《中西智慧的贯通》一书中的两篇文章：《试读〈大学〉》《试读〈中庸〉》。

具体到《四书集注》的评论，我只能说，本人着实水平有限，论不来。

2019–1–2

书　　名	《孟子译注》
著(译)者	金良年　撰
版　　别	上海古籍出版社 2009 年

依靠人自身的道德自律是行不通的

最初是读朱熹的《四书集注》，该书没有白话文翻译，于是便从微信上搜索到《大学》《中庸》译本读了，《论语》是读过好几个版本了，这就剩下《孟子》一书，恰好家里有一套"十三经译注"，《孟子译注》是其中一本，这就开始读《孟子》。1 月 2 日至今，15 天，磕磕碰碰读完。虽然有白话文翻译，依然读得心里堵，真正叫苦不迭。在我看来，古、今、中、外，难度最大的是"古"，尤其先秦文学，若无白话译本，读不懂是一回事，读错了（意思理解错了）也是常事。说起来真是很羞愧，好歹大学读的中文系，又从事文字工作，为何在先秦文学面前如此惊慌失措，说到底还是自己底子薄。

读古书在我，更多为了培养语感，我有过疯狂阅读外国书籍的 20 世纪 90 年代，却不曾有过专注于中国古典的时段，这也是我今日看到先秦文学就发怵的原因。《孟子集注》由原文、注释、译文和段意构成，注释部分大量引用《四书集注》朱熹的观点，确实可以解决《四书集注》因为没有白话翻译而读不下去的障碍。尤其段意，是作者对孟子本段文字的分析，有助于读者理解原文。我查了一下撰稿者金良年，1951 年出生，江苏苏州人，华东师范大学历史系毕业，获文学士学位（历史无学士，归入文学士授学位），后又攻读华东师范大学图书馆学系古典文献研究生，获硕士学位，长期供职于出版社。代表作有《四书章句集注》（全二册）《孟子译注》《论语译注》《大话帝王权谋术》等。家里还有傅佩荣的《〈孟子〉新解》（上下）和林安梧的《问心：我读孟子》，两位都是台湾教授，他们用随笔的形式解读孟子，结合自身的经历娓娓道来，颇有可读性。如果要真正读懂孟子，或者说，要真正读懂先秦文学，是该这样翻译一遍，再读解一遍，方能有切身体会。似我这般读的都是他人的译笔和观点，是不可能有大的记忆的。

如前所述，我读《孟子集注》，主要读语感，而非观点。作为一个 20 世纪 80 年代大学生，经受过西风的洗礼，我不会真的认为，只要君王施仁政了，百姓就富足，天下就太平。没有一个君王会主动、自觉施仁政而不盘剥百姓，不盘剥百姓，统治阶级如何维持他们的声色犬马？依靠人自身的道德自律是行不通的，没有监督、没有约束的权力膨胀的只能是人身上的私欲和贪婪而不是良善。孟子和他的老师的老师孔子，整个儒家学派认识不到这点有时代的局限，也是无可厚非，当代人则不可如此假天真。

相比于孔子，孟子身上还有一种朴素的人道主义、民本主义立场，他说，"民为贵，社稷次之，君为轻"，他还说，"君之视臣如手足，则臣视君如腹心；君之视臣如犬马，则臣视君如国人；君之视臣如土芥，则臣视君如寇仇"，也就是孟子不认为君王永远在臣子之上，君王如果不善待臣子，臣子是可以不理会君王、离开君王。这就很可贵了。心胸狭隘、残酷暴戾的朱元璋就不能接受孟子，在他当皇帝后组织一个班子删减了《孟子》，出了一部《孟子节文》，直到朱元璋死后朱棣篡位，才恢复了《孟子》全文。

先秦是中国历史上群星璀璨的时代，诸子百家著书立说，留下了许多光耀千古的经典名篇、名句，《孟子》亦不例外。这也是我们今日读先秦文学的重要收获。

2019-1-17

书　　名	《论语译注》
著(译)者	金良年 撰
版　　别	上海古籍出版社 2009 年

每读《论语》，必有会心

先秦诸子论著，唯有《论语》让我亲切，读之心静。每读《论语》，必有会心。犹记 2014 年 1 月，我和一帮诗人到曲阜孔庙祭拜先师，庄严肃穆的孔庙在冬天更有一种苍茫感，视野所见皆是磅礴大气的灰褐（颜色是有气质和性格的），我在孔子塑像前行礼，心潮起伏，眼泪竟然无声无息涌了出来。

先生"温而厉，威而不猛，恭而安"，因为温和，弟子们便都敢于向他提出问题，先生也鼓励弟子们提问题，他的教义许多也是在回答问题中呈示。先生注重因材施教，有一回子路问"闻斯行诸"，先生回答"有父兄在，如之何其闻斯行之"。后来冉有也问，"闻斯行诸？"先生却回答，"闻斯行之"。同一个问题先生要子路不能听说了马上实行，而要考虑到父亲和兄长，对冉有却要他听说了就实行，因为先生知道子路性子急，所以要缓一缓，而冉有则太过谦退，所以要促进他。这种教学方式今天已经难得一见，不同特长、不同性格的人被安排进同一间教室，读着同一本教材，同一个老师教给他们同一个标准答案。先生严厉，宰予大白天睡觉，先生就骂他"朽木不可雕也，粪土之墙不可圬也"，在孔门，宰予算是有个性的，竟然敢跟先生讨价还价说，守丧三年，时间也太久了，一年就够了吧？先生生气了，一年，一年你心安吗？当宰予答"心安"时，先生也拿他没办法了，只好说，你心安你就做吧。等宰予退了后先生气不打一处来，恨恨地骂宰予真不仁！我捂嘴偷乐，先生也是很有脾气的呢。

还记得那一回先生实在推托不了只好去拜见名声不好的卫灵公夫人南子，子路不乐意了，急得先生发誓了，"予所否者，天厌之！天厌之！"意思就是，如果我做得不对的话，老天嫌弃我吧，老天嫌弃我吧。你看，早在春秋时代，先生就有朴素的民主意识，能容得下弟子对自己行动的质疑，今天的我们好像还做不到。

《论语》是孔门弟子的听课笔记，也是一部治国理政、为人处世的教科书，还是一座鲜活生动的人物群像雕塑。

2019-1-21

书　　名	《古诗评选》
著(译)者	王夫之 评选 张国星 点校
版　　别	河北大学出版社 2008 年

无所顾忌、畅所欲言

那一日突然决定，要用诵读的形式读家里这些古诗，具体时间段定在每个晚上半小时的泡脚时间。写下泡脚二字心里有点难为情，想到唐朝诗人李商隐在他的《杂纂》中曾列举了6件"杀风景"的事，第一件即为"清泉濯足"（在清澈的泉水里洗脚），我这"濯足读诗"其不雅之状可堪比拟。另五件一并写写方便大家对号入座："花上晾裈"（在美丽的花枝上晾裤衩）、"背山起楼"（背着山盖楼房，打开前面的窗子看不到秀美的山色）、"焚琴煮鹤"（把琴劈了当柴烧，并把鹤宰杀，烧来吃）、"对花啜茶"（赏花时无酒或有酒不饮，只喝点茶）、"松下喝道"（清静幽雅的松林里，忽有官老爷的车骑人马呼喝而过）。不管怎样，这半小时雷打不动的时间用来大声诵读，效果不错。

此前也陆续翻过王夫之这本《古诗评选》，总是跳着读，这次可是完完整整把每一首读了一遍，王夫之的点评也一并读了。印象最深的是王夫之对杜甫很有成见，动辄拿杜甫来做反面教材以抬高他所心仪的某诗。譬如古诗四首之"上山采蘼芜"，王夫之在肯定此诗"妙夺天工"之后笔尖如剑指向杜甫，"杜子美仿之作《石壕吏》，亦将酷肖，而每于刻画处犹以逼写见真，终觉于史有余，于诗不足"。

批评了杜甫诗性之不足后，王夫之还不解恨，剑锋继续指向批评家，"论者乃以'诗史'誉杜，见驼则恨马背之不肿，是则，名为可怜悯者"。读到张协《杂诗八首》，一边赞叹张诗"森森散雨足，时闻樵采音"之造化天成，一边不忘讽刺杜甫"语不惊人死不休"为故作"奇特想"。读潘岳《内顾诗》，依旧是前脚赞叹潘"想象空灵"，后脚踩杜甫，原句"不似杜陵魂来魄去之语，设为混沌，空有虚声而已"。张协、潘岳都不是众所周知的大诗人就能被王夫之拿来贬低杜甫，著名如谢灵运、鲍照就更是打压杜甫的最好工具了。总之读《古诗评选》，读到王夫之批评杜甫杜子美杜少陵杜陵，已成常态。除了杜甫，王维、常建、王昌龄偶尔也会拉来批评，但数来数去还是杜甫被批评得多。总体来看，王夫之对唐诗诸多看不起，于是我拿出了同样王夫之评选的《唐诗评选》，接下来就读这本，看看王先生会否自相矛盾？王夫之还评选过《明诗评选》，家里好像没有。明诗？可怜的明诗，早被白话小说挤占出界，普通老百姓如我，脑中还真没明诗。

王夫之，字而农，号姜斋，湖南衡阳人。明崇祯举人。清室入主中原，曾参与抵抗活动。晚年隐居湘西石船山麓，以著述为务。家里有他的《姜斋诗话》，还有十卷本《船山全书》，可惜是繁体竖排版，费时费力，只能把它们排除在阅读之外。谭嗣同评价王夫之，"五百年来学者，真通天人之故意者，船山一人而已矣"。赞美得够狠，老乡评老乡，可以理解。据王夫之自言，"阅古今人所作诗不下十万，经义亦数万首"，如此强大的阅读量，给予了作者足够的自信来比较、来论断。从编选点评的角度，确实应该拉开一段距离——生与死的距离，方能秉持相对公正的选稿标准，也方能无所顾忌、畅所欲言。

2019-3-14

书　　名	《秋灯琐忆》
著(译)者	［清］蒋坦 著，朱隐山 译注
版　　别	天津人民出版社 2019 年

"一对才人夫妇活色生香的日常"

你不是读过《浮生六记》了吗？这本也读读，同类题材。吴子林把书放我桌上，《秋灯琐忆》，蒋坦，两个都陌生。拿在手上，轻重厚薄、纸质版式，都很舒服，那就读读吧。

先读前言，知道了蒋坦是杭州人，生于清道光三年（1823），娶妻关锳，字秋芙，夫妇皆能诗善文，"诗酒唱和，琴瑟和鸣"，本书即蒋坦记录夫妇生活的笔记，总44则，也不用起承转合，直接一二三四标志。这种手法最为简便，省却多少谋篇布局之苦，是一种人人可为的写作模式。当然，各人水平不同，写作出的文本也就不同。蒋坦既为读书人，又遗传了其父的诗歌天分，其妻关秋芙亦是书香门第，有诗作传世。这样的两个人按前言所述，好比"赵明诚李清照模式"，在人间烟火中自有诸多浪漫诗意，日常对话也离不开诗词歌赋，一一记录下来便是天然的好文章。第28则就写到秋芙种的芭蕉叶大成阴，雨滴芭蕉，令人心碎，蒋坦于是在芭蕉叶上题诗："是谁多事种芭蕉？早也潇潇，晚也潇潇。"第二天醒来，芭蕉叶上秋芙已续写上："是君心绪太无聊。种了芭蕉，又怨芭蕉。"如此夫妇，心意相通，怎不令日子过得生趣盎然，《秋灯琐忆》也可以视为文人雅士的日常生活。

当然这样的生活得有一个经济优裕的前提，蒋家"世业盐策"，蒋父为蒋坦留下了资产，本可琴棋书画，安享此生。不意造化横生枝节，先是关秋芙于36岁罹病身亡，其后乱世忽至，太平军攻克杭城，第一次蒋坦携带家眷逃至慈溪，投奔友人，一年后返回杭城，太平军又克杭城，这一次蒋坦就没有那么好的运气，一家子被困城内，生生冻饿而死。时年40岁。蒋坦生前曾为其妻刊刻出版诗集

《三十六芙蓉馆诗存》，并把自己撰写的《秋灯琐忆》附录在后，留下了"百余年前生活于江南的一对才人夫妇活色生香的日常"，当我在前言中读到译注者蕴藉典雅的文字，又看到落款朱隐山三字，猛然浮出诗人茱萸的形象，直觉认为这个朱隐山定然是茱萸了。读完全书，果然在译注者简介中得到印证。

由朱隐山来译注蒋坦，煞是般配：都为江南中人，有地缘上的亲近；都是诗人，有血亲般的理解；都是淡泊功名利禄的读书人，有知己般的默契。朱隐山的译文，有体贴的温存和婉转的古意，朱隐山的注，涉略庞杂，先秦诸子、志书、佛经、人文、历史、地理、医学、诗词、博物志，注者有学问又有情意，总想让读者多有进益，恨不得字字做注。

本书体例，先译文后原文，附录则为蒋关夫妇诗词百首、年表和小传记。《秋灯琐忆》有幸、蒋坦有幸，得遇朱隐山，犹如《影梅庵忆语》有幸、冒辟疆董小宛有幸，得遇柏桦，此中有真意，欲说已忘言。

2019-3-14

书　　名	《东坡诗话》
著(译)者	彭民权 编著
版　　别	崇文书局 2018 年

苏东坡的写作心得

读完《东坡诗话》，先搜了下彭民权，直觉这本书非专家学者不能为。果然。彭民权，湖北监利人，硕士与博士均毕业于北京师范大学。现任教于南昌大学新闻与传播学院。没有查到彭老师是否苏轼研究专家。本书前言介绍了苏轼的生平和《东坡诗话》的来历，尤其前言，一两千字不算多，却把苏轼丰富曲折的一生叙述得清清楚楚，20世纪90年代曾读过林语堂的《苏东坡传》，留在记忆中的苏轼人生谱系反而没有这简短的千字文深刻，真怪。据前言知道，"诗话"这种文体创始于欧阳修《六一诗话》，家中有这本，待读。苏轼也有诗话一卷，但没有流传下来，现在我们所读到的《东坡诗话》，都是后人将苏东坡论述诗歌、诗人、文学创作等方面的文字摘取出来，编辑成册。本书如是。

本书分三编：东坡笔记、东坡诗论、东坡文论。每篇均由原文、注释、译文和品读构成，品读就是彭民权老师的艺术小杂感，它们由苏东坡的诗话引申而开，体现了编著者个人的美学见解和人生态度，是对东坡诗话的一种有益补充。东坡自评文，真是令人自嗟啊，看看人家，"吾文如万斛泉源，不择地而出，在平地滔滔汩汩，虽一日千里无难。及其与山石曲折，随物赋形，而不可知也"。再看自己今日，黔驴技穷也。东坡一生起起伏伏，一时得意一时失意，一时起用一时贬谪，永远在不断奔波迁徙中，这些，对一个人的创作无疑是有利的，所谓诗穷而后工（欧阳修语）。我既无苏东坡的才，也无苏东坡的穷，那就多读书吧，像苏东坡在《东坡诗话》所记录的他的老师欧阳修的写作秘诀，"无它术，唯勤读书而多为之，自工"。

《东坡诗话》里有苏东坡的阅读笔记，读陶渊明、读王维、读阮籍、读张华，也有他为前辈或同道诗文所作的序，还有他与人交往的日常记录，很多观点都是苏东坡的写作心得。

2015-4-3

书　名	《唐诗评选》
著(译)者	王夫之 评选 任慧 点校
版　别	河北大学出版社 2008 年

对杜甫的态度

　　读了王夫之的《古诗评选》后，再读《唐诗评选》就是必然的，我想看看，王夫之在《唐诗评选》里如何评选杜甫。在《古诗评选》里，王夫之对杜甫很有成见，动辄拿杜甫来做反面教材以抬高他所心仪的某诗。那至少在《唐诗评选》里，王夫之就应该少选甚至不选杜甫吧？我特意算了一下，《唐诗评选》共选入557 首唐诗（实在太多了，难怪不如蘅塘退士《唐诗三百首》流行），杜甫诗作有85 首，李白只有47 首，明显杜甫入选诗作数量第一。王夫之看起来是一个内心很纠结的人，一方面批评杜甫，一方面又避不开杜甫。我曾跟青年杜诗专家师力斌博士说到王夫之对杜甫的态度，力斌兄笑答，"王夫之总是拿杜甫来对比他所认同的诗人，证明他心里时时有杜甫"。正是。《唐诗评选》里，对选入的杜甫诗作，王夫之时有微词。在《后出塞二首》里，王夫之直指杜甫"李瑱死歧阳，来瑱赐自尽"是败笔，"朱门酒肉臭，路有冻死骨"开启了宋人谩骂的风气，是风雅的灾难。他甚至亲自划出杜甫诗句"结发为妻子"二句、"君行虽不远"二句、"形势反苍黄"四句，认为可以从《新婚别》删去。这也太大胆了。诗人们宁愿不发表诗作，也不愿意自己诗作被删。以后世诗人、学人对杜甫持续不断的尊崇来看，王夫之对杜甫的贬词显然无效。

　　当代著名学者蒋寅如此评价王夫之对杜甫的批驳，"船山之学，则不免有名士的浮夸气，常偏激而河汉其言，这大概与他不治考据之学，终欠沉实功夫有关"，为何王夫之揪着杜甫不放，蒋寅给出的答案，"只因对当时的门户之见极度反感，遂迁怒于明代诗坛最大的门户——杜甫"。原来如此。

　　对李白，王夫之开口"绝技"、闭口"神龙"，又是"天壤间生成好句，被太白拾得"，又是"落卸皆神"，确实，李白之才，也只能用"天才"形容之，奇怪的是，王夫之所选李白诗作竟比杜甫少那么多，也是悖论。

《唐诗评选》相比《古诗评选》，生僻字词少多了，理想的读法应该拿王夫之的《唐诗评选》比照蘅塘退士《唐诗三百首》，也许就可分析出何以名气小于王夫之、成书时间晚于王夫之的蘅塘退士选本反而流传了开来。读者中若有知道原因的，也请告知。

2019–5–26

书　　名	《六一诗话》
著(译)者	［宋］欧阳修 著，路英 注评
版　　别	崇文书局 2018 年

许洞的要求

据本书前言得悉，《六一诗话》是我国第一部以"诗话"命名的诗歌理论著作，开启了宋代诗话的先河，在我国诗歌批评史上具有重要的历史地位。尚未读过欧阳修诗集或文集，却先读他的诗话，也是没有想到的事。"六一"，何谓六一？原来乃欧阳修自称，"吾《集古录》一千卷，藏书一万卷，有琴一张，有棋一局，而常置酒一壶，吾老于其间，是为六一"，原来把自己也算为一个，令人不禁想起李白的"对影成三人"，古代诗人的物我合一真是天然生成。说到欧阳修，自然最记得的是他的"环滁皆山也"，中间又记不得了，最后又记得了，"醉能同其乐，醒能述以文者，太守也。太守谓谁？庐陵欧阳修也"。漂亮啊，能醉能乐又能把醉之乐写成千古名篇的，诗人也！

欧阳修有一个著名的诗学观点，"诗穷而后工"，语出《梅圣俞诗集序》，《六一诗话》没有此序，但有多篇与梅圣俞有关的诗话。我们切不可狭隘地理解"穷"与"诗"的关系，以为诗致人穷，欧阳修的原话，"然则非诗之能穷人，殆穷者而后工也"。穷，不要怪诗，诗人要化穷为力量，写出惊世诗篇，穷也就没有白穷了。穷，当然是穷困与苦难的统称。《六一诗话》总29则，个人觉得欧阳修并没有把诗话作为一生的写作志向，你看袁枚《随园诗话》原著16卷1363篇，补遗又10卷654篇，总2017则，数量惊人。当代诗人写诗话的也不少，脑海中刻下有力印痕的有胡亮的《屠龙术》，计有777则（以收入《琉璃脆》一书统计）。欧阳修的《六一诗话》所引诗人、所评诗句多有陌生，读之不免枯涩寡味，唯有第10则让人发笑，发笑之余，又不得不承认它依然具有当下意义，姑引述如下——

宋朝有九位僧人，以诗闻名，著有合集《九僧诗》。欧阳修只记得其中有一僧名惠崇，其余八人都忘了。《九僧诗》也散佚了，所以人们也不知道这回事。当时有一个进士叫许洞的，能诗善赋，人也俊朗，曾召集九僧分题写诗，但有一个条件，诗里不能出现如下几个字：山、水、风、云、竹、石、花、草、雪、霜、星、月、禽、鸟这类字，九僧傻眼了，只好搁笔。

好吧，当代诗人，如果许洞进士对你也提出这个要求，你还能写诗吗？

2019-5-29

书　　　名	《唐诗三百首新注》
著(译)者	金性尧　注
版　　　别	上海古籍出版社 1999 年

发自肺腑、自是真言

与《唐诗三百首》有关的文字，总让人惴惴，生怕写不到位，触了众怒。唐诗是中国的国宝，《唐诗三百首》是唐诗的重要代表，依此类推，《唐诗三百首》

也便是中国的国宝。中国人谁不知道《唐诗三百首》，但中国人人人都读过《唐诗三百首》吗？一首不落读过？我看未必。就我自己，目前也就读过两遍，离"熟读"的"熟"还差老远，我是在新近读《唐诗三百首新注》时发现诗上有划痕才确认自己读过一遍的。尽管一遍之后，依然是能记住的记得住，记不住的记不住。能记住的自然是脍炙人口的那些，譬如《登幽州台歌》《月下独酌》等等。从这个角度来说，应该继续再精选下去，来一本《唐诗一百首》。蘅塘退士就是在前人的基础上"以简去繁"，辑录而成此千古名选。先是清康熙年间，彭定求等10人奉敕编校，"得诗四万八千九百余首，凡二千二百余人"，共计900卷，目录13卷。这就是通常所说的5万首的《全唐诗》。就是唐诗研究专家恐怕也没有精力和兴趣把这5万首读完吧？然后是沈德潜以《全唐诗》为蓝本，编选了《唐诗别裁》（金性尧的《唐诗三百首新注》就经常引用"沈版别裁"），收入唐诗1928首，唉，也是让人看了就怕的数目。清乾隆年间，蘅塘退士以《唐诗别裁》为蓝本，编选了这本《唐诗三百首》，终于成为流传最广、影响最大的唐诗普及读本。

其实不止清朝一而再再而三地做唐诗的搜集编选工作，据《唐诗三百首新注》前言，唐人元结《箧中集》就开始做唐诗的编选工作了，历来编选的唐人诗集，共有100多种，其中不乏王安石、王士禛、王夫之这样的大诗人、大学者，但最终经受得住时间检验的，还是名不见经传的蘅塘退士所编的《唐诗三百首》。时至今日，除了《唐诗三百首》，我们实在也说不出蘅塘退士还有什么成就。《唐诗三百首新注》书后给他附了两三百字简史，读了一下，也没有什么了不得的功绩。总之这个蘅塘退士的降生人世，仿佛就为的编选这么一部《唐诗三百首》。

好的选本对入选其中的优秀作品是推举，对因各种原因未入选其中的优秀作品则是遮蔽，致命的遮蔽。这就是优秀选本的残酷所在。现如今我们说到唐诗，读到唐诗，脑中第一反应一定是《唐诗三百首》，从书柜抽出的也一定是《唐诗三百首》，尤其对幼童而言，家长捧着教他们背诵的，当然还是《唐诗三百首》，呜呼，那不曾入选《唐诗三百首》的49700首，只能一直默默地躺在《全唐诗》睡大觉。后来有一个叫西川的突然想起它们，那也是为了叫醒它们充当反面教材，西川在《唐诗的读法》里是这么说的，如果你有耐心通读完《全唐诗》，或者约略浏览一下，你会发现，唐代的作者们也不是都写得那么好，也有平庸之作。西川还说，人们现在对唐诗的推崇，主要是建立在阅读《唐诗三百首》而不是《全唐诗》的基础上。

回到金性尧的《唐诗三百首新注》，每一首诗有作者介绍，有原诗，有注解，有说明，体例完备，考虑周到。徐江认为，金注《唐诗三百首》应该是最经典的版本之一了。我因刚读完金老的《炉边诗话：金性尧古诗纵横谈》，很喜欢金先生发自肺腑、自是真言的文笔，也对金先生时时以诗人之眼、哲人之思来评述事物的方式时有赞叹和共鸣，在评论岑参《白雪歌送武判官归》一诗中金先生说，"这场雪好像永远在他诗篇里飞舞着，使人想起《水浒传》里的'那雪下得紧'来，这句话同样有诗意"。说完这句"同样有诗意"的话后金先生又来一句哲理作结，"自然多情，常常留给诗人以歌唱的天地"。读金先生的说明可见到金先生对唐诗做足了功课并且读过大量的诗话，因此能够信手引来古代典籍中对他所要评述的某诗的点评。在作者介绍中，金先生在概述作者生平的同时也会言简意赅地给作者几句点睛之语，譬如对高适，金先生写到，"他为人以功名自许，为诗以气质自高"，对王维，金先生给了一个称谓，"自然界猎手"，以形容王维对山水诗的擅长。

2019-7-20

书　　名	《诗经》
著(译)者	骆玉明 解注，［日］细井徇 撰绘
版　　别	三秦出版社 2018 年

"《诗》止有三百，孔子未尝删也……"

书脊上小小的"果麦"二字表明，这套书是果麦文化传媒公司的产品，是的，书也是产品，一旦走向市场，精神立刻完成向物质的转化，成为等待顾客挑选、购买的产品。这点上，果麦做得很好。本书分风雅颂三本，合为一套，用一个精装硬壳统帅，外观很是漂亮。家里其实已经有中华书局周振甫译注的《诗经译注》

和上海古籍出版社程俊英译注的《诗经译注》，但架不住这版《诗经》天天在微信上以诸多方式营销，主要是在各种公号文章后面放图片做推广，特别强调书中的插图。是的，插图是本套书比较大的卖点，其他版本的《诗经》都规规矩矩做得像学术类读本，果麦版却做成典型时尚读本：清秀、小资，插图都是《诗经》提到的动植物，确实好看。但也改变了《诗经》庄重、典雅的气息，特别《诗经》中沉痛的现实批判在这样仿佛散发着淡淡香水味的版式设计中被消解了，变成了一本甜品式读本，研究《诗经》的学者们不知接受得了否？

　　果麦版《诗经》每首有本诗大意，有拼音，有注释，没有全诗翻译，全诗翻译周振甫版和程俊英版有，但说实在的，译得没有说服力。以第一首《关雎》为例，原诗"关关雎鸠，在河之洲。窈窕淑女，君子好逑"，周译成"鱼鹰关关对着唱，停在河中沙洲上。漂亮善良好姑娘，该是君子好对象"。程译成"雎鸠关关相对唱，双栖河里小岛上；纯洁美丽好姑娘，真是我的好对象"。确实"古汉语和现代汉语之间的断裂程度之大是非汉语作家们不能想象的"，西川在《汉语作为有邻语言》一文中如是说，在那篇文章里，西川直言著名的《楚辞》研究专家萧兵在解读《楚辞》时"多有创见"，在翻译《楚辞》为现代汉语译文时"显然是失败的"，现在我也想拿西川对萧兵的评价来评价周振甫和程俊英的译文。那么，古典诗词真的不能译成现代汉语吗？答案是否定的，关键看谁来译，怎么译。山东诗人王长征曾出版过一部诗集《习经笔记》，所习的"经"即是《诗经》，我没有这本诗集，从网络零星读到的几首判断，王长征并非单纯翻译《诗经》，而是借《诗经》为创作的母本和生发点，结合当下社会现实和自己的所思所想，创作出自己的诗作。也许应该有一个当代诗人来重译《诗经》，不是词对词的生硬翻译，也不是只把意思说出来的浅显翻译，更不是想当然的顺口溜翻译，它应该是什么样子的呢？借用墨西哥诗人帕斯对杜甫《春望》的西班牙译文再翻回中文，"帝国已然破败，唯有山河在，三月的绿色海洋，覆盖了街道和广场"（原诗"国破山河在，城春草木深"），当我在《汉语作为有邻语言》中读到这样的译文时，我惊叹不已，这才是理想中的古诗应该有的现代汉语形态，只有这样的译文，才对得起辉煌灿烂的古典诗词，才不辱没先人。庞德对汉武帝刘彻诗作的翻译再译回汉语时同样有打动人心、令人赞服的效果，汉武帝刘彻的《落叶哀蝉曲》是这样的：罗袂兮无声，玉墀兮尘生。虚房冷而寂寞，落叶依于重扃。望彼美之女兮，安得感余心之未宁。庞德翻译成《刘彻》一诗是这样的：绸裙的窸瑟再不复闻，灰尘飘落在宫院里，听不到脚步声，乱叶飞旋着，静静地堆积，她，我心中的欢乐，睡在下面。一片潮湿的树叶粘在门槛上。

期待中国诗人把《诗经》《楚辞》、唐诗宋词都译出帕斯和庞德的效果！

说到《诗经》，每个人都能顺口接一句，中国古代诗歌的开端，最早的一部诗歌总集。然后是孔子删诗，成诗三百。每次想到孔子删诗我就心痛，三千余首诗，被删得只剩三百首（实际 305 首）。但是，游国恩老师在《先秦文学；中国文学史讲义》一书中对这个观点是不认同的。游国恩，著名楚辞研究专家、文学史家、北京大学教授（记得我大学学的《中国文学史》就是游老师主编的教材）。游国恩引用清代考古辨伪学家崔述的一段话表明了自己的态度，吾与崔也。崔述是这么说的："孔子删《诗》，孰言之？孔子未尝自言之也，《史记》言之耳。孔子曰：'郑声淫。'是郑多淫诗也。孔子曰：'诵《诗》三百。'是《诗》止有三百，孔子未尝删也。学者不信孔子所自言，而信他人之言，甚矣，其可怪也！"

好的，从今天起，我跟游国恩老师一样，也信崔述的考证，至少心里得个安慰，不用再为子虚乌有的两千七百余首诗心痛。

2019-8-23

书 名	《韩非子选》
著（译）者	王焕镳 选注
版 别	上海人民出版社 1974 年

目的就是一切

这本书淘自潘家园，扉页上注明：2014-4-16，还有一铅笔签名"李英才"，纸页早已发黄，但整本书平平整整，我判定它并未被阅读。百余字的"重印说明"

只是介绍了一下韩非的简历和学说，给予的历史定位是，"在秦始皇统一六国，建立中国历史上第一个中央集权的封建王朝——秦王朝的过程中，起过重大的作用"。

特意查了一下选注家王焕镳（1900-1982），江苏南通人。南京高等师范学堂毕业，曾任江苏省立国学图书馆保管、编辑两部主任，浙江大学图书馆馆长，杭州大学中文系主任，遗憾本书无前言后记，也就没有办法读到王先生对韩非子的评价。内文的注释我是不读的，通常读古文我都不读注释，嫌麻烦，也就一知半解连蒙带猜地读。先秦诸子最容易读的是孔门《论语》，有许多来自日常的经验和总结，比较通俗易懂，其他诸子就很费心神，如果没有白话文翻译，要全部读懂真不容易。韩非子和李斯是同学，拜荀卿荀子为师，荀子系儒家一脉，主张人性恶，不想教出的两个弟子走的却是法家之路，我也觉得纳闷。学成后楚国人李斯投奔秦国，服务秦王嬴政去了，韩国人韩非则回到韩国，想报效祖国而不得，埋头著书。韩非子的学说影响很大，连秦王都知道了，想尽办法把韩非招到秦国，他的同学李斯"自以为不如非"，设个计把韩非药死在狱中。为写此文，我特意找出《史记》韩非子和李斯部分，果然读到相关文字，大意是，李斯和姚贾向秦王进谗言，说韩非是韩国的公子，一定不会为秦国所用，如果不除去他，恐有后患。秦王于是把韩非下了监狱，给李斯毒杀韩非创造了条件。而在《战国策》中，则有韩非谋求弱秦而存韩同时又离间李斯、姚贾与秦王关系的文字。《战国策》在《史记》之后，不知刘向的资料来自何方。待查。

韩非和李斯都有文章上过教科书，前者是"自相矛盾"这个成语的发明者，后者则有《谏逐客书》为大陆学子所牢记，此外并无其他著作。确实，诸子百家大都有专著传世，李斯还真没有。李斯是秦始皇"焚书坑儒"的创意者，总不会把自己的书都烧了吧？秦始皇死后，李斯先是和赵高联合伪诏赐死公子扶苏，扶二世胡亥登基，又被赵高陷害，落了个腰斩的悲惨结局。作为国家罪犯，李斯的著作兴许被禁止印行也未可知。总之，从历史长远的角度看，韩非终究还是在李斯之上——以文本赢得身后名。

《韩非子选》完全是一部站在君王立场写就的法学专著，一切为了君王如何统治百姓、扩张王权服务。韩非主张极端的功利主义，认为人与人之间主要是利害关系，对其他诸子学说大加挞伐。在《五蠹》中，韩非有一个很著名的观点，"儒以文乱法，侠以武犯禁"，认为人主如果对儒和侠过于有礼，国家就会乱了。其实也就是不给人言论和行动上的自由。

法家这一派都是反人性的，目的就是一切。事实上秦国能统一六国，走的就是法家路子，无论是商鞅还是李斯，还有未派上实际用场但提供理论支持的韩非，哪个不是狠角色？而最终，提供严刑酷法的法家诸子，没有一个得到好的下场。皇帝既然认同他们的学说、走的是他们鼓吹的路子，最后也一定会把学到的本事用在鼓吹者身上。这是历史残酷而惨烈的辩证法。

2020-2-27

书　　名	《梦溪笔谈》
著(译)者	［宋］沈括 著，金良年、胡小静 译
版　　别	上海古籍出版社 2018 年

就像一部小百科全书

开始写作"人间书话"迄今已到 422 篇，委实累了，对着电脑竟有恐惧之心，那天读完《梦溪笔谈》后就想不写了，但连日不安，从哪里罢写好像也不能从《梦溪笔谈》吧，沈括不认识，不怕他恼，但毕昇认识呀，语文课本里有毕昇和他的活字印刷，凡入过教材的，就算老朋友了。再退一步，就是不管毕昇，但活字不敢不管吧，一辈子做的文字工作，自然希望文字活起来，自然得对"活字"心有敬畏。由毕昇及沈括谈起也是顺理成章之事，我们对毕昇和活字印刷的了解就来自沈括的《梦溪笔谈》。它们在此书第 8 卷第 307 则。毕昇因为沈括存世，沈括也因为毕昇之进入教材而为广大人群熟知，这就是生活的辩证法。

沈括（1031—1095），字存中，号梦溪丈人，汉族，浙江杭州钱塘县人，北宋政治家、科学家。其实还应加一个，文学家，有一部《梦溪笔谈》为证。沈括晚年在润州（江苏镇江）梦溪园以笔砚为伴，"所录唯山间木荫率意谈噱"，集成《梦溪笔谈》《续笔谈》《补笔谈》总 609 则，涉及辩证、乐律、象数、技艺、人事、官政、艺文、神奇、异事等方方面面，真是博学多才。沈括就像今日文化人想成为却又无力成为的通才，没有他不知道的。《梦溪笔谈》中与官制礼仪、天文地理、乐律技艺有关的内容或枯燥或玄奥，我基本跳过，只读比较有趣的传奇典故、人文异事。每则文字不长，今天一则明天一则，日久天长，积累起来就是一部书了。后世袁枚的《子不语》、纪晓岚的《阅微草堂笔记》也大略与此类似，从各种渠道集来各种逸闻趣事，一则一则记下成书。只是相比沈括，袁和纪就偏狭了些，大都志怪为主，不似沈括，包罗万象。中国是一个欠缺科学思维的国度，科学家屈指可数，像沈括这样能够判断"《史记》律数多讹"、知道"斗建岁差"、懂得"纳音"等偏于理性知识的，就已是很了不起了。我认为真正的科学家应该是有动手或研发能力、能发明创造造福人类社会的东西，比如医药、交通工具、电灯，再比如电脑、手机、互联网等，沈括比纯粹文人多了杂学杂知，但比正儿八经的科学家，少了很多实际的有功效性的创造，迄今也不知沈括到底发明了什么，但他有一部《梦溪笔谈》也就够了。文学创造也是一门科学，面对着同样的汉字库，不同的作家有自己不同的取舍和组合，所发明出的文章委实不同，从这个角度，所有的作家也都是科学家。

如果认认真真把《梦溪笔谈》从头研读，像金良年、胡小静两位翻译家一样，一定会有饱饱的收获，确实《梦溪笔谈》就像一部小百科全书，大家尽可各取所需，如果你想写一部古装剧，这里也有可供你取用的古代的衣着打扮、引见仪制，沈括写此书，一定经过大量的资料收集，当然也看得出有日常阅读的用心笔记。

2019-12-26

书　　名	《五千年文明看运城》
著(译)者	黄勋会 著
版　　别	山西人民出版社 2016 年

鹳雀楼及其他

　　偶然从山西作家玄武处获悉王之涣《登鹳雀楼》之"鹳雀楼"本为"鹳鹊楼"，后被一老人写错，便将错就错，一直沿用下来了，写此文时询问玄武详情，未见具体答案，只好作罢，权当存一悬疑。翻寻资料，唐代散文家李翰有文《河中鹳鹊楼集序》，用的即是"鹊"字。"鹊"，指喜鹊鸟，民间传说听见它叫将有喜事来临。简称"鹊"，如"～报"(指喜鹊报喜)，"～起"(喻兴起，崛起)，"～桥"。"雀"，鸟类的一科，吃粮食粒和昆虫。特指"麻雀"，泛指小鸟：～跃(高兴得像雀儿那样跳跃)。～盲(即"夜盲症")。～斑。～噪(名声宣扬，含贬义)。鹊和雀都是鸟的名称，但感觉鹊更文气、更喜气，"雀"于今日，总令人联想到麻雀，叽叽喳喳的样子，不够大气、稳重，确实不如"鹊"字好。既然李翰的文章用的"鹊"字，同在唐朝，王之涣也用"鹊"，也是理所当然。但今日的鹳鹊楼，最高处的题匾，可是扎扎实实改为"雀"了。网上查询王之涣的《登鹳雀楼》，也一律用的"雀"字。

　　中国四大名楼都有与之相对应的四大名家：江西滕王阁之于王勃、湖北黄鹤楼之于崔颢、湖南岳阳楼之于范仲淹，以及山西鹳雀楼之于王之涣。前三楼都在南方，唯鹳雀楼在北方。神州大地，从古到今，不知建有多少亭台楼阁，但倘若无诗人妙笔开光、加持，则楼只是寻常土木建筑，或拆或塌，随其自然。一旦有名诗附体，则当塌也塌不得，当拆也拆不得，即使塌了、即使拆了，也必重修重建，这就是文字的力量！滕王阁、黄鹤楼、岳阳楼以及鹳雀楼，就是这样历经劫难，在多次的损毁中，多次重建，永远屹立。著名诗人、山西财经大学金汝平教授有言："何处无楼。何楼无人登临？然一楼以一诗名满华夏，离不开诗人的天才笔力！诗人是观察者，是感受者，是书写者，更是命名者。一首名诗胜过无数广告。诗人又何尝不是伟大的传播者？"诚如斯言。

鹳雀楼，又名鹳鹊楼，因时有鹳雀栖其上而得名，始建于北周，位于山西省永济市蒲州古城西面的黄河东岸一片堪称浩瀚的平原上，整个平原只有形制仿唐、四檐三层、巍峨壮观的一座鹳雀楼和一条静静流淌的河面并不宽阔的黄河，视野特别开阔。此楼重修于 1997 年 12 月，2002 年 9 月 26 日竣工并开始接待游人。楼内全部铺设大理石地板并楼梯，还有电梯供登临，非常现代化了。楼的第二层是运城名人展，一一瞻仰过去，不禁惊叹不已：女娲、尧、舜、禹、黄帝夫人嫘祖、蚩尤、介子推、伯乐、魏文侯、张仪、关公、女书法家卫夫人（王羲之的老师）、司马迁（另有一说是陕西韩城人）、柳宗元、杨玉环、司空图、司马光、关汉卿……一个运城，竟然有这么多历史文化名人，实在了不得。

此前对运城的了解仅止于宣传广告牌：关公故里，大运之城。此番（2018 年9 月 23 日）到运城参加 2018 关公文化旅游节才知道运城的国家级文物保护单位有 90 处，位列全国地级市首位，真是令人咋舌。时间所限，我们也只游览了三四处，实在遗憾。一个人一生中应该在运城待足三年，稍许能把这 90 处走一遍吧。

运城还有一句十分响亮的广告语，"这里最早叫中国"，读了黄勋会先生专著《五千年文明看运城》才明白缘由。原来，《孟子·万章上》有一段话，"尧崩，三年之丧毕。舜避尧之子于南河之南。天下诸侯朝觐者不之尧之子而之舜，讼狱者不之尧之子而之舜，讴歌者不讴歌尧之子而讴歌舜。故曰天也。夫而后之中国，践天子位焉"。这段文字说的是舜如何得民心，如何顺应天命继承尧的帝位，到帝都即天子位。运城是尧舜禹三世帝王建都的地方，《汉书·帝王本纪》载："尧都平阳，舜都蒲坂，禹都安邑"，平阳、蒲坂、安邑，皆隶属今日运城。我每次到华夏文明发源地的北方城市，尤其山西、陕西、山东、河南、河北这几个省份，随便哪个地方皆有众多的名胜古迹。记忆最深的是邹城亚圣孟子故里和曲阜三孔相距不远，曲阜是游客熙攘，邹城亚圣处却门庭冷落。

三天的运城行，只匆匆走览了几个地方，幸好行囊里装了一本黄勋会书写运城的书，也算是跟随他的文字游了一遍运城。黄勋会，运城市文化局局长，读他的《五千年文明看运城》，读到满满的运城自豪感！每个地方都需要有黄勋会这样热爱家乡的人，每个地方也都会有黄勋会这样热爱家乡并有能力为家乡书写的人，因为，地域有灵，会选择自己的代言人！

2018-10-30

书　　名	《西厢记》
著(译)者	王实甫 著，张燕瑾 校
版　　别	人民文学出版社 1998 年

普救寺

未到运城之前，并不知道普救寺在运城，到了运城可以细致一点说，普救寺的肉身在运城，灵魂在《西厢记》。

因为《西厢记》，普救寺从芸芸众寺中脱颖而出，判然有别于他寺，熠熠发光。天下人哪怕不知运城有座普救寺，也知《西厢记》有座普救寺。

《西厢记》改编自唐代传奇小说《莺莺传》，《莺莺传》乃作者、诗人元稹的亲身经历。在《莺莺传》中，贫寒书生张生得到了没落贵族女子的爱情，却在进京赶考高中后抛弃了崔莺莺，上演了一场始乱终弃的爱情悲剧。那样的做派终究不得人心，人世虽然有种种不尽如人意之处，人们的内心却还是希望有个美好圆满的结局，是为大团圆（张爱玲有言，人生得大团圆很难，有小团圆就不错了），看戏看戏，看的就是欢乐，就是幸福，否则这戏还有什么看头。中国戏曲就这样，即使是悲剧如《窦娥冤》，也要有一个窦天章最后科场中第荣任高官，回到楚州睡觉时女儿窦娥托梦与他，诉说自己的冤情，最终窦天章为窦娥平反昭雪的结局。

比照《西厢记》和《莺莺传》，除了结局的不同（《西厢记》结局，有情人终成眷属），还增设了许多人物和情节。其中把《莺莺传》中的略有资产的崔寡妇母女的身份修改为已故崔相国之遗孀及一双儿女，这个修改为《红楼梦》贾母批驳才子佳人提供了靶子。《红楼梦》第五十四回：史太君破陈腐旧套，王熙凤效戏彩斑衣。"史太君"即贾母，"陈腐旧套"虽说的是《凤求鸾》，明眼人一读也知是《西厢记》。贾母原话如此：

这些书都是一个套子，左不过是些佳人才子，最没趣儿。把人家女儿说的那样坏，还说是佳人，编的连影儿也没有了。开口都是书香门第，父亲不是尚书就是宰相，生一个小姐必是爱如珍宝。这小姐必是通文知礼，无所不晓，竟是个绝代佳人。只一见了一个清俊的男人，不管是亲是友，便想起终身大事来，父母也忘了，书礼也忘了，鬼不成鬼，贼不成贼，那一点儿是佳人？便是满腹文章，做出这些事来，也算不得是佳人了。比如男人满腹文章去做贼，难道那王法就说他是才子，就不入贼情一案不成？可知那编书的是自己塞了自己的嘴。再者，既说是世宦书香大家小姐都知礼读书，连夫人都知书识礼，便是告老还家，自然这样大家人口不少，奶母丫鬟服侍小姐的人也不少，怎么这些书上，凡有这样的事，就只小姐和紧跟的一个丫鬟？你们白想想，那些人都是管什么的，可是前言不搭后语？

不知宝二爷和林妹妹听着老太太这一番"掰谎"（王熙凤语）作何感想，他们二位可是一起读过《西厢记》并且能顺口拿书中词句暗诉衷情的。我感觉王实甫当如贾母所言小户人家出生，不曾见过大户人家的阵仗，贾府在贾母嘴里只是中等人家，每个小姐随身丫鬟老妈子就有好多个，宝玉逮个机会向黛玉"诉肺腑"都是在"心迷"的状态下，气人的是本该听完的林妹妹没听完，不该听的花袭人倒听了去，遗憾了多少读者如我。可见曹雪芹确实是大户人家走出来，深谙大户人家的家底。饶如此，曹公雪芹还是爱着《西厢记》，念着《西厢记》。

王实甫，元戏曲作家，名德信，大都人。大都，即今日的北京。一个北京人，写了一部旷世绝作《西厢记》，把故事情节安排在蒲州普救寺（寻根究底当然要寻到《莺莺传》，张生即是到蒲州游玩，借宿普救寺，偶遇回长安路过蒲州也借住普救寺的崔氏孀妇。再寻到《莺莺传》作者元稹，元稹，河南洛阳人。运城古名河东，和河南交界，青年元稹到河东普救寺偶遇崔莺莺有地理的便利）。蒲州古城，在今日之永济，永济隶属运城。2018 年 9 月 23 日，笔者应邀到运城参加 2018 关公文化旅游节，特意到普救寺走访当年张生、崔莺莺发生故事的西厢，不大的四合院里，西厢住着崔莺莺小姐，东厢住着崔莺莺之弟欢郎，正房自然是相国遗孀崔母，东厢墙外恰有一株桂树，墙不高，青年男子爬树跳墙完全可行，墙外煞有介事悬挂一招牌：张生跳墙处。

普救寺位于永济市蒲州古城东 3 公里的峨嵋塬头上。这里塬高 29～31 米，南、北、西三面临壑，唯东北向依塬平展。寺院坐北朝南，居高临下，依塬而建，体现了古代汉族劳动人民的聪明智慧和高超的建筑技艺。印象最深的是通向莺莺塔的又长又陡的台阶，该塔原名舍利塔，后更名莺莺塔，至于是寺庙方丈主动更名，还是人民群众自发叫响，待查。

资料查悉，永济还有一西厢村，显然是附会《西厢记》所得。一部《西厢记》，救活了普救寺、救活了一个名不见经传的小村落，作家的笔啊，真神。

2018-10-29

书　　名	《芥子园画谱》
著(译)者	［清］王概 编著
版　　别	北京联合出版公司 2017 年

"一部中国画的教科书"

写读书记时搜寻资料才知道，我这本《芥子园画谱》并不是全本，只有山水和梅竹兰菊，并无花卉翎毛。

之所以注意到《芥子园画谱》是因为丰子恺有文《我的书：芥子园画谱》，文中丰先生说到《芥子园画谱》是他所买的最贵的书，次贵的书价格都不及此书的一半。丰先生叙述了自己由最初对《芥子园画谱》的鄙视到遇到这部书"我也仔细地翻阅"，再到"决心去买一部"的态度的转变，乃在于有一天偶然看到一条兰的立幅的旁边的花盆架上供着一盆真的兰花，于是"把实物与画对照地看了一会，觉得中国画的象征的表现法，真是奇妙：并不肖似实际的兰花，却能力强地表出兰花所有的特点。这有些近于漫画手法，比石膏模型写实的画法轻快得多"。丰子恺自此珍视《芥子园画谱》，不仅认为它是"一部中国画的教科书"，而且经常研读《芥子园画谱》，立志"由此看出实物形态和书中形态的差异，因而探求中国画的表现方法的一般的规则"。这就已经是专家学者的态度了。

我读《芥子园画谱》那是一目十行，自己不画国画，读着感触没那么大，但也确实读出了作者的一片赤诚，真是手把手教你的感觉，如何去俗、如何调墨、如何留天地、如何落款……更有具体的画法，画兰诀、画叶诀、画竿诀、画梅全诀、画梅宜忌诀……真是事无巨细、一一道来。这是文字部分，占本书三分之一。其余三分之二是图画部分，这部分就是实战了。出版人汪家明曾在一个访谈中说到齐白石学画就是从《芥子园画谱》入手的，当时齐白石已成年，他用薄竹纸覆在画谱上，一笔笔临摹，临了半年，临出了16本之多。汪先生说，没这个过程，齐白石可能一辈子只是木匠。齐白石的经历真让人振奋，我于是又把《芥子园画谱》看了一下，惜乎家里没有可以覆在画谱上的薄纸临摹，我决定等我年纪更大画不动钢笔画时一定要以《芥子园画谱》为教材，向齐白石同志学习，在国画上一展身手。

《芥子园画谱》也不是一概收获好评，被尊为中国现代美术教育奠基者的徐悲鸿就对《芥子园画谱》不太认同，认为它"害人不浅，要仿某某笔，他有某某笔的样本，大家都可以依样画葫芦，谁也不要再用自己的观察能力，结果每况愈下，毫无生气了"。虽然徐悲鸿不摹《芥子园画谱》，却在《悲鸿自述》中写道，"九岁既毕四子书及《诗》《书》《易》《礼》及《左氏传》，先君乃命午饭后日摹吴友如界画人物一幅，渐习设色"。原来也是摹的。

本书序言出自明末清初文学家、戏剧家、戏剧理论家、美学家李渔，就是《闲情偶寄》那个李渔，芥子园是李渔的别墅名，《芥子园画谱》系李渔女婿沈心友邀请画家王概整理编著并临摹古人各式山水画而成，得到李渔的资助，于康熙十八年（1680）套版精刻成书，以"芥子园"命名。

芥子，中药名，李渔自述，"地只一丘，故名'芥子'，状其微也。往来诸公，见其稍具丘壑，谓取'芥子纳须弥'之义"。芥子须弥是一个佛教用语，指微小的芥子中能容纳巨大的须弥山，喻诸相皆非真，巨细可以相容。

2020-1-6

书　名	《红楼梦悟》
著(译)者	刘再复 著
版　别	生活·读书·新知三联书店 2006 年

且让我们从第 1 则读起

第一次读到用"悟"的形式解析《红楼梦》，"悟"体现在文本上即是笔记体断片式写作，总 204 则。

作者刘再复序中自述想以"悟"探索《红楼梦》研究中的第三种形态，前两种分别为"论"和"辨"。确实相对于"论"和"辨"，我更喜欢刘再复的"悟"性写作，这种读书心得以心对心，斩断"论"和"辨"的逻辑推演、谋篇布局，想到就说，直抒胸臆，确实更有真知。刘再复认为，"悟"是生命阅读与灵魂阅读，而非头脑阅读，"论"式研究和"辨"式研究自然归属头脑阅读。

本书分三辑：《红楼梦》悟《红楼梦》论《红楼梦》议。我只读"悟"的部分。

相比于"论"和"辨"（或称"议"），"悟"性阅读和写作适宜每个读者，零星感想，随手记录，也不用搭架结构，也不用起承转合。如果有一天我也想写《红楼梦》的阅读笔记，当采用刘再复《红楼梦悟》的形式。

这么多年陆续接触几本与《红楼梦》有关的书籍，大都翻一下即放下，接受不了对"红楼梦中人"枯燥无味的分析，也接受不了没有创见的复述"红楼梦"情节。刘再复《红楼梦悟》吸引我读完的就是他确有创见的"悟"，随意列举几点：

第一，贾宝玉是出家前的释迦，释迦是出家后的贾宝玉。贾宝玉眼中没有坏人，没有高低贵贱之分。

第二，儒家讲究"秩序优先"而非"个性优先"，《红楼梦》中薛宝钗尊崇"秩序优先"，林黛玉尊崇"个性优先"，薛林之争，不是善恶之争，也不是是非之争，而是曹雪芹灵魂的二律背反。

第三，中国的几部经典长篇小说，《三国演义》太多"机心"，《水浒传》太多"凶心"，《封神演义》太多"妄心"，唯有《西游记》和《红楼梦》让人喜欢，《西游记》有"童心"，《红楼梦》有"爱心"。中国人的性格太多被《三国演义》《水浒传》塑造，太少被《红楼梦》塑造。

第四，《红楼梦》中的人物折射了中国诸种大文化的生活取向与精神取向，林黛玉折射庄禅文化，薛宝钗折射儒家文化，王熙凤和探春折射法家文化。中国文化的大矿藏不在四书五经中，而在《红楼梦》中。

第五，把小说当成救国工具只是"小道"，"大道"永远是生命宇宙之道。《红楼梦》不宣扬家国之道，它叩问的是人性的大悲欢和灵魂的大奥秘。

……

说起来《红楼梦》我也读过好几遍了，何曾有刘再复先生如许多"悟"，刘再复只把他的"悟"传递给你，不分析说明也无须分析说明，你便也在他的"悟"中"悟"到了。

且让我们从第 1 则读起——

"十几年前一个薄雾笼罩的清晨，我离开北京。匆忙中抓住两本最心爱的书籍放在挎包里，一本是《红楼梦》，一本是聂绀弩的《散宜生诗》。"

2018-1-23

书　　名	《汉画像之美：汉画像与中国传统审美观念研究》
著(译)者	朱存明 著
版　　别	商务印书馆 2011 年

汉画像，方方面面全都写到

应该是到临沂参加《诗刊》"春天送你一首诗"的活动吧，活动结束后我们一干人来到本土诗人尤克利家，看到了他的画，又被领到附近一座汉墓参观，几个人下去，几个人不下去，我属于下去的几个人之一。汉墓由石块而非砖瓦建造，矮矮的，好像有三间，我们低着头挨个走了一遍，棺椁好像已不在了，留下的就是墓室。这件事已过去多年我本也忘了，此次读《汉画像之美》一书，被里面的插图触动到，仿佛见过，这才想起这件陈年旧事。阅读就是这样帮助我们重拾记忆，如果我不写下来，这记忆也就一个闪念，很快又消失了。家里三间房的书，我挑来挑去还是挑中这本，自然与我渴求了解历史、了解神秘事物有关。此前曾读过王建中、闪修山撰写的《南阳两汉画像石》，比较简单，未能满足我的求知欲，此次读朱存明此著，那可真是方方面面全都写到了：汉画像产生的时代、汉画像与道家儒家佛教的关系、汉画像的题材、汉画像的分类、汉画像的美学意义及艺术价值……这是一本学术专著，也是一本历史专著，还是一本艺术专著，吸引我的就是它的杂糅。本书很低调，未见作者简介，特意上网搜了一下：

朱存明，男，1956 年 10 月生，徐州市人。徐州师范大学汉文化研究院院长，徐州师范大学特聘教授，徐州师范大学文学院教授，南京大学文艺学博士，文艺学、艺术学、美术学硕士生导师，艺术学导师组组长。

虽然未去过徐州，但早已从各种渠道获悉，徐州和南阳，都有汉画像艺术馆，两地分别是西汉开国皇帝刘邦、东汉开国皇帝刘秀的故乡，大量出土汉画像也是有其缘由。现今我们所说的汉画像，其实是汉墓里浮雕的拓片，浮雕太沉，研究者不可能就着浮雕研究，所能研究的也就是拓片，形成"画像"一说。我去过南阳汉画像馆，规模宏大，陈列着诸多墓石、墓壁、墓门，上面均有浮雕。匆匆走了一遍，尽管有导游解说，听上去、看上去也大致相同，所谓走马观浮雕。我觉得真正要了解汉画像，还是得像我这样捧着朱存明的书，认真地读。书很厚，内容很多，我只能抽取记忆深的几点略谈一下。

为什么汉画像汉朝出现得特别多？这里面有汉朝的经济繁荣，汉朝对孝的重视（举孝廉制），汉朝的厚葬风，汉朝对人死后的想象等等综合因素。

汉画像主要有什么内容。基本格局稳定成四个宇宙世界：天上世界、仙人世界、人间世界、鬼魂世界。

我们都知道金缕玉衣，我曾在国家博物馆看到过一件金缕玉衣，像人一样躺在玻璃柜里。读朱存明此书才知，汉代皇帝和高级贵族死时都爱穿金缕玉衣，玉衣也叫玉匣，古人认为玉能寒尸，能使尸身不朽。《后汉书·刘盆子传》就说到，"赤眉发掘诸陵，凡有玉匣殓者率皆如生"。

这部书提供的知识点、信息量和各种见解当然比我所列举的三点多得多，我也没法多记多写。我比较好奇的是，其他朝代墓中的浮雕为什么不能构成"唐画像""宋画像""清画像"一说，看来确实汉朝墓中浮雕比较时兴、规模也比较大。2013年8月，我到兴隆度假，去了一趟清东陵，看了珍妃墓、慈禧太后墓，留下最深记忆的是乾隆墓，除了墓中必然有的阴森感，乾隆皇帝墓里还有各种塑像，石壁也有浮雕，墓主巨大的棺椁还在，墓壁有水润感、墓道还有水流。回家我写了一诗传达当时的感受，我决定以后不要再去看墓了，哪怕它是皇帝墓。

现将拙作附后——

清东陵

死者生活的土地
备受打扰
以窥视的名义　到底还是进到他们的死亡中
地宫的阴风
阴水
自埋下死尸的那刻起
几百年了？
你几十年的生命怎能斗得过几百年？

逃啊

屏住呼吸

就是皇帝此时也是死尸

你想去看凡人的坟墓吗？

你不想

那你为何要到这同样腐朽的死亡中来看死？

2018-6-10

书　　　名	《童庆炳文集　第八卷　中国古代诗学与美学》
著(译)者	童庆炳　著
版　　　别	北京师范大学出版社 2016 年

名师导引，走进《文心雕龙》

　　看到我唉声叹气读《文心雕龙》，吴子林抽出《童庆炳文集》第七第八卷，"让童老师帮助你读《文心雕龙》吧"。我看了一下，第七卷系《〈文心雕龙〉三十说》，第八卷第八章为《刘勰文论读解》，好的，我就先读第八卷刘勰部分。翻读目录时真是吓了一跳，童老师把古代诗学与美学的文论家都做了读解，计有：孔子、孟子、庄子、陆机、刘勰、钟嵘、司空图、严羽、苏轼、王夫之、李贽、王国维。此次我只读刘勰部分，其他诸位留待读到他们的文论时再来读童老师此著。

　　《刘勰文论读解》从四个部分来解读刘勰：第一，"文本乎道"——对"道"的理解，黄侃认为"道"是"自然之道"，徐复观认为"道"是"儒家之道"，童老师的观点是，可以姑且把徐复观的释义看成是"正读"，把黄侃的释义看成是"误读"，各有道理。第二，文体层面论——本部分童老师抓住"体"作文章，从体制、体要、体性、体貌四个要素论述它们与文体的关系，指出四者的关系不是"体制＋体要＋体性＋体貌＝文体"。第三，"神思"创作构思论——本部分落实到具体的创作问题，涉及立意、立象、言语表现、积学与虚静、神与物游等，可谓透彻而精辟。第四，"知音"欣赏论——既有"知音其难"的感叹，也有"知音不难"的欣慰，难与不难，自有其理。读童老师读解刘勰，仅从这四个部分我就有豁然开朗感，童老师读解刘勰而不止于刘勰，行文中经常旁征博引古代诗人诗句甚至外国文论家观点以资比较，娓娓道来个中奥秘。《文心雕龙》中许多晦涩古奥的语意经童老师的读解，便天清气朗了。我决定继续读童老师的《〈文心雕龙〉三十说》。

如果你读《文心雕龙》读得头疼烦躁，不妨读读《童庆炳文集》第七第八卷与《文心雕龙》有关的部分，有名师导引，走进《文心雕龙》就不是难事了。

2018-6-29

书　　名	《汉魏晋南北朝诔碑文研究》
著(译)者	黄金明　著
版　　别	人民文学出版社 2005 年

"为人谦和，为学内秀"

整理书柜，翻出黄金明老师此著，这才知道黄老师的博士论文做的是这般僻冷课题：诔碑文。黄老师"深感汉魏晋南北朝在我国古代文章体式发展中的重要性，中国古代文章体式在这一时期已大体完备，并且有许多对文章体式的理论的探讨……"若做整体研究工作量过大，故选择其中的诔碑文体进行考察。《文心雕龙》第十二篇即为"诔碑"，但在当代文学的文体划分中，已没有"诔碑"这一说法，代之而起的"散文"已包含"诔碑"之意，那些悼念文章和追忆文章，当是"诔碑"

在当代的文体延伸。

记忆最深的"诔"文自然是《红楼梦》贾宝玉祭奠"抱屈夭风流"的"俏丫鬟"晴雯所"杜撰"的长文《芙蓉女儿诔》，我特意翻出《红楼梦》第七十八回，重读一遍。我猜测一直到有清一代，"诔"这种文体还是盛行的。或者说，文言语境里，"诔"依旧存在着。读黄金明的《汉魏晋南北朝诔碑文研究》，始知扬雄在中国古代文体演变史上具有很重要的地位，"汉大赋由扬雄的摹作，其体式确立了下来，还有多种文体，如箴、诔、连珠等体式形于扬雄"，读书就是这样，不断扩大你的认知领域，尤其是古典文学研究专著，更是把许多你不曾涉略的古代典籍取其精华展现于你面前，譬如本书中大量的诔碑文引用所涉及的作者和书目，都是这个专业的门外汉所闻所未闻的。

黄金明很注意把诔碑文的研究置于人的生命世界中，"揭示文学的演变与人的生命意识、生命价值观念演变的关系"，"诔碑文"本质是丧葬礼文，是与死亡密切相关的文体，撰写诔碑文，既是对死者的颂赞，也是作者生命态度的客观表达。当作者把自己放进了诔碑文的撰写之中时，他就开始参悟生命与死亡的奥秘，他的人生观也必然发生一些实质性的变化，由此，汉魏晋南北朝时期人们的生命意识、生命价值观念也纳入了本书作者的研究视野中，这种"纳入"扩大了本书的覆盖范畴，在文学性之外还加进了社会性和历史性。

1990年黄金明老师博士毕业后分配至我的母校闽南师范大学（原漳州师范学院），2012年，黄老师担任了母校文学院院长，母校文学院的面貌为之发生了显著的变化：每学期开学，文学院都会邀请一个学者一个作家举办讲座，学期中更是讲座不断；和台湾明道大学中文系联办的一年一度"闽南诗歌节"，改变了漳州没有自己的诗歌节的状况，也挖掘培养了本校大学生诗人；在文学院大楼为历届优秀校友开设专栏，张贴优秀校友的照片简历，以此勉励在校学子……

"耽于读书，敏于思考，为人谦和，为学内秀"，这是黄金明的博士导师詹福瑞教授对他的评价，真是知徒莫如师啊，只要你与黄金明老师有过接触，便会发此感叹。

2018-8-9

书　名	《炉边诗话：金性尧古诗纵横谈》
著(译)者	金性尧 著
版　别	人民文学出版社 2005 年

高僧说家常话

　　今年开始恢复画画，一幅画三四个小时下来，哪里都痛，累得只能躺在床上（像极了《红楼梦》写到的一个词"挺尸"），没有心力再做其他事。读书明显少了。一本《炉边诗话》断断续续读了一个多月，终于读完。是否写读书记也费了一番犹豫，久未动笔，脑子也跟着懒散。但既然读了，还是写几句吧。

　　能把一本书读完，自然这本书有吸引你的地方。《炉边诗话》虽名"诗话"，却不是想象中的片段写作，而是一篇篇完整的文章。最喜欢的是金先生高僧说家常话的叙述方式，除了家常话，还有时时闪现其中的机锋。写李白，金先生开篇即语，"诗人往往是开辟梦境的大匠"；分析白居易《井底引银瓶》一诗时，金先生有一妙语，"然而等到希望快成为现实时，绝望已经追上来了"，这完全是诗歌的语言。说到《梦游天姥吟留别》，金先生评，"句句是梦语，却又句句是人间语"，此前还真没从这个角度去想这首诗。《炉边诗话》吸引我的还在于里面的观点，但凡写前人、写外国人是最放松的，可以放开胆子表达自己真实的想法。对白居易《长恨歌》中的遣词造句，金先生认为，许多"落了俗套，低手也都想得到用得来"；分析了林逋"梅花诗"的优点后金先生也指出林诗的缺点，"身为高士，却又诗多浮文俗句"。读《炉边诗话》，也可了解作者所述写到的诗人的生平际遇，其中《胡铨上疏》一文让我倍感亲切。2018 年 5 月到海南临高参加海洋诗会时去过胡铨流放路过的"买愁村"，村中有一巨石，上刻有胡铨《贬朱崖，行临高道中买愁村，古未有对，马上口占》一诗，诗曰，"北往长思闻喜县，南来怕入买愁村。区区万里天涯路，野草荒烟正断魂"。说到"区区"二字，本书中另有一文，《区区与戋戋》，原来，胡铨诗中的"区区"并非"少"的意思，而是"辛苦之义"。

胡铨为何流放，那是因为他直言上疏，请斩议和派王伦和秦桧，而遭秦桧忌恨。金人一听说南宋小朝廷有一胡铨建议斩秦桧，都大惊失色说，"南朝有人"，为此，南宋名臣张浚调侃说，"秦太师专柄二十年，只成就得一胡邦衡"。

读《炉边诗话》，知道陆游写诗的确切数字，9138首，陆游是一位长寿的诗人，享年85，写得最多的年份都是在80岁至85岁这5年间。快到生命尽头时念念不忘的是：唐婉和沦陷的中原。

金性尧，（1916—2007），别号星屋，汉族，笔名文载道，浙江定海人，当代古典文学家、一代文史大家、资深出版人。晚年倾力编注《唐诗三百首》《宋诗三百首》《明诗三百首》，《炉边诗话》涉及的诗人大都唐宋明三个历史时期。

2019-5-21

书 名	《素书》
著(译)者	［汉］黄石公 著，刘泗 编译
版 别	上海三联书店 2018 年

道、德、仁、义、礼

《史记》中的《留侯世家》开篇即说到张良用120斤重的铁锤击杀东游的秦始皇而不得的事，张良是韩国人，祖父和父亲都曾当过韩国的宰相，张良此举自然是为被秦灭掉的韩国报仇。由此可见张良本也是血性男儿，但在之后辅佐刘邦成就帝业的过程中，张良主要充当运筹帷幄的谋士角色，对此，《留侯世家》也几次提及，张良"多病"，原来体弱。张良的谋略和智慧来自何处？来自黄石公的一本书。此书在《留侯世家》里称之为《太公兵法》。

话说张良击杀秦始皇失败，只能隐姓埋名躲避搜捕，逃到了下邳，有一日正悠闲行走在下邳坯上，被一个老人盯上，老人直接走到他面前，把鞋子丢到桥下，要他下去帮他取鞋，张良又惊又气，转念一想，毕竟人家年纪大了，就忍住了，真的帮他到桥下取了鞋，取了鞋后，老人又伸出脚说，"帮我穿上"！好吧，张良就跪在老人面前帮他穿上。老人哈哈大笑离开，走了几步又回转身来对张良说，"小子不错，可以教也，五天后来此与我相会"。五天后张良到坯上，老人已在那里，老人说，"跟长者相约却比长者来得晚，怎么行？五天后再来"，延长而去。五天后张良又到坯上，又比老人晚，老人大怒，又说五天后再来，又延长而去。五天后，张良终于赶在老人之前到达坯上，老人这回高兴了，给了张良一本书，说，"读此则为王者师矣"，并与张良约定 13 年后在济北谷城山下相见，山下的那块黄石就是我了。13 年后，刘邦已称帝建立汉朝，张良来到约定的地点，但并未见到老人，于是把那块黄石搬回家中供奉起来，老人因之名黄石公。张良死后，这本书也消失了。又五百年，有盗墓者发掘张良的墓，在玉枕中发现了这部书，上面有秘诀，"不许传于不神不圣之人；若非其人，必受其殃；得人不传，亦受其殃"，也就是，这本书不能传给不配传的人，也不能不传给值得传的人。当然，现在这本书已不是秘诀，从坟墓中发掘出来的那天起，就被广为传播，只是再也没有教出一个张良了。

这本书就是我刚读完的《素书》，在《留侯世家》里被称为《太公兵法》。对黄石公，苏东坡有这样一个推测我觉得很有道理，苏东坡认为，黄石公是秦末的隐士，眼见得始皇帝无道暴虐，想为民除害，于是寻找到了曾击杀始皇帝的张良传他谋略，终于借张良之手推翻强秦。当然，张良能贯彻实施黄石公《素书》一书的教诲，也与他遇到的是刘邦而非项羽大有关系，倘是后者，张良的一腔赤诚和胆识也无用武之地，兵强马壮的项羽之所以败于刘邦，最重要的就是他徒有匹夫之勇，不珍惜人才、留不住人才，很多人都同情项羽认他为失败的英雄，我则在想，幸好天下最后不是归项羽，看他动辄坑杀降兵、攻下一个城池就一把火烧毁的残暴，就是统一了天下也是第二个秦始皇，倒不如刘邦妥妥地建立汉朝，让老百姓过了几百年稳定日子。是否造福人民才是我们判定一个人是英雄还是流氓的基础。从这个角度，刘邦是英雄。

《素书》其实并没有具体的兵法、战术，它说的更多的是道、德、仁、义、礼。所谓素，引黄石公自述，"素者，符先天之脉，合玄元之体，在人则为心，在事则为机，冥而无象，微而难窥，秘密而不可测，笔之于书，天地之秘泄矣"。素，最本真的东西，子曰，"绘事后素"，说的也是先有白色的底子，才能进行锦上添花的加工。本心正，就不会误判，就不会做出错误的决定，譬如修德、好善、至诚、体物、知足，这些都是《素书》推崇的，多愿、精散、苟得、贪鄙、自恃、任疑、多私，则是《素书》反对的，于今日看，也不曾过时。《素书》之所以具有现实意义乃在于今日中国大体遵循的依旧是秦以来的体制，国民性也没有大的本源性的变化。当代人每读古典中国，均能感同身受，蕴含的恰恰是悲哀。

2020-1-13

书　　名	《洛阳伽蓝记校释》
著(译)者	［魏］杨衒之 撰，周祖谟 校释
版　　别	中华书局 2017 年

"世间三件事，不可替代：生死和向佛"

中国历史有两个时段我最理不清，一个是三家归晋的晋到短命隋朝的隋之间的五胡十六国和南北朝，一个是中华民族最引以为傲的大唐到文兴武弱的大宋之间的五代十国，那些个城头变幻大王旗的一连串国名我总记不住，今天我读的《洛阳伽蓝记校释》写的就是南北朝之北朝北魏时期的洛阳。北魏是鲜卑族拓跋珪建立的政权，先是定都盛乐（今内蒙古呼和浩特市和林格尔），后迁都平城（今山西大同），孝文帝拓跋宏在位期间又迁都洛阳。永熙三年（534），北魏分裂为东魏和西魏，东魏是北魏国号的延续，迁都邺城（今河北临漳），我之所以查来查去写出北魏的历史沿革主要还是跟这本书有关。本书作者杨衒之生活的朝代跨北魏和东魏，虽然生卒年不详，但也已经知道他是北平人（今河北遵化），曾担任奉朝请、期城郡太守、抚军府司马、秘书监等职，我认为他一定是一个有情怀的文字中人，才有可能在东魏孝静帝武定五年（547）的某一天重过曾经的帝都洛阳时，眼见得往日的繁华已荡然无存、寺庙成废墟、荆棘丛生于废墟间时，回想起当初的"寺宇壮丽"，那是耗尽多少国库、盘剥多少百姓的血汗才建成的，那些寺庙不能就这样杳无踪迹地灰飞烟灭。于是立意为曾经的洛阳寺庙写一本书，是为《洛阳伽蓝记》。

伽蓝，梵语"僧伽蓝摩"的简称，指僧众所住的园林，后指佛寺。北魏除魏太武帝和周武帝两度毁佛外，其他皇帝都大力提倡佛教，佛寺遍布各地，史料说，北魏全国各地，寺院有3万多所，僧尼200多万，确实相当庞大，著名的云冈石窟、龙门石窟，也都是在北魏时期开始雕凿。洛阳当时有多少寺庙呢？按《洛阳伽蓝记》序文所言，"京城表里，凡有一千余寺"，但实际收入本书的寺庙仅有43座，虽然少，但也留下了那个时代的珍贵记忆，因为这不是单纯摹写寺庙的书，它实际上"着重记述的是当时的政治、人物、风俗、地理以及传闻的故事等等"（周祖谟），这本书既是地理书，也是历史书。

以本书第1卷第1篇《永宁寺》为例，先写了永宁寺的修建时间和主修者：熙平元年（516）、灵太后胡氏，再写永宁寺的地理位置，东西南北各有哪些标志建筑，然后写永宁寺最辉煌的建筑永宁塔，木结构，高90丈，也就是300米高，真是不得了！寺庙各殿以及寺里的菩萨自然也不能忽略，也得一一道来，这些都写完之后就进入历史了，这段才是惊心动魄，整个是宫廷剧，说的就是胡太后如何贪恋权势引火烧身，最终被北魏将领尔朱荣溺死于黄河，尔朱荣又如何被自己立的皇帝元子攸诱杀，元子攸又如何被尔朱荣的弟弟尔朱兆囚禁在永宁寺里想自杀而不得，最后被带到景阳杀死。这一切与永宁寺有关的往事自然是永宁寺的重中之重，须得大书特书。当然，如果没有什么重大事件的寺庙，作者也不能虚构，所谓有话则长、无话则短。

洛阳我去过两次，难忘洛阳师范学院新校区仿古式的建筑呈现出的恢宏和苍茫，丽景门下霓虹闪烁中吉他歌手弹唱着一曲又一曲哀凉的情歌，我仿佛看见武皇的车舆正从长安城驶来。武则天一生喜欢洛阳，篡唐建周选定的都城即为洛阳。我寻找了一下《洛阳伽蓝记校释》，唯一去过的就是白马寺。在本书第4卷，内容比较简略，但其实白马寺在佛教的位置极其重要，书上原话，"佛教入中国之始"。东汉永平七年（64），汉明帝刘庄夜宿南宫，梦到一个大金人从西方来，在殿庭飞绕。第二天早晨，明帝将这个梦告诉大臣们，博士傅毅启奏说"西方有神，称为佛，就像您梦到的那样"。汉明帝很高兴，就派大臣们出使西域，请来了印度高僧摄摩腾、竺法兰（两位高僧的墓至今还在白马寺入口处的东西两侧，许多人不知道）并用白马驮来了佛经、佛像，永平十一年（68），汉明帝下令在洛阳兴建僧院安置高僧，为纪念白马驮经，寺院命名为白马寺。

我至今清楚地记得第一次去白马寺是 2016 年 11 月 14 日，那一次洛阳行我没有写诗，但《诗选刊》简明主编写了，在白马寺某座大殿外他拿着手机，写下他的《白马寺闲笔》，今天我从网上找了出来，其中第一节这样写道——

去白马寺，必然亲往 / 否则迈入佛门的 / 便不是自我 // 世间三件事 / 不可替代，生死 / 和向佛

2020-1-21

书　　名	《东京梦华录笺注》
著(译)者	［宋］孟元老 撰，伊永文 笺注
版　　别	中华书局 2018 年

一部书复活了一座城

《东京梦华录》里的东京，即开封，今日的河南省开封市，历史上又曾用名老丘、大梁、启封、陈留、浚仪、汴州、汴京、汴梁等。每一座历史名城都有很多个不同的名字，这点往往让我很头疼，总感觉稀里糊涂的记不住。统治阶级看来都喜欢重新命名他打下的江山以满足他改朝换代的成就感。

开封素有八朝古都之称，先后有夏朝，战国时期的魏国，五代时期的后梁、后晋、后汉、后周，宋朝（北宋），金朝等在此定都。确定开封显赫历史地位的自然是北宋这一时段，历史教科书给我们的印象好像整个大宋王朝（开封北宋和临

安南宋）国力特弱，成天被金朝追着打，徽钦二帝都被金兵掳走了，只好被迫南迁。但其实，与当时世界上的其他国家相比，"不论从物质文明或精神文明发展的水平来说，当时的中国（以宋政权为代表）实际上全是居于领先地位的"。历史学家邓广铭从农业生产、科学技术、天文气象、海上贸易、文学艺术、哲学思想等方面做了考证之后得出这样一个结论。有两本书，也是可以作为邓先生的论据，一部沈括《梦溪笔谈》，一部就是孟元老《东京梦华录》。

两部书采用的都是笔记体方式，不是长篇大论那种，而是一则一则记录。以一本书记录一座城市的我读过的还有杨衒之《洛阳伽蓝记》，也是一则一则的笔记体，但后者以寺庙为主题，比不过《东京梦华录》的庞大，《东京梦华录》真了不得，外城、内城、河道、桥梁、皇宫、衙门、街巷坊市、店铺酒楼、朝廷朝会、郊祭大典、民风习俗、时令节日、饮食起居、歌舞百戏等，无所不包，一部书复活了一座城。如同《洛阳伽蓝记》的作者杨衒之，孟元老也是经历了从繁华到衰落的时代，孟元老在东京住了24年，因金人入侵，才避乱南下，回望东京那段"太平日久，人物繁阜"的往事，怀想当年风情，"节物风流，人情和美，但成怅怅"，于是立志省记所及，以便后人开卷就能窥探得到当年东京的繁盛之状。无论杨衒之、无论孟元老，文明在毁灭的命运到来之前，总是要选定自己的记录者，他们必须有足够的才华，还必须心有戚戚于逝去的文明，杨衒之和孟元老都不是当时的文化名家，但偏偏是他们，用文字，保存了曾经壮丽的城市，他们仿佛就是为了命中注定的城市而降生。以至于我们想到洛阳和东京开封，脑中浮出的就是这两部书：《洛阳伽蓝记》和《东京梦华录》。从文学角度看，后者更胜一筹。

必须点赞的还有为本书做笺注的伊永文，真是了不起啊，所注资料之繁复用得上叹为观止四个字，总共有1200多条。这些注的价值完全可以和原典相媲美，它们涉略面广且每一条注都如此精心用心。且举我去过的相国寺这一条目为例，书中孟元老原题为《相国寺内万姓交易》，叙述了相国寺每月五次开放万姓交易的内容：食品、日用品、工艺品、书画作品，等等。我算了一下，不长，也就300多字，但伊永文却为此条目做了16个注，许多注的字数都比原文还多。读完本书再回头读中华书局原总编辑傅璇琮为本书作序写下的这一段话，不禁更有同感——

（伊永文）所引用的，又不局限于传统的经学、史学等典章制度之书，而是广泛引用诗文集、笔记、诗话、话本小说，甚至笑话、相声之类俗文学图书，可以说囊括多门类的知识，真是立足于打通，还原东京梦华录世俗生活的特色。

2020-1-24

书　　名	《玄响寻踪：魏晋玄言诗研究》
著(译)者	何光顺　著
版　　别	暨南大学出版社 2011 年

"知我者谓我心忧，不知我者谓我何求"

　　《玄响寻踪：魏晋玄言诗研究》是何光顺的博士论文专著，这位近几年活跃于中国当代文化批评领域的青年教授博士研究方向是魏晋玄言诗，不免使我感到好奇，好像与微信上的何光顺留给我的印象不太一致。

　　微信上的何光顺，关注的视点非常当下、非常现实、非常国际化。每次读他的文章，哪怕是简短的一段文字，都能听到他怀揣使命般怦怦跳动的心，看见他血管中流动着的为激情所充溢有如万马奔腾的血。在高校教师队伍里，何老师是勇于对各种纷涌而出的网络事件发言的少数的几个人，我在佩服的同时也不免有些替他担忧。对新儒家、对社会现状、对世界范围内接二连三的恐怖主义事件，何老师均有自己旗帜鲜明的观点，总是会为一些话题在群里和人争论，每当这时，我就在心里暗暗替他发出一声"知我者谓我心忧，不知我者谓我何求"的感叹。身为教师，何老师把培养学生、助推学生成才作为自己的行动方向，建有微信群"抒情时代－诗与远方"，创办有公众号"云山凤鸣"，使学生有了与中国文化现场交流的通道。做何老师的学生是幸福的，他总能为学生选择合适的写作选题并想方设法推荐发表。据我观察，何老师学生的成才率很高，时时能见到他的学生的论文刊于《名作欣赏》等报纸杂志的信息。

何老师是一个精力旺盛的人，似乎整天处于思考状态并能及时把所思所想转化成文字，读他的文字，不仅可以增长知识，还能跟着他的思考继续思考，提高自己的理论修为，激发自己的问题意识。且让我引用他 2020 年 1 月 5 日发表于微信朋友圈的一段言论——

哲学训练，当自古希腊开始，由源而及流，可得本末。万不可直接从后现代切入，不知本，而被枝叶所蔽。特别是如福柯后期讲稿，不适合初学者阅读。然好事者整理其录音，并未经其本人同意，如素有哲学训练者攻之，或可拨沙拣金，无哲学训练者，则恐处处陷入泥沼中而不可自拔也。更可惧者，是误被福柯大名所震，以为自己读不懂福柯晚期课堂讲稿，或自己用力不够用心不细，而愈专研之，则陷入泥潭愈深，而终否定自己，不亦憾乎？福柯自己就曾叮嘱不可发表其晚期讲稿，然一些总以为自己拥有宝藏者整理而发表之，他们既没有孔子门人整理孔子和学生对话的集体会商，没有柏拉图述苏格拉底之会话式独获其奥，没有索绪尔学生整理其老师讲稿而成语言学纲要的经典化素养。当然，福柯本人其实不算是严格意义上的哲学家，他涉及法律、社会学、历史学、技术学、司法学太多，如果说前期和中期，他还静心结撰其书，既有一定哲学素养，又才气纵横，同时还有跟踪海德格尔反古典形而上学的先锋锐气，其书写得真是酣畅淋漓的话，那么，讲课稿更多适合课堂的即时讲述，非得大力整理，不具有可读性，初学者岂不当避之乎？这样的讲稿，只适合少数研究福柯的专家来勾深索隐，而后可将其精义带给学界即可。后之学者如再欲研究，则可更有基础，而有路径可循矣！

这段话很能见出何老师的性格，不含糊、不虚伪、不唯名人马首是瞻、有论断、有见识、有严谨的学术分析和论证。何老师年纪轻轻，却博观约取，有古今中外、悉数全收之志，更兼理直气壮，大有少年英雄气概。因此，当我获悉他的博士学位研究方向是魏晋玄言诗时不免有点好奇，玄言诗于今已是非常冷门的一种诗体了，已极少有人关注，在大众心中，玄言诗是轻视俗务、脱离现实的，而何老师给我的印象恰好是关注现实的，于是便问何老师为何选择玄言诗，何老师答，硕士学位论文做的是《庄子》，并有关涉及《周易》《老子》，博士论文考虑到继续做《庄子》的话，不利于拓展思路和改善知识结构，就顺着往下想到魏晋时期的玄言诗受到宗法三玄的玄学思想影响，又符合自己所读的中国古代文学的先唐文学方向，就确定了这个选题。读了《玄响寻踪：魏晋玄言诗研究》，我感觉此前对玄言诗的理解偏于狭隘，只看到玄言诗虚幻的一面、为艺术而艺术的一面，却不曾想到，玄言诗也蕴藏着较多的非哲学精神，也关注着世俗的吉凶祸福、得失际遇，玄言诗的社会品格依旧是——诗可以群，从这个角度，何光顺与玄言诗的关系、与他对社会人生有血有肉的爱恨交加关系，实际也是统一的。

2020-1-20

书　　名	《唐诗的读法》
著(译)者	西川 著
版　　别	北京出版社 2018 年

一个人就是一座图书馆

　　第二遍认真读完《唐诗的读法》。第一遍是在《十月》杂志上读的，刊于2016 年第 6 期。2016 年 12 月 27 日《十月》杂志社主办了一场题为"西川《唐诗的读法》研讨会"，从谷禾处获知此消息后，我便约了诗人李苓一起前往，成为该会的不速之客。在会上西川坦言，读唐诗，不能把古人供起来读，而应以同代人的立场去理解唐代诗人所关心的问题，理解他们创作的秘密何在，思考"古人为什么这么做"？"只有当我们深入古人之间，看他们互相争吵，这时，古人才能活起来"。我感觉《唐诗的读法》里有许多西川自况或西川志向，当他说，"王充、孟郊等都是要让自己与古人共处同一生存水平，意图活出自己的时代之命来"的时候，王充、孟郊其实也可以置换成西川。

　　西川曾在不同场合强调对唐诗的阅读不能仅止于《唐诗三百首》，蘅塘退士编辑此书本就为的给"世俗儿童就学"之用，倘若我们以此书来判断全唐诗，那就相当于"以当下中学语文课本所选文章作为讨论文学的标准"，我承认我被这个比喻说服了。要真正了解唐诗必须读《全唐诗》，这一读你才发现，原来《全唐诗》百分之七十都是应酬之作，并不那么好，但读《全唐诗》可以读到整个唐代的社会状况，方方面面都有，这些，在《唐诗三百首》是读不到的。《唐诗三百首》只有"没有阴影的伟大"。当我们在唐诗面前连一句批评的话都不敢出口时那是因为我们心目中的唐诗是《唐诗三百首》的唐诗而不是《全唐诗》的唐诗，西川甚至告诉我们唐朝人为什么这么能写诗的底细：随身卷子。就是类似写作参考书一类的读本，上面很具体列出各种类别的词汇，譬如写春天：云生似盖、雾起似烟、垂松万岁、卧柏千年，等等。这真是没想到！

西川评价他的好友欧阳江河"一个人就是一座图书馆"，这评语用在西川身上也是合适不过。倘胸中没有藏着一座唐诗图书馆，是没有能力写作《唐诗的读法》。在这部专著里，西川游刃有余于诗人跟诗人的比对、推断诗人跟诗人的关系并给出理由。西川判断李白和王维的关系"相当微妙"，翻开两人的诗集，找不到二人"交集的痕迹"。安史之乱前，唐朝宫廷的诗歌趣味把握在王维手里，李白作为外来人，自然不受待见，当然，李白也不见得瞧得上王维，这是西川的分析。韩愈和白居易的关系也很"微妙"，韩愈曾邀白居易游曲江被白居易婉拒，两人各自有诗言及此事，但也仅此一回。这得多细心的阅读并得有多敏感的辨识才能为我们推理出这些人际关系。对读者而言，西川读唐诗，复活了唐诗发生的现场，引出了一个个鲜活的有着复杂情感的唐代诗人群像，使读者对唐诗的了解不再止于单薄。

西川读唐诗，有着诗人的勇气和判断，他说，如果没有安史之乱，杜甫可能只是一个二流诗人；他说，唐朝没有思想家。西川注重一个诗人在语言上的"发明"，王维的语言写山水、田园和边塞都可以，因为"他可以将山水、田园和边塞统统作为风景来处理"，但要处理安史之乱，他就没词了。西川这一段阐述很有当代意义，新诗发展到今天，虽然改为白话文了，还是善于"将山水、田园和边塞统统作为风景来处理"而处理不了当下，"忽然哪天化工厂爆炸，石油泄漏，地下水污染，股市崩盘，你写诗试试，你写不了，因为你那来自他人的、属于农业文化和进士文化审美趣味的、模式化了的、优美的、书写心灵的所谓'文学语言'，处理不了这类事"，西川痛心疾首，因为懂得，所以寻求突破，西川诗风的转变，西川扩大诗歌容量乃至文体形式的创作实践，与他的"懂得"有关。

一部《唐诗的读法》所能读到的个性化观点甚多，西川说出了他的阅读所得、他的思考，同不同意在你。反正我是觉得受益良多。

2018-9-29

书　名	《大唐西域记》
著(译)者	［唐］玄奘、辩机 撰，董志翘 译
版　别	中华书局 2017 年

"它是一千年前的峻岭之书"

　　2017 年 6 月 23 日，首都国际机场 T3 航站楼，我和刘以林兄静静等待 CA4172 航班，此行我们受邀奔赴云南参加海男画展。本该 11∶50 分起飞的航班因为昆明暴雨而不断地延迟，竟延到下午 6 点。但见刘以林从电脑包里掏出一本深黄封面的大部头著作，我忙凑了过去，《大唐西域记》，嘿，玄奘法师大著。我约略翻了一下，满眼陌生名词。这一天漫长的候机，刘以林读他的《大唐西域记》，我一如既往乱刷手机，但心里也种下了一本书，《大唐西域记》。

　　回京后便下单网购，这几日开读。

　　有的书不读你永远不知它是什么样子，此前对《大唐西域记》的想象是，游记类，按照时间、行程的顺序一路写来，有起承转合，每一篇应该都比较长。不料具体读下来却发现，它就像一个个词条，一个个地理词条。全书分 12 卷，每卷几国或几十国，总 138 国（亲践者 110 国，传闻者 28 国），从大唐一路西行，竟然有这么多国，真是让我吃惊，我很想了解一下这 138 国对应着现在哪些国，遗憾《大唐西域记》留下的都是古里古怪的国名：阿耆尼国、屈支国、跋禄迦国、笯赤建国、赭时国，等等，而译者又是只管翻译不管注释，我也就学不到更多的知识。青海诗人曹有云认为，这本书的价值被严重低估，它甚至为印度留住了历史，是无可替代的。

　　本书中文系学生大体还是能读懂原文，读译文也可，译者译得不错。记忆比较深的是书中写到的每个国家与佛有关的传奇故事，个人认为本书不用都读完，读几卷即可，因为大体相同。我特意询问带我走进此书的刘以林兄对此书的看法，获悉他竟然开始读第二遍了。存刘兄对《大唐西域记》的评价——

"它是一千年前的峻岭之书，很难被代替。作者是以彼岸的眼光看彼岸，安静，广阔，充满唐时代的精神密码，读的时候，它会使你离开现实的此岸。"

2018-7-8

书　　名	《初刻拍案惊奇》《二刻拍案惊奇》
著(译)者	［明］凌濛初 著
版　　别	北方文艺出版社 2016 年

读多了，反而把自己读陈腐、读萎靡了

读"二拍"很爽快，语言没有障碍，白话文为主体，萦绕着丝丝古典韵味，真是恰到好处。纯白话太俗，纯古典又太拗，我喜欢介于纯白话与纯古典之间的汉语，譬如"三言二拍"、譬如《水浒传》、譬如《红楼梦》。据前言介绍，冯梦龙"三言"之后出现了一批效仿之作，以凌濛初的"二拍"影响最大，后人遂以"三言二拍"合称之。

凌濛初（1580-1644），字玄房，号初成，别号即空观主人，浙江乌程（今吴兴）人。生于官僚家庭，年轻时热衷功名，可是命运不济，55 岁才以副贡授上海县丞。崇祯十五年（1642），擢徐州通判，分署房村，料理河事。他一方面慨叹朝政的黑暗腐败，另一方面又敌视农民起义，最后为抗击李自成部队的进攻，呕血而死。"二拍"是他创作的小说作品集。文章千古事，凌濛初活在他的"二拍"里，和他笔下的 79 篇小说一起不朽。如同冯梦龙的"三言"，凌濛初的"二拍"也有佛教的因果报应观，坏人作恶无论如何狡诈，总归不得善终；好人如何委屈被冤，总归会在临死之前得到生机。在《许察院感梦擒僧，王氏子因风获盗》一文中，甚至让许察院用做梦的方式查知冤情并依照梦中人氏所念诗句寻访凶手，现实生

活中当然不可能。古人好像挺迷信这类断案方式，不知是生活中真有其事，还是一人编造后人跟学，总之读古文，时常会有这类故事。其实也不是中国才有，莎士比亚戏剧也多的是这类神神鬼鬼，好比《哈姆雷特》，好比《麦克白》，或神巫出场，或梦境告知，当代人要是这么写不仅读者不信，恐怕作者自己也要不好意思了。科学发达了，破解了许多神秘性，写作也就跟着与时俱进。

读"二拍"，读到凌濛初对性的宽容，饮食男女、食色性也，书中有一篇《任君用恣乐深闺，杨太尉戏宫馆客》写到了蔡京和杨戬两位威势显赫的朝臣，他们的姬妾背着他们偷情的故事。蔡杨二位史上实有其人，都以奸臣形象示人，凌濛初把这等不堪家事安在他们身上也着实令读者解恨。读历史书可知，明朝时期资本主义开始萌芽，"二拍"中商人群体也时时登临，第一篇《转运汉遇巧洞庭红，波斯胡指破鼍龙壳》写的就是海外经商的事。其中波斯胡在闽中，我猜测就是今日泉州，泉州是海上丝绸之路的起点，宋元时期国际著名都市，商业气息十分繁茂，许多波斯人都定居于此。"二拍"里，福建这个词出现的频率不低，让我这个福建人很有几分自豪感。冯梦龙曾担任过福建寿宁知县，他的"三言"里有福建不为奇，没有福建经历的凌濛初撰写"二拍"，学的冯梦龙，其中的福建元素，或许学的也是冯梦龙。当然，福建元素的频繁出现，说明的是当时的福建，当然也是经济比较发达的一个地方了。

"二拍"以故事取胜，但细想起来，故事也无非是那些故事，我的看法，可挑着读个 20 来篇即可，没必要都读完。现代人想从这"二拍"里获取现代意识，那是不可能的，读多了，反而把自己读陈腐、读萎靡了。

2020-2-23

辑二

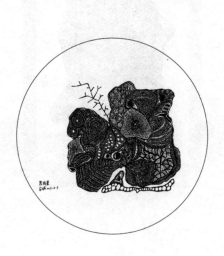

书　　名	《白鹭》
著(译)者	[圣卢西亚] 德里克·沃尔科特 著，程一身 译
版　　别	广西人民出版社 2015 年

精湛的技术与新奇的想象力

　　知道德里克·沃尔科特是诺贝尔文学奖得主，却对他的祖国不甚了解，借读《白鹭》之机先搜索了圣卢西亚，该国位于东加勒比海向风群岛中部，最早居民为印第安人。1639 年英国人入侵该岛。1651 年法国人占领该岛。此后英、法长期在此争夺。1814 年根据《巴黎和约》正式将该岛划为英国殖民地。1979 年 2 月 22 日宣布独立，为英联邦成员国，首都设于卡斯特里。截至 2018 年，圣卢西亚与中国仍无外交关系。难怪对圣卢西亚不熟悉。读书就是这样，总能连带着帮你解决一些问题。

　　德里克·沃尔科特 1930 年出生于圣卢西亚首都卡斯特里，同时出生的还有他的双胞胎兄弟罗德里克。14 岁就在报纸发表诗歌。从德里克·沃尔科特年表可知，他走的是常规的读书、写作之路，不是挣扎于底层的那种，他诗中的优雅、思辨、从容与他的生存状态有关。《白鹭》幸有译者程一身教授撰写的长篇序言，序言亦是关于沃尔科特的精彩评论。从序中知悉本书系德里克·沃尔科特晚年的作品集（出版时作者 80 岁高龄），如同每一个老年人必要经历的病痛的折磨以及"爱的丧失与死的临近"的现实，德里克·沃尔科特也不能避免。但心灵并不会听从年龄的驱使去老、去丧失爱，《西西里组曲》让我们看到了老诗人依旧旺盛的情欲，全诗由十一首短诗构成，第一首从飞撞玻璃的黑鹂起笔，比拟自己也想撞向"你前额的墙壁"，你，就在"神圣的西西里"；第二首叙述了西西里的景色，最后一句"但有差异"似乎透露了我和你之间有不可通约处；第三首开篇即呐喊维多里奥和夸西莫多来"安慰我"和"让我平静"，显然呐喊无效，诗人还是要"尖叫出我的痛苦"，其中"她最小的手势里重复着一个预言 / 向一位疯狂的老人"，恍然已把一切说清；第四首"我仍然感觉你在前面我就在你后面"，深情款款，放慢语调的表白；第五第六直至第十一首我就不剧透了，读者可自行感悟。整组读下来，一个高龄老人被青春少女激发出的爱的渴望、爱的追寻、爱的追寻而不得、爱的追寻而不得的哀伤……最终，这一切都完美地汇聚到这样一组诗里，这爱，在我看来已经达成。

德里克·沃尔科特特别擅长使用长句，诚如译者程一身后记所言，"他习惯于在复杂的句式和镶嵌式组词中显示出精湛的技术与新奇的想象力"，在《西西里组曲》第七首有这么一句，"我疑惑在缓缓移动的太阳下我将失去她这件事 / 如何被渡船的喇叭、松树、海湾蔚蓝的 / 群山和嘲弄尖叫的少女们疯传"，这是一个长句的分解，这种句式就是俗称的"翻译体"。20世纪90年代的《读书》杂志经常刊登翻译体句式的文章而我又恰好每期都读《读书》，以至于我对这种主谓宾定状补不断缠绕的句式有着心领神会的喜爱，整部诗集类似的句式很多，都极其美妙。

作为一个优秀的诗人和诗评家，程一身翻译时精确到对每一个词的选用，尤其动词。譬如，"将它的尾气暂时混入咖啡内部"的"混"，譬如"你期待煨在消防栓上的 / 一只蝴蝶"的"煨"，譬如"暴风雪 / 赦免并使蜿蜒在米兰之外的一座跪着的山变白"的"赦免"和"跪"，都见译者锻字的功力。我也曾经译过诗作，知道一个英文单词在汉语中有不同译法，选择哪个，检验的就是译者的语言判断力。为什么大家都信任诗人翻译家，那是因为，诗人翻译家知道要避开那些已经被诗人用滥了的词而另外从无限丰富的汉语词库里掏出那个别人不曾注意的词。读《白鹭》也提醒我，今后在创作上对词的选用要多用点心，要像程一身译沃尔科特一样，具体到每一个字。

《白鹭》以《终结之诗》终结了这部诗集，"当一片云渐渐覆盖这一页，它再次 / 变白，这本书终于结束"，一个"终于"，仿佛喘出一口长气，晚境已至，生命之书也到终结之时，那就做一个澄澈的旁观者，从上到下、由远至近，静静地刻录下自然物像和谐共处的一幕。

2018-7-18

书　　名	《比萨诗章》
著(译)者	［美］伊兹拉·庞德 著，黄运特 译，张子清 校订
版　　别	漓江出版社 1998 年

庞德时代

20 年后重读《比萨诗章》，依然为其中的许多诗句怦然心动，譬如"北风与它的麒麟同来 / 令下士心碎"，譬如"哦山猫，看好我的葡萄园 / 当葡萄在藤叶下鼓满"，整部《比萨诗章》，类似神秘色彩的抒情句式时时闪现在一串叙事中。

重读才发现，庞德脑子装的东西真多，他的思维是跳跃的，从一个人跳到另一个人，从一件事跳到另一件事，从一句话跳到另一句话，人与人、事与事、话与话，没有逻辑关系，古今中外，不搭界庞德也让它们强行搭界。我不由得想起批评家杨远宏曾经说过的，庞德的《比萨诗章》就是一个精神病患者的呓语。我倒不认为庞德写作时就是精神病患者，我设想的情景是这样，为了确保自己不患上精神病，庞德拿起笔，记下了自己每日的观感和记忆中的往事，包括他庞杂的阅读，等等。但在张子清教授撰写的序言中我分明读到这一句，"他由于在第二次世界大战中吹捧墨索里尼而战后被美国政府逮捕，被关押在圣伊丽莎白精神病院长达 12 年之久"，也就是，庞德的生命中真的有过精神病人这个时段。庞德是一个诗歌巨匠，却是一个政治上的糊涂虫，因反对私人高利贷而反犹太主义，被法西斯式的"社会主义"所迷惑，因此犯下这等大错。《比萨诗章》就是他被关在比萨监狱里的作品，总 10 章，而全部《诗章》共 117 章，真是不可想象的鸿篇巨制，译者黄运特正在全本翻译中，不知何时能够译毕出版，真的好期待。

犹记 1998 年底，漳州南山书店老板、"70 后"诗人康城向我推荐了《比萨诗章》，我也决然想不到，这一部书会我产生革命性的影响。其时我的诗歌写作已经在求新求变中，写出了《不死：对一场实验的描述》《爱情跳》《事故》等几首长诗，采用的是把日常经验融会贯通到一首诗里的写法。等我读完《比萨诗章》，恍然大悟，不仅自己的日常，别人的日常以及阅读所得连同我写作此诗的此时此刻所知道的国际大事……总之一切能入诗的都可以让它们入诗。这么一觉醒，诗的空间就大了。那时年轻（29岁）气盛，就此开始了接二连三的长诗写作，竟然写了几十首，其中《轮回碑》《任性》《九寨沟》《第三说》《纸空气》等等，都成为我的长诗代表作。以《九寨沟》为例，当时北约正轰炸南联盟，于是诗里出现了"一个国家的军火在另一个国家发挥作用／一个国家的人民在另一个国家流离失所"，它们与九寨沟有何联系呢？有，这两句之前，"碳酸钙和它的化合物，北纬34度，世界的风景大致相同／你到达你就到达"，风景自然是九寨沟，军火和人民在另一个国家也都有"到达"的意思在里面，这两句后面，"我写下这些，感到世界不止是一个世界，风景不止是一个风景／然后我命令自己／不给脚打招呼，以便它失败得更为彻底"，呼应了世界、风景和到达三个语素和语意。相比于庞德把碎片化写作推到极致的手法，我的诗还是有一条隐约的意义的线牵扯着，好比穿珍珠，最终呈现出的一首诗还是有一个完整的形态。这是我和庞德的不同，也是我比庞德"正常"的地方，毕竟我没有精神病。但我确实体验到了庞德式杂糅万物的写作所需要的烈焰一般奋不顾身的激情，那种烈火燃烧的状态。都知道大火燃烧是有它超常的一面，一整座城市、万亩森林，都可以被大火烧进来，而微火就没有这样的力量，风可以灭掉小火却能助长大火的火势。庞德式的写法考验的是一个人身上的热血加速度，它不是字斟句酌写出来的，它是不按常理汹涌而出的，句与句之间没有相关的联系，一句就是一件事，但因为气足，却也能够构成一件庞大的建筑巍然屹立而不倒。庞德的《比萨诗章》就是如此，一座只属于庞德的包罗万象的诗歌建筑。

诗人西川在读了我的长诗集《任性》之后回信说，"我尤其认真读了你的诗歌。我发现我们两人在对庞德的兴趣上十分相似。这让我感到惊讶，因为一般女诗人都会躲开庞德的混乱。庞德对历史生活的任意切割甚至会令一些男诗人退避三舍。他对某些脆弱的诗歌灵魂会形成伤害。但你居然没有被他击倒！了不起！……"时在2002年3月17日。西川本人也颇具庞德的大师气象，其诗其人均有一种苍茫混沌感。批评家燎原在《中国当代诗人点评》关于我的福建时期写作给出了如下定论："我们看到了她力图以欧美经典诗人庞德为范本的、巨大的建造激情和文化整合企图。并以她混乱的才气、灵光突至的语词碎片和锐利的直觉，粘合出了力图对当下精神文化信息进行包罗万象整合的'比萨诗章'——一般而言，这是只有少数男性诗人才具有的雄心和图谋。"

人到中年的今天，静观自己波浪平息、没有野心也没有抱负的生命，重读《比萨诗章》和西川、燎原两位老师当年对我的评价，我伤感于自己的此刻，也庆幸自己曾有过的、已经无法再回来的"庞德时代"。

2020-2-18

书　　名	《我的名字叫红》
著(译)者	[土耳其]奥尔罕·帕慕克 著，沈志兴、译子清 校订
版　　别	上海人民出版社 2006 年

可以与读者互动的小说

2006 年的诺贝尔文学奖颁给了土耳其作家帕慕克，和前两届颁给耶利内克和品特后引起的稍稍争议不同，本届诺贝尔文学奖得主帕慕克几乎赢得了大陆学界、小说届众口一词的赞誉，认为他实至名归。这里面的原因细究起来有二：第一，耶利内克和品特的作品过于晦涩并且政治倾向性十分明显，使人对他们的获奖产生一定程度的怀疑，似乎他们借助了更多文本之外的东西而引起关注。第二，和近几年许多在获得诺奖之前几乎是籍籍无名、除了本国读者略知一二他国读者一无所知的得主相比，帕慕克可谓尽享荣华，在获得诺奖之前，他已经获得了包括法国文艺奖、意大利格林扎纳·卡佛文学奖和都柏林文学奖在内的欧洲三大文学奖项，作品被译成 20 多种语言出版，并被视为当代欧洲最核心的三位文学家之一。

当我获悉帕慕克出生于 1952 年时，我的第一个想法居然是，他离我们真近啊。这近，又包含有两层意思：第一，时间之近，帕慕克和我们共同生活在这一段历史时间中，他记录下的时代也是我们正在经历的，因此，平凡如我们可以放心地把呈现这个时代的任务托付给他。第二，诺奖之近，被中国当代文人凯觊也罢不屑也罢因不得而叹而怨而恨也罢的诺贝尔文学奖，已经颁到了和中国当代文人年龄相当的同代人身上，这是否意味着，只要足够幸运，中国这些依然健在的20世纪50年代出生的作家们，也是有希望等到瑞典在某个晚上打来的长途电话？

翻开《我的名字叫红》，首先吸引你的是那些颇为奇怪的小标题，诸如"我是一个死人""我的名字叫黑""人们将称我为凶手""我是一棵树""我是一枚金币"等等，相信没有谁会躲得开这些标题构成的充满悬念意味的诱惑。那么，就翻开第一页开始进入阅读吧。于是你读到的第一句话就是："如今我已是一个死人，成了一具躺在井底的死尸。尽管我已经死了很久，心脏也早已停止了跳动，但除了那个卑鄙的凶手之外没人知道我发生了什么事。"这真是令人欲罢不能的开头，除了侦探小说，还有什么能比这样的语言更吸引你继续阅读下去的目光和心灵？

是的，《我的名字叫红》本质上就是一部包含侦探小说因子的优秀作品，故事说的是1590年末的伊斯坦布尔，国王苏丹秘密委制一本伟大的书籍，颂扬他的生活与帝国。四位当朝最优秀的细密画家齐聚京城，分工合作，精心绘制这本旷世之作。此时离家12年的青年黑终于回到他的故乡——伊斯坦布尔，迎接他归来的除了爱情，还有接踵而来的谋杀案……究竟谁是凶手？动机是什么？作者让相关人士和元素都现身说法了：一只狗、一棵树、一枚金币、红色，两具尸体及死亡，甚至凶手全都站出来了。他们仿若有生命般，靠着自己的经历与观察，仔细地告诉我们每一条蛛丝马迹。因此，我们读到的每一章都是以第一人称的方式进行叙述，此种模式能够最大限度地发挥作者的主观能动性，给予出场的人/物鲜活的情感、细腻的思想乃至阴暗的心理、荒诞的恐惧等等。一句话，因为采用了多视角的第一人称的写法，《我的名字叫红》因此有了一个丰富的多棱镜的世界，它们恰到好处地满足了作者在诺贝尔奖颁奖仪式上所说的"这个世界存在我的脑海中，它比那个我所生活的世界还要真实。这是因为，在我的世界中，所有的人和物还有建筑都开始相互交流，以一种我不曾预料的方式互动起来，就像是它们不是依赖于我的想象和书，而是独立存在一样。"这里的"这个世界"在我看来就是作者经由文字建设出的一个世界，它们相互交流，并且与读者互动。

是的，这就是帕慕克的成功之处，他的小说所营造出的世界是可以与读者互动的，它们波澜壮阔、诡异、密实，却又是读者可以走进去的。

2007-1-17

书　名	《日本古典俳句选》
著(译)者	［日］松尾芭蕉 等著，林林 译
版　别	湖南人民出版社 1983 年

俳句：以禅机妙语取胜

　　整个 5 月，都在外面跑，广东上川岛—河南洛阳—海南临高—上海—福建漳州，读书就停了。以前一直把"读万卷书，行万里路"视为平行并列、非此即彼的关系，总认为外出多了影响读书，心不静也读不好。直到 5 月 18 日与批评家张德明兄相逢于海南临高，聊到近期外出频繁，张兄说"行万里路也就是读万卷书"，我一下顿悟，有豁然开朗感。原来，二者的关系是合二为一、融为一体的。确实，每次外出所遇到的每个人都是一本书，更不用说自然山川这部大书。

　　相比于读万卷书，我更喜欢行万里路。好玩恐怕是人类的天性，不过我也不白玩，每次回家，都会写诗（有时是现场写）。因为我信奉，"文字抵达的地方方为到达"，一个地方如果没有留下诗歌记忆，很快它就消散于时间的风化中。我还称不上百分百行者，不至于天天在外，总还有坐在电脑前写作的机会，对那些百分百的行者，可以推荐他们一种极其精当便捷的写作模式，那就是日本的俳句和中国当代的截句。前者三行以内、后者四行以内解决问题。俳句和截句都很适合即时记录瞬间灵感火花，且这种记录因其即时反而有着事后回顾所不曾有的浑然天成。

　　这个月零星阅读，好歹把一本薄薄的《日本古典俳句选》读完。本书收入 3位日本俳句家的作品：松尾芭蕉、与谢芜村、小林一茶，基本每一首都有译者注，显然译者是个日本通，所注内容涉及很多日本历史、人物，合起来也算是小小的日本故事集。三人中我最喜欢小林一茶，他出生农家，3 岁丧母，为继母所虐待，25 岁开始离家过着流浪的生活，一生命苦。他的俳句大都写自己的日常生活，这也是吸引我的地方。譬如，"我这颗星，/ 何处寄宿啊？/ 银河。"典型的流浪者的心声，同时又以"星"自居，也是一种自信，一般人可能会以"草"自居。还有，"拔萝卜的，/拿着萝卜指路。"太可爱了，活生生的一幕你我都见过，但我们就没想到把它写进诗里。读小林一茶的俳句，会笑、会悲伤、会比照自己的现实生活，给人感觉这个人心思真细啊。松尾芭蕉和与谢芜村的俳句则太像我们唐诗宋词的剪辑版，典雅有余、鲜活不足，倘若只读典雅，我读我们中国古典诗词就够了，何必读你三言两语俳句？总起来看，俳句还是欠缺现代感和现代语言意识，还是以禅机妙语取胜，不如我们蒋一谈"截句"之现代感和力量感，这也是俳句在中国当代赢不了共识而截句可以的原因吧。

本书是湖南人民出版社"诗苑译林"之一种，钟敬文先生的序和译者林林的跋都是关于俳句的好文章，值得一读。

2018-5-28

书　　名	《当我们谈论爱情时我们在谈论什么》
著(译)者	［美］雷蒙德·卡佛 著，小二 译
版　　别	译林出版社 2015 年

当我们谈论卡佛小说时我们在谈论什么

这部小说好像是先在豆瓣流行，一个叫小二的翻译家往豆瓣上贴他翻译的卡佛小说，吸引来了一堆卡佛迷，形成一个卡佛小组，然后，这些译文结集出版，以至畅销。我不是豆瓣作者，也说不清楚为何会形成这样一个印象，因此用"好像"。但总而言之，卡佛是火了，大火特火，小说火，诗歌也火。最火的当是这部小说集的标题，"当我们谈论爱情时我们在谈论什么"，这也是本书 17 篇短篇小说中的一篇。在卡佛小说里，这篇算长的了，几对夫妻在那边一直聊爱情，所有情节都是聊出来的。卡佛真的很爱用对话，基本每篇都是对话对话又对话，每句话一段，因此分段频繁也是卡佛特色，这样很好读。

卡佛小说没有我想象中好，主要是没有故事，读完一篇你都不知道它说的什么。第二个印象是，卡佛小说好像不是专业小说家的做派，总是随便揪几个人就开始写，也不塑造人物，读完他的小说，你记不住哪一个人物形象。我觉得这不是优秀小说家应该有的形象，好比我们说到鲁迅，会条件反射出阿Q、祥林嫂，说到维克多·雨果，会条件反射出冉·阿让、埃斯梅拉达，而说到卡佛，你的脑中会想到谁？反正我没有。

确实卡佛小说跟我们常规概念上的小说太不同了，也许因为这样，本书1981年在美国出版后，效仿者趋之若鹜，卡佛成了美国继海明威之后受到模仿最多的作家。英国著名文学杂志《格兰塔》于1983年出版了一期美国小说特刊，主编布福德定位卡佛式小说为新型小说，认为"这是一种怪异的和令人难以释怀的小说"。从译者小二具体分析的卡佛小说特色我们可以了解一下，卡佛小说何以怪异和令人难以释怀。"卡佛在这部小说集里运用了一系列令人耳目一新的写作手法，如评论家经常提及的不可靠叙事者、非确定性叙事以及省略和空缺手法等等"。

作为一个自叹不会写小说的人，我在读卡佛小说时倒是时时冒出这样的念头：如果这也是小说，如果小说也可以这样写，好像我也可以写啊。卡佛小说除了如前所述不考虑故事、不考虑人物形象，还不考虑结局，突然间就结尾了，唉，还是借用卡佛著名的句式——

当我们谈论卡佛小说时我们在谈论什么？！

2020-2-22

书　　名	《精灵》
著(译)者	［美］西尔维娅·普拉斯 著，陈黎、张芬龄 译
版　　别	广西人民出版社 2015 年

青春是一道坎

　　短短两年间我已读过陈黎、张芬龄翻译的聂鲁达、辛波斯卡以及这本普拉斯，这三位诗人都是多次被译介到中国因而也都拥有多个译者，陈黎、张芬龄此举是否可谓重译经典？

　　我是在周俊、张维主编的《海子、骆一禾诗选》封底第一次知道普拉斯的，其时（1990）海、骆新逝，周、张第一时间编竣此书并在《诗歌报月刊》发邮购启事，热爱海子的我忙忙地向周俊邮购了一本。封底有几行字：

死

是一门艺术，和其他事情一样

我要死得分外精彩。

　　　　　　　　　　　　　　　　　　　　　　　　　——普拉斯

　　那年我 21 岁，真是深深被这几句话迷住了，那种语言的决绝和力量感、那种对死亡的蔑视。后来便从各种渠道大量获悉普拉斯的消息，20 世纪 90 年代的诗歌报刊给欧美诗歌辟出了相当大的空间，中国诗人分出了一支取法欧美的队伍，我也是其中一员。我取法的是庞德老爹。对欧美诗风，我有天然的亲近，总是一读就心领神会。人的最初启蒙真是太刻骨了。新世纪以后欧美诗风渐渐衰退，本地口音成为主流，呈现在视野里的诗作开始乡土、田园、感怀、悲悯、抒情。简单定义欧美诗风与中国本土诗风固然不妥，但也大致可如此指认：欧美诗多表达破碎、阴暗、死亡、叛逆、极端，中国诗注重底层关怀，底层关怀而不得或不能时就转向修身养性、转向自我平衡。题材既然有如此大的差异，语言自然更是判然有别，仅从词汇的使用即可见出。仿用《红楼梦》的话，新世纪以前是西风压倒东风，新世纪以后则是东风压倒西风了。

读陈黎、张芬龄选本前，我已读过陆钰明翻译的《普拉斯诗选》，印象也很好。两本诗选所选普拉斯诗作大体相同，我也就顺便对比了一下记忆最深的那三句，需要说明的是，《海子、骆一禾诗选》封底普拉斯那三句没有注明译者，为了行文方便，姑且称之为"无名译者"。那三句选自普拉斯《拉撒路女士》（这是陆译名，陈张译名《拉撒路夫人》，个人偏向陆译名）。我们来看陆译版：

死亡
是一门艺术　和其他事一样。
我干得极其出色。

再来看陈张译版：

死去
是一种艺术　和其他事情一样。
我尤其善于此道。

三个文本比较，我最喜欢的还是无名译者。他／她干脆利落用一个"死"字，有种咬牙切齿的狠劲，"分外精彩"的"分外"，读音效果也充满果决和坚定意志。经典重译所遇到的第一个问题就是，读者总会忍不住如我一样想比对一下，如果他／她恰好读过不同译本。

陈张译本的《精灵》在其他译本里都翻译做《爱丽儿》（陆译名，有的译者译为《艾丽尔》），爱丽儿是莎士比亚戏剧《暴风雨》中精灵的名字，陈张此译也无误。相比于陆译本，陈黎、张芬龄译本对普拉斯迷而言有两个很重要的资料：第一，作为序言的陈黎、张芬龄关于普拉斯生平、诗作的评论，这篇题为《瓶中精灵》的长文尽显陈张对普拉斯的熟稔、体察和精准的解读，评论才华堪比普拉斯的写作才华；第二，弗莉达·休斯关于母亲普拉斯的访谈，她对母亲和父亲的评价。这是其他普拉斯诗选读不到的。

台湾诗人陈黎本身是一个优秀的现代诗写作者，以我对他的作品的阅读感受，当也是欧美派，他和张芬龄近年在大陆合译出版了诸多诗歌译著均广受读者欢迎，原因自然与他们的译著能准确传递作者的诗意有关。细读《精灵》，才发现普拉斯喜欢用疑问句、设问句，这让她的诗看起来像内心独白，确实普拉斯本就是自白派重要成员。普拉斯的比喻极妙，像"大如图钉的蜜蜂"，像"一张结婚蛋糕的脸"，像"月亮将手放在我的额上，/护士一般，面无表情，沉默不语"。普拉斯经常把一个词强调说两次或三次以加重语气和情感。普拉斯31岁即死于煤气自杀，正当青春，她诗中激烈的情绪和对死亡的向往，大抵是青春中人都曾有过的。我曾写过一文，《青春是一道坎》，青春之坎由自杀冲动构成，大部分人都能跨过，有一部分人跨不过，譬如普拉斯、譬如海子。我们对他们的喜爱源自我们也曾在青春这道坎前彷徨过，我们喜爱他们，就是喜爱曾经的自己。

2018-7-13

书　　名	《万物生而有翼》《让我们来谈谈我们的灵魂》
著(译)者	［波斯］鲁米 著，万源一、中译龄 译
版　　别	湖南文艺出版社 2016 年

诗的指向五花八门

我对鲁米的注意源自 2014 年 5 月 17 日在北京东城区图书馆举办的一个题为"诗意的标准"的诗歌活动，该活动唐晓渡主持，邀请了于坚、西川和欧阳江河作为主谈嘉宾，其间欧阳江河谈到了鲁米。主谈之后的朗诵环节，欧阳江河朗诵的诗作即为《致鲁米》，起首第一句"托钵僧行囊里的穷乡僻囊"给我留下很深的印象，因为我极少在诗中读到"托钵僧"这个词。

当天的会场是开放式的，来了很多文学爱好者，许多读者又开始以懂和不懂来指责诗人们，欧阳江河辩解说，我们读《老子》读《离骚》不懂，只会反省自己水平不够，因为我们已经承认它们为既定的经典，但对当代诗，只要不懂，每个人都觉得有权利进行指责，那是因为当代诗的经典化程度还不够，而非当代诗不是经典。朗诵诗的时候欧阳江河说，这首《致鲁米》是我相对容易懂的诗了，如果读者再不懂，我就没有办法了。读完后我明显感觉，大家还是不懂。在我开始读鲁米前，坦白说我也不懂。

今天，当我读完鲁米两本诗作，我约略懂了欧阳江河此诗。第一，鲁米诗作确实经常出现"托钵僧"这个词汇；第二，鲁米诗作是对宗教的诗歌阐述，欧阳江河诗作也在宗教的意义上对鲁米表达了敬意，诗中出现的"神""神迹"，还有一些玄幻的东西，也因此可以落到实处。

鲁米这两部诗集，涵纳纪事、寓言、哲理、想象等诸多功能，许多句子堪称格言警句，禅悟一样的妙句也不少。万源一是不错的译者，译得颇有灵性，译笔不俗。总体上鲁米两书，偏向励志类，我最佩服的是鲁米创作的能力，感觉他一直处于冥想状态，但他诗的指向却又五花八门。

2016-9-9

书　　名	《比亚兹莱的插画世界》
著(译)者	许丽雯 著，庆国、唐珺 译
版　　别	九韵文化出版 2011 年

审丑美学

　　说到比亚兹莱，第一反应是庞德在《比萨诗章》写的这么一句，"比亚兹莱知道自己要死了 / 必须尽快出名"，那是 1999 年我的阅读记忆。并不能很准确地记住比亚兹莱那幅画究竟来自何处，一身黑袍的莎乐美形容丑陋，左手扶着圆盘，右手揪住施洗者圣约翰的头发，圣约翰紧闭双眼，头颅盛在圆盘上，浓黑的血从圆盘边缘流淌而下。这是我记忆中与比亚兹莱有关的两处。

　　今天，当我自己开始随笔画创作时，比亚兹莱从记忆中浮现出来，他震慑人心的画面效果仿佛也是我在追寻的。于是网购了《比亚兹莱的插画世界》，本书署名"许丽雯"著，读下来才知这是许丽雯为比亚兹莱的 100 幅插画所做的文字说明。比亚兹莱生于 1872 年英国南部滨海城市布莱顿，卒于 1898 年法国南部一家小旅馆，享年 26 岁。

　　比亚兹莱是一个天才型画家，他叛逆、情色、颓废、邪恶、阴郁的画风一直挑战着 19 世纪欧洲的审美规范。比亚兹莱画中人物无论男女，大都有一张诡异、阴险的脸。自小就被肺病纠缠并最终年纪轻轻就死于肺病的比亚兹莱身体的不健康带来他看待世界眼光的不健康，体现在画面上就是他的审丑美学。比亚兹莱极高的天赋表现在他的线条感，线条感对一个插画家来说真是太重要了，可以说成败在此一举。艺术的美让人舒服，丑让人不舒服，但往往不舒服反而容易刺激人心。

　　比亚兹莱就是以他不舒服的画作令人过目难忘，成就他伟大插画家的身份。

2017-6-11

书　　名	《朗读者》
著(译)者	［德］本哈德·施林克 著，钱定平 译
版　　别	译林出版社 2006 年

一夜之间读完

　　和大多数读者对《朗读者》的评价一样，我也是"一夜之间读完的"，这证明，这部书确实好读，易读。

　　《朗读者》是德国作家本哈德·施林克的长篇小说，说是长篇小说我怎么觉得不像，轻轻薄薄的一本，每一章也都很简短。是一本阅读难度不大的小说。

　　《朗读者》的主题倒不轻松。它反映了第二次世界大战后对参与犯罪的纳粹分子的审判。中年女主人公汉娜就是纳粹集中营的看守人。

　　这样的主题照理可以写得很沉重和深刻。《朗读者》却没给人这样的感觉。我读《朗读者》，顺畅自如，没有接受障碍。也许正因如此，《朗读者》上市便畅销，不断重印。

　　为中文版《朗读者》作序的是北大中文系教授曹文轩，该序语言质朴，全无现代派们故作拗口的生涩，读起来也很痛快。原先对曹大教授印象平平，经此序言，倒对他有了好感。

　　这本书为什么叫《朗读者》？原来，汉娜喜欢听人朗读，在当看守人时，她会让即将被送到奥斯威辛的女犯人中身体单薄的小女孩到她房间朗读小说等给她听。她也会让男主人公米夏朗读给她听。

　　而当汉娜作为战犯被判终身监禁时，结了婚又离婚的米夏在狱外继续给她朗读，并把录音带邮寄到监狱去。

　　这就是《朗读者》之"朗读"的由来。"朗读"在小说中是汉娜文盲身份的标志，也是汉娜心存怜悯与爱的表证。只能听朗读的汉娜在审判庭上承担下的罪责至少表明，她比那些无耻推脱责任的纳粹女看守们更有良知和羞惭之心。

《朗读者》就是这样一部作品，读了很难从中再理出什么重大的东西。奇怪的是，读了后还是有什么东西留了下来。

2006-11-1

书　　名	《20世纪的书：百年来的作家、观念及文学——〈纽约时报书评〉精选》
著(译)者	［美］查尔斯·麦格拉斯 编，朱孟勋等译
版　　别	生活·读书·新知 三联书店 2001 年

把"书评"写成了一种独立文体

合上最后一页，百感交集，终于把这 810 页的大厚书读完了，250 篇书评，被评的书（含纳文学、艺术、科学、考古、军事、经济、生态、传记等方方面面）和评的人均是重量级，这是肯定的。《纽约时报书评》是美国读者最多、影响面最大的书评副刊，在其百年诞辰之际推出的这一部皇皇巨著，除了收有书评，还有随笔、初步印象、访谈、来函、编辑选书以及小贴士"哎呀"等，可以说是想尽一切办法让读者了解书籍、了解作者的用心之著。要是我即将出版的"读书记"也能参照本书体例如此详尽收入与书有关的种种，那该多好。

这是一本书中之书，是读书人写读书记的书，不同的作者带给我们不同的文本但无一例外，它们亲切而深刻，既有慧眼独具的阅读鉴赏力，更有游走于文学评论与作家感性冲动的美妙笔力，倘不如此，则这部大厚书的阅读就将变成一种酷刑。本书的优点不是三言两语即可说尽，我只需指出一点，书中所评述到的 250 部书我大部分没有读过，但却依旧能一字不落跟读本书，实乃因为，本书已把"书评"写成了一种独立文体，一种独立于被评书目的文体，它们以精辟入里的分析和观察以及传神的表达，使读者可以直接在阅读书评的过程中享受到如同阅读原著的快感和收获——书评亦可以成为一种原著。以"20世纪的书"作为书名，显见《纽约时报书评》勃勃的雄心，实际当然不可能概括20世纪的书之精华，像中国的书就没有一本在这里面，连鲁迅的书都没有一本。中国本土书评类的杂志我知道的有《书城》，各省市报纸也都有"阅读"版块，倘能集中起来，当也有可观之处。

那天和周瑟瑟一起出席《大海截句集》首发，地铁上说起近期阅读，我说到此书，瑟瑟说他有印象，老早就买了，只是还没读。我说，赶紧读，真的太好了。怎么好？我也说不清楚，反正你读了就知道。

2018-8-9

书　　　名	《与死者协商：一位作家论写作》
著(译)者	［加拿大］玛格丽特·阿特伍德 著，王莉娜 译
版　　　别	上海文艺出版社 2013 年

一只写作的手

"玛格丽特·阿特伍德是迄今在中国被翻译和研究得最多的加拿大当代作家"，诗人、翻译家周瓒在玛格丽特·阿特伍德诗集《吃火》的译后记如此写道，确实翻寻脑中的加拿大作家，好像也就只有这一个玛格丽特·阿特伍德。2015年4月11日，中国当代三位优秀女作家围坐一起，共同探讨这位加拿大优秀女作家因何重要以及诗歌在当下中国的命运等话题，她们是：戴锦华、翟永明和周瓒。

北大教授戴锦华给予了玛格丽特·阿特伍德极高的评价，她认为，玛格丽特·阿特伍德是当今还活在这个世界上的最优秀作家（最，并且没有"之一"），对玛格丽特·阿特伍德哪一天才会在诺贝尔文学奖的名单上，戴锦华说，"我不愿说，是因为我不想给诺贝尔奖这么高的声誉"，我的理解，在戴锦华心目中，玛格丽特·阿特伍德已经高于诺贝尔文学奖了。玛格丽特·阿特伍德 1939 年出生，今年 81 岁，有生之年能否获得诺贝尔文学奖当然谁也不知道，也无法预测，从文本角度，玛格丽特·阿特伍德主要以小说名世，惭愧于我对她的小说一无所知，就我读过的周瓒译著、诗集《吃火》，我很喜欢，那种冷静、克制中蕴涵的愤怒的力量特别具有爆发力和戏剧感，让你在阅读中不知不觉地走入她的文字深处。

《与死者协商：一位作家论写作》是玛格丽特·阿特伍德的讲稿集，由 6 次系列讲座整理而成，文体介于随笔和评论之间，或者也可以说综合了随笔和评论之长，在序言中作者自述，在本书中她尽量保留了原来的口语腔调但实际的阅读我感觉它已经非常书面语化了，玛格丽特·阿特伍德更倾向书面语，她说，书面语具有口语所不具备的硬质和持久性。本书的每篇文章都有相当的长度以至我认为它是经过作者事后的文字补充和扩写而成。书名《与死者协商》来自本书第六章，题为《地狱之行：与死者协商》，另有一行小标题"是谁造访了阴曹地府，又是为了什么？"玛格丽特·阿特伍德解释本章标题背后存在的假设是，所有的叙事、或许所有的写作形式，其作者都在内心深处受着对死亡既害怕又迷恋的矛盾感情驱使，都受着想去阴间冒险走一遭并且从死神那里带回某件物品或某个人的欲望的驱使。玛格丽特·阿特伍德并未告诉我们某件物品或某个人指的是什么，但在其后的叙述中她其实已经传递了写作是对人生苦短、转瞬即逝和谁都难逃一死的感悟和记录。玛格丽特·阿特伍德坚信，与对个人最终消亡的焦虑联系得如此紧密的正是写作而不是其他艺术形式或其他媒介。

本书也可视为玛格丽特·阿特伍德的文学批评读本，对诗歌的批评、对小说的批评、对文学批评的批评，构成了玛格丽特·阿特伍德的文学宇宙，是的，玛格丽特·阿特伍德有一只写作的手，她说，书籍为了维持其生命必须在读者的手中流传，阅读完《与死者协商：一位作家论写作》，我很愿意成为她的书籍流传的这一个读者。

2020-1-25

书　　名	《中国妇女》
著(译)者	［法］朱丽娅·克里斯蒂娃 著，赵靓 译
版　　别	同济大学出版社 2010 年

"儒教——食女人者"

"我们对中国的兴趣，也就是写作本书的原因"，作者在"再版序言"如是说。但本书并不是你所想象的整本都与"中国妇女"有关，全书分两部分，第一部分："来自这一边"；第二部分："中国母亲"。来自这一边，哪一边？女性这边。因此第一部分实际是作者的女性主义观，她凭借在哲学、人类学、精神分析学和符号学等人文学科理论上的广博知识，言及了女性在性别战争中的自我重建，在《圣经》中，女人从男人的身体上分离出来，她只与男人有关系，而与社会法律以及政治和宗教联合体之间没有直接的联系，显然作者并不认同这一"父亲话语"本质的圣经意识，她不希望女性仅仅作为生殖的避风港存在。她要做的，是对女性身份和价值进行深刻的再评估。

相对于第一部分晦涩难解的论述语言，本书第二部分就可亲可近多了，这一部分也切实地对应了书名——《中国妇女》。作者 1974 年作为第一批西方知识分子代表团中的一员，应邀到中国访学，一路走访了北京、洛阳、西安、广州、上海和一些不知名的小镇，本书即是那次走访的成果。我们仅需看看第二部分第二章的标题"儒教——食女人者"，便要暗自惊叹作者的观察力和评判力。作者认为，儒教的诞生，为一种稳固的父权和复杂的等级制度所建构的道德理性找到了稳固的根基，一个女人一生中必须服从于一系列的权威：自己的父母、公婆、丈夫乃至于自己的儿子。克里斯蒂娃自然不会忽视中国女性这一独特畸形的现象，据其考证，缠足始于南唐后主李煜，这位工诗词不工国事的皇帝让他最宠爱的窅娘裹起香足，以至能在一朵莲花座上跳舞，引发贵族仿效，遂成风尚。

本书第二部分有许多田野调查，但因为所涉及的年代距离今日已近 50 年了，若不专门做这方面的研究，恐怕也没有足够的兴趣读下去。

总之这本书从题目看乃百分百女性读本，遗憾的是，逻辑紊乱，尤其第一部分语言不成条理，也无类似波伏娃、伍尔夫的妙语，譬如，"女人不是生成的，是造就的"，譬如，"作为一个女作家写作，至少需要两样东西：一间属于自己的屋子、每年1500英镑的收入"。本书看上去欠缺吸引人的魅力。

2018-8-21

书　　名	《50：伟大的短篇小说们》
著(译)者	果麦 编
版　　别	天津人民出版社 2017 年

阅读唤醒记忆

一个"们"字，就见出"果麦"创意，果麦图书近几年在出版界推出了不少畅销书，与这种随时可见的创意有关。为准确起见，本书名应该再加两字，"外国"，确实这50篇没有一篇中国的。大体上本书的选择以经典名篇为主，你所读过的教科书上的名篇这里有，如《项链》《变色龙》《最后一课》《竞选州长》等，其他虽没读过但作者名字也不陌生。原来泰戈尔、波德莱尔、威廉·卡洛斯·威廉姆斯也写过小说呢。泰戈尔入选的《哑女素芭》，素芭一出生即是哑女，父亲很担心她的婚事，但最后还是顺利地把她嫁给了满意的人家。相亲那日，素芭不断流泪，新郎只顾注意到她的眼泪，以为她重情义、舍不得与父母分离，等娶回家才发现她是哑女，小说这样结尾，"她的丈夫眼耳并用，又相了一次亲，这次他认真听仔细看，终于娶了一位会说话的姑娘"。我反复读了几次，确认素芭应该不会被退亲吧，泰戈尔究竟是善心人，为素芭安排了这样一个好结局。从塑造人物角度来看，素芭的形象并不成功，小说采用第三人称形式，都是概述性的，很少细节，每个人物都不鲜明，读起来更像散文。

本书打头的布鲁诺·舒尔茨选入的两篇是《鸟》和《父亲的最后逃亡》，都很有阅读快感，属于亢奋性的唤醒。查了一下作者简介，知道他是波兰籍犹太作家，死于纳粹枪杀。生前职业是一个中学图画教师，出版过《肉桂色铺子》《沙漏做招牌的疗养院》两本小说集，默默无闻，死后被越来越多的人认识到其写作的巨大价值，被誉为与卡夫卡比肩的天才作家。虽然迄今只读过舒尔茨这两篇小说，但确实无论语言还是构思，舒尔茨都当得起高评价。舒尔茨的小说语言在本书的50篇里非常出众，妙句随处可见，像"锈红色的大地被一层破破烂烂的白雪桌布覆盖着"，像"他已经死了很多次，总是死得不干不净，留下一些疑点，迫使我们不得不对他的死进行重新修正"，舒尔茨应该是更优秀的先锋诗人才对，但他的简介竟无此身份，不免令我沮丧。《父亲的最后逃亡》，死去的父亲以鳌虾的身份回来，主人公和母亲均默认了这个事实。和泰戈尔欠缺细节不同，与鳌虾有关的种种细节充满了悲凉和无奈，对变成鳌虾的父亲，主人公和母亲也有嫌恶之心，尽管这嫌恶带着些许羞愧。舒尔茨之所以会被拿来与卡夫卡并列，应该与这篇有关吧。

日本芥川龙之介的《竹林中》被改编成电影《罗生门》，小说读过，电影看过，道理也懂：所谓的真相，往往是不可知的，当每一个人都从自己的角度、自己的私心出发来阐述真相时，真相便变得扑朔迷离。小说并未揭晓谁才是凶手，只能读者根据自己立场来判断，你站在谁的立场，便决定了谁是凶手。我曾提出"灵感的一次性写作"概念，芥川龙之介的《竹林中》当属此概念范例，此文一出，其他人不能再这样写了。芥川龙之介另一篇《鼻子》，读来读去不知其意，自然"鼻子"有其象征意义，内供的为长鼻子所困扰，等治好了长鼻子后看着别人奇怪的笑自己又不自在，非得等鼻子又变长回来才感到欢畅愉悦，如果只是要证明习惯力量的强大，那这小说也太简单了，先此存疑。

同为日本作家的叶山嘉树只有一篇小说收入本书，《水泥桶里的一封信》，全书最短的一篇，却让人读之难忘，有一种血淋淋感。松户与三干的是倒水泥的活，天天忙得连鼻孔里的水泥硬块都没时间挖出来，家里老婆又接二连三生孩子，显然是活得很不如意的底层小百姓。这一天他倒水泥时倒出一个盒子，费劲打开盒子，原来装的是一封信，这封信占了本小说二分之一。信出自一名缝水泥袋女工之手，叙述了她的丈夫，往碎石机里填石料的工人，失足掉进碎石机里被碾成水泥的悲惨遭遇。此袋水泥就混有她丈夫的尸骨。写信人希望收到此信的人回信告知此袋水泥的使用时间及用在何处。小说的结尾没有告诉读者究竟松户与三会不会写回信，我的判断他不会写，他只是心绪败坏地回家喝酒，大声嚷嚷要喝醉、要把一切都砸烂。这是一种底层的共鸣和无能，除了喝醉，除了大声嚷嚷，底层人并无力改变什么。

收入本书的两个日本作家的小说都给我留下比较深刻的印象，东亚人的思维和情感毕竟较易相通，我也由此体会到了日本作家以小见大的能力。

重读海明威《乞力马扎罗的雪》，读到"那是乞力马扎罗的方形山顶。他明白了，这就是他正去往的地方"时，眼睛一酸，眼眶潮湿，也许我们每个人年轻时心里都存有一座乞力马扎罗山，都想着去看看乞力马扎罗的雪，但最终，意志的散失和年龄的增长一起来到，我们，已做不成乞力马扎罗西峰顶上那具风干冰冻的花豹尸首。我们也会如大多庸众一样发问，"花豹跑到这么高的地方来做什么？"

这50篇里也不是篇篇都好，像马克·吐温过于浅白的讽刺写作今日读来已没什么意思；普希金的《驿站长》所写的主题也已过气，没有现实针对性；还有普宁的《幽暗的林荫小径》。曾经如雷贯耳的名篇，并不能随同时代的变化而获得恒久的价值。

2018-8-24

书　名	《了不起的盖茨比》
著(译)者	［美］菲茨杰拉德 著，朱敏 译
版　别	武汉出版社 2017 年

它只跟一个人的爱情观有关

　　黛西是一个矛盾体，她不能确定自己爱的是盖茨比还是汤姆，前者是她曾经的恋人，后者是她现在的丈夫。曾经的恋人盖茨比 5 年前因穷困娶不到富家小姐黛西，被迫离开她，发奋挣钱并成功成为富豪。他一门心思地爱着黛西，为了和黛西重续前缘，他追随黛西夫妇买了距离不远的豪宅，夜夜笙歌以吸引黛西。黛西和汤姆的婚姻也有摩擦，汤姆性格暴躁，还有一个情妇威尔逊太太。盖茨比终于和黛西相见并倾诉衷情了，他找到汤姆，想要回黛西，"再也没关系了，就告诉他事实吧——你从未爱过他，并且你们过去的生活将永远被一笔勾销"，他对黛西说。几经茫然，黛西只能承认，她两个都爱过。这才是生活的真实，爱不是算术题，爱是心理课。黛西最终还是决定跟盖茨比一起走。故事的结尾是，威尔逊和威尔逊太太爆发了激烈争吵导致威尔逊太太情绪激动冲上街头，却不幸被黛西开着的车撞死，盖茨比把开车的责任承担了过来。威尔逊在汤姆的唆使下（汤姆告诉威尔逊，威尔逊太太的情人是盖茨比）拿着枪杀死了盖茨比，自己也自杀了。盖茨比葬礼那天，汤姆和黛西夫妇重归于好。至此，黛西完全变成一个自私无情的女性形象，成了让人唾弃的负面人物被读者记住。

　　这部小说也只有美国作家才能这么安排结局。中国作家笔下，黛西和汤姆根本没有复合的可能，黛西必然是千夫所指，凄凉而死。

　　总体来说，这确实是一部故事性极强的好看的小说，但中国论者论及这部小说时总爱说到"美国梦"的破灭云云，其实它跟"美国梦"有什么关系呢？它只跟一个人的爱情观有关。我很喜欢本书书名所用的"了不起"三个字，相信爱情、坚守爱情、执着爱情并能够为所爱之人而死，在现时代已越来越稀罕，也因此越来越了不起。但似盖茨比这般为一个不值得的女人坚持到丧了命，也是悲哀。所以"了不起"三字，又有一种凄凉的况味。

2018-9-9

书　　名	《西方的没落》
著(译)者	［德］奥斯瓦尔德·斯宾格勒 著，张兰平 译
版　　别	陕西师范大学出版社 2008 年

古今中外、包罗万象

写《西方的没落》读后感，确实紧张。不要说没读完，就是读完了也没胆子写啊。但终究也读了几十页，写几句就算在我的阅读史上盖个章。那天寻其他书，偶然看到这本，就把原先要寻的书丢在一旁，先抽出此书。不为别的，为的是它太有名。20 世纪 90 年代初，本书就连同西学东进的大批西学一起，东进中国。那批西学，大都留个大名在记忆深处：《存在与虚无》《存在与时间》《林中路》等等，《西方的没落》也是其中之一。我想大约除了那些专事研究的专家学者，大部分读者如我当是把它们体体面面摆放在书柜上预备观瞻一辈子的吧。话说那天《西方的没落》从书柜中探出头，被我看见，心里闪过的念头是，某些权威们成天喊着西方没落、东方崛起，我倒想看看人家西方人自己怎么说的？这就取下此书，翻读开来。

一翻，吃了一惊，从书名望文生义以为是一本政治书，大抵类似柏杨先生《丑陋的中国人》一样逐一列举批驳西方的种种不是，譬如制度问题、知识问题、人性问题，结果发现这是一部历史书、哲学书。并且当得起古今中外、包罗万象八个字。古希腊、古罗马、古埃及、古中国的文化、法制、建筑、族群、城市、宗教……采用的是时间顺序，从头细说，且文笔斐然、哲思闪闪，倘能耐下性子，把这密密麻麻小字号的巨著读完，一定大有长助。但我因为对书中所叙述的许多东西了解不多，读起来没有共鸣感，不免吃力，再加上我认为没有必要知道这么多知识，也就不想读完。并且我又找到了一个理由安慰自己，古人们没有渠道读到西方书籍不也写得一手好文章吗？

于是把《西方的没落》塞回书柜，寥寥记下几笔。

2018-11-18

书　　名	《雅典娜神殿断片集》
著(译)者	［德］施勒格尔 著，李伯杰 译
版　　别	生活·读书·新知 三联书店 1996 年

仿佛就是你身边的某个见识卓越的师长在说话

我想从本书的附录说起。

附录由四篇书评构成，评的是：第一，孔多塞的《人类精神进步的历史画卷素描》（一部政治性论文）；第二，赫尔德的《促进人道书简》第 7-8 卷（事关现代诗的精神和价值）；第三，席勒的《1796 年缪斯年鉴》（诗歌选本）；第四，蒂克的《堂·吉诃德》译本（翻译作品），所评的四部书前三本尽管陌生但一点也不影响我对它们的阅读，作者的语言兼具诗性、哲学性、思想性，文采斐然，仿佛就是你身边的某个见识卓越的师长在说话。

读施勒格尔，你决然想不到这是一个生于 1772 年的人，他所研究的对象（以诗与艺术为主），他的观点、他的表达方式，都让我有亲近之感。在《评席勒的〈1796 年缪斯年鉴〉》一文里，他抽取点评入选该年鉴的诗人们的写法至今犹为诗人、批评家所使用，那些入选的诗人和他们的作品，也就在施勒格尔的点评中留存了下来，虽然我们已经很难读到席勒所编的年鉴。我于是想到了批评家的意义，他们帮助批评对象留下文本，传诸后世。施勒格尔说，"一册缪斯年鉴，就是一个诗的展览会，在这里，初露头角的艺术家用自己的尝试之作促使专心致志的行家作兴趣盎然的推测，同时经验老到的大师也并不把自己局限在一个既定的圈子内，而是让自己的作品经受一切爱好者公开的判断"，这句话告诉我们，18世纪的诗歌选本也是名家新锐混杂，共同接受读者的检验。对席勒这个选本，施勒格尔基本持肯定的态度，他如此评说，"本卷内很少有缺乏吸引力，须使读者下决心才愿意读的作品"，可见，施勒格尔也是不喜欢那种让读者害怕、避之唯恐不及的作品。这篇文章对今日诗人、今日诗歌批评家依然具有现实意义。其中对入选诗人妙语连珠的分析让你不由得微笑连连。

回到本书的第一部分，批评断片集，这才是本书的核心，这个部分由两篇文章构成，第一篇，《雅典娜神殿》断片集；第二篇，断念集。断片和断念，是流行于古希腊罗马的一种写作形式，不是以全篇文章的方式而是一段一段独立成文，再以阿拉伯数字标志。比如断片集收有449则，断念集收有155则。这种形式中国先秦诸子百家也经常采用，《论语》《道德经》均是如此，只是当时没有发明"断片"一词。再往后诗话、词话渐渐成为一种写作体例，其形式跟"断片"就一样了。如果两相比较会发现，西方的"断片"大都以哲学类为主，尼采《查拉图斯特拉如是说》、维特根斯坦《哲学研究》，中国的"诗话"自然以诗词为主，体现了东西方不同的关注点。

作为中国读者，我当然更喜中国诗话。具体到施勒格尔这部《雅典娜神殿断片集》（雅典娜是古希腊的智慧女神）的断片，基本就是给论断（结论、观点）但不给论据和推论过程，大部分很难理解，读是读完了，记是没记住，如同本书附录，作者所关注的主要还是诗和艺术，单句拎出来很能吓住人，我预备以后写文章时再翻翻，随时拎出一两句给自己平淡的文字增加分量，譬如，"在其生成方式上如同在其效果中，无聊与污浊的空气都是一样的。许多人聚集在一间封闭的屋子时，无聊与乌烟瘴气就欢乐地产生了"，可以预料的是，马上会有人抢先我引用这句话，这句实在太符合现实语境了。

2018-12-26

书　　名	《愤怒与神秘：勒内·夏尔诗选》
著(译)者	［法］勒内·夏尔 著，张博 译
版　　别	译林出版社 2018 年

诗人内心交战的战场

　　胡亮的朋友想必近期都在读勒内·夏尔了，因为他多次在群里提议读勒内·夏尔，原话：希望大家重视法国诗人勒内·夏尔，这是一个极其重要的诗人，我个人认为远胜博纳富瓦，夏尔的想象力，在法语诗人中极为罕见。恰好家里正有勒内·夏尔，我也就抽取出来先读为快。袁枚有言，书非借不能读也。那是古代。对书满为患的当代人，书非荐不能读也。

　　说到勒内·夏尔，我的第一反应是树才。2002 年 12 月我北漂至京所谋到的第一份工作其办公地点竟然在北京大学，那个下午，纷扬的大雪中走来一个满脸含笑的人，那般谦和而优雅，他就是树才，他送给我的第一份见面礼就是他刚刚出版的译著《勒内·夏尔诗选》，北岳文艺出版社 2002 年 8 月出版。那部诗集陪伴我度过了初到北京的寂寞和惶恐，然后在屡次的搬迁中终于不知所踪。很期待树才重新再版他的《勒内·夏尔诗选》。

　　这部诗集的作者介绍对我们了解勒内·夏尔很重要，勒内·夏尔（1907-1988），早年曾投身超现实主义运动，超现实主义运动 1924 年诞生于法国，影响遍及欧美 24 个国家，1988 年经由柔刚翻译出版《西方超现实主义诗选》（海峡文艺出版社）后很快在中国刮起超现实主义旋风，我也被裹挟了进去。超现实主义确实有它强大的魅力，一言以蔽之，凡受过超现实主义洗礼的人，必然有异于常人的思维和语言表达，必然一切唯新唯奇唯怪，超现实主义也是一团迷雾，深陷其中的人如果不清醒，则自己也找不到出口，更遑论为读者引路，超现实主义应该作为工具而非目标方能给予艺术家有益的帮助。据本书作者简介，20 世纪 30 年代末勒内·夏尔由于深感超现实主义的弱点而逐渐与之疏远，但就我的阅读，他的语言还保留有超现实主义施加于他的营养，按照他的诗集题目而言，即为：愤怒与神秘。有愤怒，才有血性与激情；有神秘，才有复杂与深奥。读读他的诗句，"我曾期待你的夜晚尽可能短暂，就像你沉默的后母在掌握实权前早已衰老"。

勒内·夏尔也是一个行动者，40年代维希政府时期，投入了法国南方的抵抗运动并成为普罗旺斯地区的游击队领袖。1938-1945年，他在与纳粹抗争的同时继续诗歌创作但拒绝发表，直到1945年法国解放后才正式回归诗坛。勒内·夏尔被视为法国的重要诗人当与其人生态度和生命选择有关，伟大的诗人总是与其时代息息相关。本书中勒内·夏尔用断片式的诗句记述了他参与的抵抗运动，在《形式分享》一诗中他写道，"在诗人与世界的诸多联系中他所最难忍受的，便是内在公义的缺失"。

勒内·夏尔与阿尔贝·加缪是互为知己的好友，阿尔贝·加缪的作品里有大量的勒内·夏尔，勒内·夏尔也特意将《修普诺斯散记》题献给阿尔贝·加缪，这依然是一部断片式写作的文本，混杂着诗思、哲思、革命之思和认知之思，也是诗人内心交战的战场，客观地说，许多章节我也并不能很好地理解，因为我不在并且也不了解勒内·夏尔所生活的时代，当他说"面对一切，面对这一切，一把左轮手枪，朝阳的许诺！"我无法跟上他的思想。

我很想找到树才对勒内·夏尔的解读，很遗憾没有搜索到。

2019-1-15

书　　名	《窗：50 位作家，50 种视野》
著(译)者	［意］马蒂欧·佩里柯利 编著，廖婉如 译
版　　别	中信出版集团 2017 年

把那幅窗景卷起来

如果说读《孟子》是吃鲥鱼，那读本书即是吃豆腐，一个晚上即可读完。表面看来书又大又厚（16 开，加头加尾 210 页），但其实刨去三分之二页码的画作（钢笔画，主题都是"窗"），剩下的也就三分之一的文字，如同书名所示，50 位作家的文字，且都千字以内。主题也如书名所示，"窗"。

本书编者马蒂欧·佩里柯利乃意大利著名建筑师兼艺术家（本书钢笔画即为其所绘），据其所言，十年前的一天，因为要搬出他位于纽约上西区的公寓，心有不舍，尤其不舍窗外那些错落排列的楼宇，内心真想"把那幅窗景卷起来一并带走"却不能如愿，于是对"窗"的重要性有所感悟，在他看来，窗口和窗景就像某种"重启按钮"，可以调节自己的眼睛和思绪。基于对"窗"的认识，马蒂欧·佩里柯利萌生一念，邀请全球 50 位作家描述他们的"窗"，翻译成英语后陆续刊登于《纽约时报》和《巴黎每日评论》，最后出版成书，前后耗时 4 年。2017 年，中信出版社引进此书并出版。

50 位作家里，有诺奖得主奥尔罕·帕慕克、纳丁·戈迪默，也有普利策文学奖得主杰拉尔丁·布鲁克斯，更有若干"70 后""80 后"作家，最让我感到亲切的自然是西川，唯一一位中国籍。遂兴奋地与西川交流，西川说，他提供的文章英译由他自己完成，译回中文倒不是他，译者廖婉如是台湾人，把他原稿中的"文学老师"译成"语文老师"。确实中国语境里，文学和语文还是有些不同，后者更多指向中小学老师。西川的文章不长，叙述了他的书房摆设、物件和窗外的风景：大楼和桥。"没有一棵树可以长到十五层楼那么高，没有鸟会栖在我的窗口"，西川如此写道，现在我也住在十五层楼，我抬头，也只能看到对面和我大致等高的楼房和远处低矮些的楼房，再远处，有一条铁路，虽然我看不见具体的铁轨，但时而会有白色的高铁列车呼啸而过。确实没有鸟会栖在我的窗口，但蛙鸣会，蛙鸣善于攀高，或者说，声音可以到达鸟的翅膀到达不了的高处。要是每个人读完这部书也写写自己的"窗"，也是挺有意思的。

门都右的"窗"比较好玩的，人家都是大写特写"窗"的妙用，他却在第三段如此结尾，"我一坐到书桌前，世界便切换到不同空间。史书愈来愈厚，着实无暇观看窗外"，前面两段简述了一下童年经历，似乎抱怨窗户切割了他的童年和现在。简介获悉此人乃蒙古诗人、作家、书法家。还有若干作者信马由缰，好似忘了主题"窗"，自顾自写成一篇抒情短文，最典型的就是那个普利策得主杰拉尔丁·布鲁克斯，我读了两遍也没找到一个"窗"字，为了写这一句，我又读了第三遍，还是没有。

2019-1-18

书　　名	《被伤害的空气：勒韦尔迪诗选》
著(译)者	［法］勒韦尔迪 著，树才 译
版　　别	上海人民出版社 2014 年

"悲剧活跃在生活的每一个角落"

　　一说到法国诗，脑中浮起的除了兰波，还有树才。树才并不是法国诗人却已经与法国诗人们融为一体，这就是翻译家的另一具生命：既是他／她所在国度的诗人，也是他／她所译国度的诗人。我不知道一个翻译家能影响几代人，生于20世纪 60 年代的我们这一代谁没有汲取过树才译本的营养？我对勒内·夏尔的知悉和阅读，我对博纳富瓦的知悉和阅读，都来自树才。翻译家就像厨师，他／她端上什么菜，读者就吃什么菜，读者并无挑选余地，端看翻译家的眼光。身为优秀诗人，树才的译介十分可靠，勒内·夏尔、博纳富瓦以及勒韦尔迪，都已成为中国诗人的一部分，他们的诗作被中国诗人吸收，成为中国诗人的诗质，他们也因此活在中国诗人身上。

《被伤害的空气：勒韦尔迪诗选》由诗和散文诗构成，两者采用稍许不同的语言，散文诗更超现实一些，因此也更难理解，诗更平实一些，因此也更易懂，这个很有意思，打破了我们对诗和散文诗的常规判断。勒韦尔迪的散文诗有大量的修辞的妙用，他如此形容阳光照在一个人的脸上，"牙齿在脸上黯淡地闪烁"；他如此指认黄昏，"降临的夜使猫睁大双眼"；他如此描述舞会，"光线里飘满舞女"……如同大多数擅长写作散文诗的法国诗人，勒韦尔迪的散文诗更多以心灵自语取胜，它是一个人的灵魂独白，低沉、阴郁、疲惫，极易拨动阅读者的阅读神经。我不知道这一路散文诗在中国当下是否行得通，会不会太"小我"，我是很喜爱勒韦尔迪式的散文诗写作，但如果想学习勒氏完全沉潜到内心而达致的近乎冥思境界恐怕亦非易事，勒氏也有及人及物的散文诗，但并不为了写人记事，最后成全的还是自己的诸般感受，且看短短的《卫兵》——

街角，一盏仅有的煤气灯下，三个影子等待着。我走过去，掩饰着我的恐惧，好像他们在炫耀他们的力量，看到他们的制服时，我总算放心了。

更远处，天灰蒙蒙的，而夜里充满危险。

近十年，散文诗在中国也成主要写作体裁，我却一直不曾专心尝试，内心还是觉得散文诗不好写，过于叙事变成散文不行，过于不着边际变成玩弄语言更不行，当然我最怕的还是欠缺现代意识的小情小调。如今读勒韦尔迪式的散文诗，感觉到一丝心动，诚如译者树才前言所写的，"诗行外壳的精致，以及诗意内涵的飘忽，构成勒韦尔迪整个诗歌的最显著特点"，是的，飘忽，近乎病态的飘忽，神秘的飘忽，触须一样伸了出来，在你阅读的瞬间包围了你。

读勒韦尔迪我总想到树才，读树才写勒韦尔迪的长篇前言我想到的还是树才，树才写的是勒韦尔迪，但好像写的就是自己，"很早，勒韦尔迪就看到，生命是悲凉的。悲剧活跃在生活的每一个角落、人们每一个下意识的手势或不经意的眼神里"，树才的朋友一定认同我的观点，如果把勒韦尔迪换成树才，那也是可以的。

记得曾读过树才一文，大意是他喜欢勒韦尔迪超过兰波，个中原因我们依旧能从这篇前言中揣摩出，"说勒韦尔迪是诗人，其实他更像一个静悟者"，而树才自己，早已是静悟者了。把这篇读书记发给树才后收到树才答复，如下——

　　安琪，我在南下的高铁上，打了个盹，刚醒来，读到了你的文字。现在，火车驶离余姚站，听窗外的声音，车轮的奔跑正越来越快。车厢稍微有些颤抖，让我想到，在火车箭一般的冲刺中，夜色和空间都是有意志的——它们试图阻挡。当然，这是徒劳的。一个人要从打盹中不醒来，也是徒劳的。主宰生命的并不是"我"，而是呼吸。我在平静的呼吸中读完你的文字，似乎陷入某种极遥远的回忆中——仿佛过去的一桩心事，如今却有人破解。是的，勒韦尔迪是对我启示最大的诗人，我曾经在一个梦中与他促膝交谈，他一定向我内心说了什么。但我很少谈论勒韦尔迪的重要——其实我更愿意别人不知道。但你知道了。无意中你加深了对他和我两个诗人的理解。阅读是了不起的，对敏慧的目光来说。祝福新的一年，写作，身心！

2019-1-28

书　　名	《砌石与寒山诗》
著(译)者	［美］加里·斯奈德 著，柳向阳 译
版　　别	人民文学出版社 2018 年

旧体诗与现代性

　　除了本书，这套"巴别塔诗典"还有另一部加里·斯奈德诗集，题为《斧柄集》，译者名许淑芳。两个译者译出了风格完全不同的加里·斯奈德，翻译真是一项等同魔术的活计。什么样的译者就塑造出什么样的原作者。当然也或许原作者本身就身手不凡，十八般武艺皆会。因此他/她的诗作面目迥然不同也在所难免。我不知加里·斯奈德属于一条路走到黑的写者，还是条条道路通罗马的写者，总之在柳向阳和许淑芳的译笔下，加里·斯奈德分身成两个操持着不同语言风味的诗人。

以我的阅读观感，我更喜欢柳向阳翻译的加里·斯奈德，他符合各种文字告诉我的加里·斯奈德形象：禅宗信徒、环保主义者，崇尚俭朴的生活，沉浸于自然，既是大自然的劳动者也是思考者。这样的诗人他的文字应该有一种静气和禅意，柳向阳译了出来。如果我读到的加里·斯奈德是破碎、不知所云或者言语枯燥、乏味的话，我不会喜欢那样的加里·斯奈德。《砌石与寒山诗》顾名思义由两部分组成，一部分是加里·斯奈德本人的诗集"砌石"，一部分是加里·斯奈德翻译的寒山诗。经查，生卒年不详的唐朝诗人寒山，出身于官宦人家，多次投考不第，后出家，30 岁后隐居于浙东天台山寒岩（寒山名由此出），享年 100 多岁。寒山生前破衣木屐，言语无度，人莫能测，与国清寺僧丰干、拾得为友，依靠寺院残余饭菜过活。其诗以表现山林逸趣与佛教出世思想后人辑成《寒山子诗集》3 卷，《全唐诗》存诗 312 首。寒山诗引起广泛关注是在五四运动时期，其时白话诗兴起，胡适撰写《白话文学史》列寒山、王梵志、王绩为唐代三位白话大诗人。20 世纪 50 年代，寒山诗传入美国，赢得了极大声誉。加里·斯奈德尤其心仪寒山诗作，选译了部分寒山诗。考察寒山诗歌的传播史，不由不感叹，时也，命也。类似死后殊荣陶渊明有之、杜甫有之，诗人只管写自己的作品好了，其余就交给老天了。

旧体诗词被外国人翻译成各种语言后再返译回中文往往比直接从旧体诗翻译成现代汉语来得更奇妙，外国人的误译有时反而给了旧体诗更大的空间。西川在《汉语作为有邻语言》一文中也以杜甫的《春望》一诗被帕斯译成西班牙语后再回译成中文产生的思维和意象的现代性来论证何以才是合格的旧体诗翻译。是的，现代性很重要，倘无法译出旧体诗中的现代性，则任何对旧体诗的翻译都将在原作面前因为自身的过于浅显而羞愧。

2019-2-25

书　　名	《惶然录》
著（译）者	［葡］费尔南多·佩索阿 著，韩少功 译
版　　别	上海文艺出版社 2017 年

应该启动日记一样的写作

整理书柜，看到《惶然录》，韩少功译，2017 年出版，硬邦邦的，很新。自然不是 2005 年我读过的那版。那时我有一位同事，北京人，特别爱读书，我曾去过一次她位于玉泉路的家，两室两厅，客厅即为书房，满墙的书让我这个北漂十分羡慕。我请她推荐书她马上说《惶然录》，并且说此书她隔几年就要读一遍。我好奇，也买了一本阅读。读后的感想就像书一样不知所踪。可能《惶然录》并不契合我，书如友，也讲究投缘。在我的阅读视野里，《惶然录》和《金蔷薇》是经常被作家点名提到的两部书，因此我又翻读了一下《惶然录》，不同年龄段读同一本书，得到的启发自是不同。我得到的启发是，可以像《惶然录》一样写下生活和思考的点滴，正如里面一篇题为《内心的交响》所言，谁的内心不是"一支隐形的交响乐队"，只是有的人有能力把这支交响乐队演奏的鼓铎震天的乐曲书写成文字而有的人没能力罢了。我得到的第二个启发是，我们不要考虑读者，我们只管写出自己所听到的来自内心的真实的交响。我觉得佩索阿就是这样的。

譬如我写作，考虑到所面对的熟悉或陌生的人，自然会对题材和文字有所选择，这是一种不知觉的自觉。读《惶然录》我想的是，应该启动日记一样的写作，只写自己看的。这样的写作，一定会呈现出另一种语言质地、另一种心灵真实。我只重读了几篇《惶然录》，但收获很大。我决定从今天起，就这么做。

2019-2-26

书　名	《文学理论入门》
著(译)者	［美］乔纳森·卡勒 著，李平 译
版　别	译林出版社 2008 年

秘密坐在其中

　　这本理论书最大的特点就是好读，句句平实，全书八章，每一章都具体针对一个主题展开阐述。第一章：理论是什么？答案：第一，理论是跨学科的，是一种具有超出某一原始学科的作用的话语。第二，理论是分析和推测。它试图找出我们称行为，或语言，或写作，或意义，或主体的东西中包含了些什么。第三，理论是对常识的批评，是对被认定为自然的观念的批评。第四，理论具有自反性，是关于思维的思维，我们用它向文学和其他话语实践中创造意义的范畴提出质疑。第二章：文学是什么？这个问题重要吗？作者给出的答案是：第一，文学是语言的"突出"。第二，文学是语言的综合。第三，文学是虚构。第四，文学是审美对象。第五，文学是互文性的或者自反性的建构。第三章：文学与文化研究。当作者写到"一些文学教授可能已经从弥尔顿转向了麦当娜，从莎士比亚转向了肥皂剧，而把文学研究抛到一边去了"时，他其实已经把文学与文化研究的区别说得很清楚了。第四章：语言、意义和解读。本章作者引用并解读了罗伯特·弗罗斯特诗作《秘密坐在其中》：我们围成一个圆圈跳舞、猜测，／而秘密坐在其中通晓一切。在我看来，意义就是秘密，我们是语言，跳舞和猜测是解读。第五章：修辞、诗学和诗歌。本章例举了华兹华斯、庞德、雪莱、布莱克等诗人的诗句来探讨三者的关系。第六章：叙述。本章主要针对小说这个文体。第一句话有意思，"从前，文学首先是指诗歌。小说是现代才兴起的，早期的小说与传记或编年史过于接近，以至于无法被看作真正的文学作品"，三十年河东三十年河西，现在，说到文学就是小说了。第七章：述行语言。本章分析了两种语言：述愿语言和述行语言，前者发表一个声明，描述一种状况，有真实与否的区别；后者没有真实与否，而是切实完成它所指的行为。坦白说这章我读得一头雾水，搞不清有无必要分出述愿和述行两种语言。第八章：身份、认同和主体。本章提出了读者与作品的关系，值得回味的是这样一个结论：我们在与我们所读的那些人物的认同中成为我们自己。

本书是牛津通识读本的一种，作者乔纳森·卡勒，美国著名批评家，美国康奈尔大学英语与比较文学教授，著作主要包括《论解构：结构主义后的理论与批评》《结构主义诗学》等。

2020-1-27

书　　名	《金蔷薇》
著(译)者	［俄］康·帕乌斯托夫斯基 著，戴骢 译
版　　别	上海译文出版社 2008 年

一个老实人的写作经验

在读《金蔷薇》之前，我没想到它会是这样一部书，我在很多作家的笔下读到这个书名，还被列为影响过他们的重要书籍。现在我明白大家为何会这么说了，诚如译者序所言，这是一部"挣脱条条框框的桎梏，探讨文学创作本身规律的作品"，最大的特色是它不是理论手法来探讨，而是用散文和小说的手法。你以为你在读散文或小说，读着读着，作者总结出了一个又一个创作技巧、创作规律。这是这部书最吸引人的地方。

读译者序还知道，帕乌斯托夫斯基本身即是优秀的散文家和小说家，本书是他在莫斯科高尔基文学研究所散文讲习班讲授写作技巧和心理学课的讲稿整理。原来如此。作家进大学教堂教授写作课已是中国大学现状，由此也出现了好多《金蔷薇》一类的书籍，王安忆、毕飞宇、马原、格非都有类似专著出版，遗憾我都还没读，应该抽时间读读中国作家自己的写作教材当更有现场感，毕竟帕乌斯托夫斯基本人的作品及他所列举的作家作品许多对我还是陌生的。

我感觉帕乌斯托夫斯基是一个老实的人，他告诉你的写作经验也都很老实。这些经验不是很新鲜，但他兢兢业业苦口婆心的态度会令你感动。

2019-3-1

书　　名	《流向或回声：首部世界海洋诗选》
著(译)者	黄礼孩 编译
版　　别	海风出版社 2014 年

首部世界海洋诗选

2018 年 5 月 17—20 日，中国作家协会《诗刊》社与海南省临高县联合主办"21世纪海上丝绸之路国际诗歌临高峰会"，主题为"21世纪海上丝绸之路与当代海洋诗歌"。会上，来自中国、美国、英国、法国、俄罗斯、澳大利亚、韩国、意大利、捷克、丹麦、智利、越南、阿根廷等 10 余个国家多种文化背景的 60 多位诗人，结合各自诗歌创作和母语体系，探讨在全球化的新时代，当代海洋诗歌的独特魅力和重要价值。作为与会代表之一，我脑子翻滚着这样一本书，《流向或回声：首部世界海洋诗选》，这部出版于 2014 年的海洋诗选，真像是为这样一个盛会编选的。这就是黄礼孩，总是有他敏锐的编选创意，这创意甚至已超前 4 年，提前用文本的形式，在中国诗坛刮起了海洋风暴，但我无法确信，究竟有多少人认真读过这一本容量庞大、几乎含纳了你所认识和不认识的外国诗人，我也是在新近整理书柜的过程中翻出此书开始阅读的。距离收到此书，已过去 5 年。

　　我首先想到的是，编者要阅读多少外国诗集，才能编选出这样一本海洋诗选？它不是普通的诗歌大汇聚，而是有特定主题的选本。或者编者采取定向约稿翻译家的方式，由翻译家自行选择译本中的海洋诗篇？无论是编者自选还是译家提供，这都不是一本轻易可以编选成功的选本。黄礼孩在序言中自言，"多年前，就想编一本关于诗人写海洋题材的诗集，这源于我来自一个三面环海的地方"，诗歌界都知道，这地方就是广东徐闻，在黄礼孩的简介里，永远有这么一句：生于大陆最南端的徐闻县。如果再具体一点，我们还知道小苏村，徐闻县小苏村，因为黄礼孩而成为中国著名的县城和村庄。每年春节，黄礼孩会在小苏村举办一台春节联欢晚会。他曾实施一个诗歌行动，走进诗人家乡，其中一站就是小苏村。黄礼孩总是有一个又一个奇妙的想象力并且能把想象力落到实处。无论"70后"还是中间代，都是黄礼孩的《诗歌与人》推出的，黄礼孩的出现，终止了盘峰论战的硝烟，改变了诗歌史的进程，接续上了第三代之后诗歌代际概念的空白，让中间代和"70后"两代人面目清晰起来，功莫大焉。之后黄礼孩又创设了"《诗歌与人》国际诗歌奖"，每年评选一个诗人，评委就是黄礼孩自己。相比于名目众多的官办国际诗歌奖，黄礼孩的奖更具国际范，尤其以特朗斯特罗姆在获得黄礼孩的奖项后，继而于同年获得诺贝尔文学奖而引发轰动，黄礼孩也因此具备诺奖眼光。凡黄礼孩出版的书、主办的诗歌活动必是精品、必有公信力，已成为诗歌界的共识。黄礼孩是个奇才，在本职工作之外做了这么多诗歌公益事业、编了这么多书，却一点儿也没影响到自身的创作，无论在诗歌、影评、画评，精彩佳作不断，这几年黄礼孩已成功跨界到艺术的各个领域，真的是"跑得比闪电还快"（黄礼孩诗句），我只能目瞪口呆地看着他跑的方向，连他的影子都看不见了。

　　《流向或回声：首部世界海洋诗选》既是世界各地优秀诗人海洋诗的集萃，也是中国现当代翻译家群体的实力展示。面对同一母题，如何写出自己的风范？也是此书给予读者的启示。海洋诗在中国一直还是比较薄弱的题材，批评家张德明教授考察中国古典诗歌后得出结论，"海洋诗歌所占的篇幅极小"，原因何在，"中国古代长期处于自给自足的小农经济体制和格局之中，古人与土地河川的交往甚密，而与海洋打交道的机会并不多，海洋由此很少会作为一种独特的存在空间和审美对象而纳入诗人的艺术表达之中"，张德明如是说。多年前有一部电视专题片风靡神州大地，该片即定位中国为黄色文明（泥土）、外国为蓝色文明（海洋）。其实中国也有漫长的海岸线，诗人们写下的海洋诗也不少，去年在临高，我就读到了孔德明和李少君主编的《致敬海南》，书中收入的中国诗人写海南的诗篇许多与海洋有关。总体上看，中外诗人更多写到的是海的壮美、海的神秘、海的虚幻之美，而忘记了海的暴力、海的残忍、海的杀戮之心。

2019-3-8

书　　名	《行吟的谣曲：洛尔迦诗抄》
著(译)者	《读者·原创版》编辑部　主编
版　　别	敦煌文艺出版社 2014 年

蟋蟀之王

　　一直没有洛尔迦诗集，就网购了一本。戴望舒译本。看过一个资料，说戴望舒是引进洛尔迦的第一人。若无戴望舒，也就没有洛尔迦在中国的为人熟知。确实每一个翻译家都为我们带来一个或几个外国诗人。戴望舒翻译的洛尔迦诗作也就几十首，本书因此用大量的西方绘画来增厚诗集，不料却是外行做派，一首诗被画作肢解到好几个页码去，完全破坏了诗作的完整感。只能是姑且读之，聊胜于无了。

　　戴望舒的译本没有五四作家们大都带有的文白相间腔，而是非常当代，就像当代人翻译的。许多诗作还是比较熟悉的，又一次读《哑孩子》，我注意到其中的"蟋蟀"意象，洛尔迦写到，"孩子在寻找他的声音。（把它带走的是蟋蟀之王）"，蟋蟀在本诗第二次出现是这样的，"（被俘在远处的声音，/ 穿上了蟋蟀的衣裳。）"，选择蟋蟀，非常贴切，昆虫世界里，蟋蟀的声音相对洪亮，蟋蟀身手矫捷，是孩子们喜爱的玩物。哑孩子为什么哑？他的声音被蟋蟀带走了，蟋蟀是他的声音的衣裳，这种想象力跟庄周梦蝶有异曲同工之妙。《哑孩子》早就读过，但不清楚是洛尔迦的诗作，这回当牢牢记住。

　　洛尔迦的蟋蟀使我很自然地联想起中国当代诗坛也有这么一只著名的蟋蟀，那就是吕德安笔下的蟋蟀。翻开《后朦胧诗全集》，找到吕德安卷，题目恰好是《蟋蟀之王》，这"蟋蟀之王"是否取自洛尔迦的"蟋蟀之王"我不清楚，德安此诗，乐感极好，全诗五段，每一段均以"因为我就是披绿的蟋蟀之王"作结，自信、有力。洛尔迦的蟋蟀诗胜在想象的奇妙，德安的蟋蟀诗则丰富了蟋蟀的内涵和外延，更心灵化、更具庄严感，我感觉洛尔迦的蟋蟀是为孩子们写的，吕德安的蟋蟀则是为诗人乃至艺术家写的。时至今日，我的脑中也就只有这两只蟋蟀，一只在西班牙、一只在中国，谁能养出第三只？且等待。

　　《伊涅修·桑契斯·梅希亚思挽歌》是本书唯一一首长诗，伊涅修·桑契斯·梅希亚思是西班牙最负盛名的斗牛师，也是文人，是洛尔迦的朋友。他人到中年，本已退休，不再斗牛，但因为不愿老死于床第之上，要以一个英雄的死来逃避平凡的死，故重理旧业，再度加入斗牛师的队伍。在几个月的胜利复业之后，终于被一头斗牛摔死。单单这个注解就够让人震撼了，沈从文曾有言说到战士，"一个战士，不是战死沙场，便是回到故乡"，我总觉得这"不是……便是"二者没有必然的联系，这是一个正常的关系，不死当然就能活着回到故乡。像伊涅修·桑契斯·梅希亚思，一个斗牛师宁愿死在斗牛场，也不愿活着死在床上，是更决绝的人生态度，也更令人敬佩到不寒而栗。洛尔迦的悼诗极尽诗意的凄美同时亦有深切的信念，诗中写道，"没有人认识你了，可是我要歌唱你"，洛尔迦知道，世界上一切死者，总是很容易被遗忘，他要用诗，追颂"你的形象和你的优雅风度……你对死的意欲"，我们，也确实因为洛尔迦此诗，记住了一个执意死在斗牛场的斗牛师，伊涅修·桑契斯·梅希亚思。

　　洛尔迦曾说，"伊涅修之死也是我自己的死，一次死亡的学徒。……也许是因为凭直觉我预感到这一切发生？"1936 年 8 月 18 日，洛尔迦惨遭国家主义者枪杀。时年 38 岁，太年轻了！因为还没读洛尔迦传记，不太清楚何谓"国家主义"。年轻的诗人，因为自己超凡诗艺的作品而不朽！有关他的词条是这么定义的，洛尔迦，西班牙最伟大的诗人，"二七年一代的代表人物"。

2019-5-27

书　　名	《恩培多克勒·斯宾诺莎的光芒》
著(译)者	［法］罗曼·罗兰 著，赵英晖 译
版　　别	上海人民出版社 2013 年

地中海灿烂的笑颜

　　本书由两篇文章组成，一篇《恩培多克勒》，一篇《斯宾诺莎的光芒》，用这样的书名也是名家方可为之举，不然很容易造成阅读的迷惑。最初我以为是恩培多克勒和斯宾诺莎的人物传记，罗曼·罗兰很善于写名人传记，有著名的《巨人三传》（贝多芬、米开朗琪罗和托尔斯泰三巨人），20 世纪 90 年代初影响特别大，堪称当时大学毕业生的普及读物。罗曼·罗兰所注视的人物、所引以为同道的知己、所愿意花费精力和笔墨去描述、去撰写的，永远是这些伟大的生命意志顽强的人物，也就是通常所说的大人物，这当然也是罗曼·罗兰自身心境的反射，如果罗曼·罗兰自己这面镜子不够大，也就装不进足够大的外物。这同时也是罗曼·罗兰生命价值观的暗示，我的眼睛看到的一定是光彩熠熠的人，因为我也想成为这样的人。所谓榜样的力量。而这些人物带给罗曼·罗兰的激励也是显而易见的，贝多芬甚至直接步入罗曼·罗兰小说，化身为约翰·克利斯朵夫助力罗曼·罗兰获得 1915 年度诺贝尔文学奖，颁奖词表彰了罗曼·罗兰"文学作品中的高尚理想"和"在描绘各种不同类型人物所具有的同情和对真理的热爱"。罗曼·罗兰的写作总是焕发着一种昂扬的斗争精神和浪漫主义精神，语调是高亢的，类似诗歌朗诵使用的高八度朗诵腔。本质上罗曼·罗兰尚未进入现代主义写作，那些人性上的阴暗、堕落、绝望、死寂，不能为他的写作输入营养，他能够汲取的，一定是人性中光明、自由、美好的一面。罗曼·罗兰是一个抒情诗人，时常用着诗意的笔法传情达意，好比"大希腊的灵魂，拍着翅膀，朝俄耳甫斯神秘的海岸飞去"，好比"欧洲、非洲、东方的血液，注入同一只酒杯，相混而不相融"。

　　罗曼·罗兰写恩培多克勒是为了去除第一次世界大战后笼罩着欧洲的虚无主

义阴霾，恩培多克勒是古希腊哲学家，他用自己的行动带领故乡摆脱了何去何从的迷茫。恩培多克勒果然具备了罗曼·罗兰一向推崇的几个要素，即真实，对美的崇拜以及地中海灿烂的笑颜。本书附录部分为恩培多克勒的《残篇》，也就是恩培多克勒的诗作，总161首。想想真是幸运，这些诗作都是从亚里士多德、普鲁塔克、拉尔修等古希腊罗马作家的著作中扒出来的，正是因为如上作家作品中引用了恩培多克勒的诗，这些诗才得以留存下来。前日读到高星微信，始知食指的《相信未来》和芒克的《阳光中的向日葵》都是因为赵一凡当年手抄留稿，方能在日后发表，成为名篇，两诗的作者自己都没有原稿呢。不禁又想到我福建时期留在电脑里的那些诗作，北漂后电脑损坏，诗作们也一命呜呼。诗人们太需要自己的朋友圈里有亚里士多德、赵一凡这样的人啊！

其实古代袁枚在这点上也做得很好，翻翻他的《随园诗话》，随处可见他的朋友和学生的诗句，然后他再做点评。我读《随园诗话》时脑子一直闪着这样一个念头，应该有人把袁枚所引到的全部诗句及作者摘抄出来，独立编辑成一部诗选，应该也是一件有意义的事，至少《随园诗话》里有许多女诗人诗作。厦门诗人颜非说我的《人间书话》"很有意思，不是一本正经的书评，却有很强个人色彩的见解和思考"，我答，因为我喜欢袁枚《随园诗话》的写法，他和他同时代人一起留了下来，留在他的《随园诗话》里。私心我也想像袁枚一样。

回到罗曼·罗兰《斯宾诺莎的光芒》，斯宾诺莎，近代西方哲学公认的三大理性主义者之一，与笛卡尔、莱布尼茨齐名。文章很短，叙述了作者16到18岁之间的青春困惑，按作者的话是，"触及了虚无之底"，阅读斯宾诺莎《伦理学》拯救了他，"我发现的不是斯宾诺莎说了什么，而是我想要说的，是我年幼的思想，用吐字含混的舌头努力拼读出来的词句"，斯宾诺莎以一部《伦理学》引领"我"来到"实体的深谷"和"存在的大洋"中，不再"囚牢般压抑"。这是罗曼·罗兰和斯宾诺莎的双向照亮，后者把前者从黑暗中拉出，前者用一篇文章向世人高呼，看，这个人，他有光芒，他叫斯宾诺莎。就是这样。

2019-7-25

书　名	《小王子》
著(译)者	［法］安东尼·德·圣埃克苏佩里 著，柳鸣九 译
版　别	译林出版社 2014 年

关键词：爱

　　人到 50，才读《小王子》，感觉有点羞愧，好像很没童心的样子。《纽约时报》评论《小王子》"不仅是有史以来最受欢迎的儿童故事之一，更是一则歌颂纯真智慧的寓言"。用的是"之一"，因为还有貌似更鼎鼎大名的《安徒生童话》。《安徒生童话》我是读过的，在漳州一中读初中时我也算学校图书馆的常客，所借书目以童话、历史、悬疑为主，除了《安徒生童话》，记得还借过张天翼的《大林和小林》，跟妹妹轮流看，那个长胡子国王每次被胡子绊倒就呜呜地哭，监狱里惩罚人的方式是挠人脚底心让人咯咯笑死，这些，我都还记得，不知妹妹是否还记得？

　　知道《小王子》有点晚，具体什么时候知道也说不出了，但就一直没有机缘读到。2004 年我在北京合德堂图书公司供职，吃住都在公司，公司在西四环昆玉河畔曙光花园，诗人叶匡政是我的老板。我在北京一共遇到 4 位诗人老板，叶匡政是最爱读书的一个。他公司的每面墙都由顶天立地的书柜和书柜里的书武装，那一年，那些书就暂时归我享用，但依然没读《小王子》。为了写这部书，我特意致电叶匡政，"记得你一直很推崇《小王子》，曾说过一生的愿望就是写这么一部薄薄的《小王子》，究竟《小王子》好在哪里？"对我这位前员工的好记性叶匡政显然很满意，开始语带笑意作答，"《小王子》是对爱的表达，它告诉我们，爱让我们看见万物关联。爱可以是单向的，爱会使整个世界发生变化。经典里苦难居多，好像苦难了就深刻，但《小王子》恰恰教会我们爱、快乐和积极。它是写给成年人的童话，美好得让人幸福"。放下电话，我想起另一个同样热爱《小王子》的诗人何三坡，2017 年在他策划运作的"经典重译"工程中由诗人、法语翻译家树才翻译的《小王子》一经推出便获得广泛的影响力，销量已达十几万。在当当、豆瓣的推荐语上何三坡如此写道，"《小王子》犹如透亮的镜子，照出了荒唐的成人世界。它在提醒我们，只有爱，才是最高的哲学，才是我们活下去的唯一理由"。和叶匡政一样，何三坡拎出了《小王子》的一个关键词："爱"。迄今何三坡已读《小王子》几十遍，基本能背诵全书了，"我梦想写一本《小王子》，在媒体上也说了十几回了，但一直没机会写，惭愧。"何三坡在微信留言上补充。

写《小王子》读书记时我特意找到诗人魏克，魏克是我朋友圈中有正义感的诗人之一，时常对社会现象发表他的犀利见解。某个晚上我游荡朋友圈，正好读到他对《小王子》发表异见，我说魏克，能写一段文字说一下你对《小王子》的看法吗？"可以。在我看来，《小王子》故事结构比较松散，陈述也简略，缺少细节等很多方面的渲染。主题上无非说的是人长大了，被世俗观念固化，失去了想象力和纯真的心灵，庸俗了，虚荣了，自以为是了。这些也不是什么新发现。我真想不明白它怎么能火，也没读出其中的文学和社会逻辑。"我把魏克发来的这段话作为反方辩友存放此处，以示公允。

《小王子》究竟是一本什么样的书，你的态度如何？读者一定要这么问我。确实《小王子》是一本薄薄的书，中文版也就将近 6 万字，一天读一遍都是可以的。本书创作于 1942 年，作者安东尼·德·圣埃克苏佩里是一名航空员，写了很多与航空生涯有关的小说、散文作品，《小王子》是他唯一的一篇童话，传世的正好就是这么一部童话。安东尼·德·圣埃克苏佩里第二次世界大战期间在一次值勤任务时失踪，时年 44 岁。我想，他应该是到小王子所在的星球，与小王子相聚去了。

《小王子》叙述的就是飞行员"我"和来自外星球的"小王子"的故事，确切地说，是飞行员"我"聆听来自外星球的"小王子"讲他的故事并把他的故事记录下来传播给读者的故事。"我"的飞机在撒哈拉沙漠出故障，正在维修时，"小王子"来了，故事就这样发生了。而在此之前，在"我"6 岁的时候，"我"画了一只吞下大象的蟒蛇，成人们却一直指认"我"画的是一顶帽子，只有第一次见面的小王子看出，"我"画的是一只吞下大象的蟒蛇。这里面当然有隐喻的成分，也就是，小王子就是 6 岁的"我"；或者说，小王子和六岁的"我"有着一对相同的看待世界的眼睛、一颗相通的看待万物的心。小王子在来到地球之前到过哪些星球、遇到哪些人、经历哪些事、得到哪些感悟，是这部小说的主要内容。如果你非要问读者我究竟认同叶匡政、何三坡还是魏克，我暂且先保持沉默。只是以后的每个夜晚，当我在地球上散步，我会自觉不自觉地仰望星群，寻找一颗星，一颗名叫"小王子"的星。

2019-8-3

书　　名	《人类困境中的审美精神——哲人、诗人论美文选》
著(译)者	刘小枫 主编
版　　别	知识出版社 1994 年

我们为什么存在

20 世纪行将结束之时，《南方周末》曾以两大版的篇幅，报道了人类在 20 世纪发生的重大灾难，这之中包含有两次世界大战和无数次自然灾害，所用的总标题即为《人类困境中的审美精神》。大大的黑体字触目惊心，令人沉思。在此之前，我就曾数次读过刘小枫博士主编的同名集著，它的副标题是"哲人、诗人论美文选"，知识出版社出版。

《人类困境中的审美精神》精选了 42 位世界著名哲学家、诗人的论美文章共45 篇。他们站在人生、艺术、文学、哲学的基点上，对美学展开了各自不同的阐述，内容覆盖古典哲学、早期浪漫派哲学、唯意志主义、新康德主义、生命哲学、现象学、哲学人类学等各种哲学流派，以及象征主义、印象主义、表现主义、青年风格等诸多文学流派，较为全面地反映了近 200 年来哲学家、诗人对美的探索的基本状况，为我们提供了一个全新的思维向度。

作为一个资深的神学家和哲学家，刘小枫在担任深圳大学教授期间即对中西方文化，主要是哲学进行了大规模的研究比较，写出了《拯救与逍遥》《走向十字架的真》等引人注目的专著。其后更有《沉重的肉身》，引起了广泛的讨论。刘小枫成为中国大陆第一个形成自己独立的价值体系和表述方式的哲学家。《人类困境中的审美精神》虽是选本，但也体现了编选者卓尔不群的独到眼光。刘小枫认为，审美精神是一种生存论和世界观的主张，是对某种无条件的绝对感性的追寻。美具有现实性、创造性、悲剧性、冲突性、体验性等。弗洛伊德进一步提出了美的"非永恒性"，他亲眼看到"战争爆发后，世界上美的东西遭到了浩劫……战争使我们失去了对自己的文化成就的骄傲感，失去了对如此众多的思想家和艺术家的崇敬"。马尔库塞认为，美的"新感性"已成为政治因素了。他为自己的理论找到的依据如下："新感性意味着生命力战胜侵略和罪责……生命力将在各生产部门中的社会必要劳动时间和各生产部门之间的社会必要劳动时间的规划中找到理性的表达……这样一来，技术就逐渐变为艺术了……新感性与降解了的科学理智将统一而为一种审美伦理。"可以说，就审美这一范畴，每一个哲学家、诗人都有自己的思考体系和理论态度。

《人类困境中的审美精神》的意义就在于，当我们汲汲于蝇头小利，为一些鼻子尖上的事儿心烦意乱，感到世界就只有这一个巴掌大的空间时，我们不应忘记，还是有那么一批人，他们明显地更多关注感性生存的可能性问题，换句话说，如何把巴掌大的空间无限地放大，因为，"美学"不只是一门学问，更是身临现代性社会困境时的一种生存论态度。

美学确立于18世纪末19世纪初，迄今已有200余年的历史。我国由于长期以来重视思想斗争，对这门课程基本处于松弛状态。阅读《人类困境中的审美精神》，有助于我们拓宽思路，从本体论角度询问自己：我们为什么存在？

2001—5

书　　名	《波伏瓦美国纪行》
著(译)者	［法］西蒙娜·德·波伏娃瓦 著，何颖怡 译
版　　别	海南出版社 2004 年

和无趣的女人在路上

拿波伏瓦和杜拉斯比较应该是很正常的，她们都是女人，她们都是法国女人，她们都是特立独行的法国文字女人。但不知为什么，我喜爱杜拉斯远远超过波伏瓦。或者说，我从未喜爱过波伏瓦却一直渴望像杜拉斯一样生活。我甚至无端地相信，和我有着同样喜爱的女人一定不在少数。和极端感性的杜拉斯相比，波伏瓦太理性了，理性得令人觉得无趣。

当然，对萨特而言，这样的女人却是极品，她智慧十足又不惹事，具体一点是不妨碍他去惹事。另一个当然是，存在主义大师萨特深悟存在真谛，也不反对波伏瓦真去惹惹事，于是这世界就有了这样一对绝配。按照吴岳添先生的话是：萨特不喜欢一夫一妻制，不想把自己永远束缚在一个女人身上。波伏瓦与他不谋而合。他们都认为彼此之间的爱情虽然必不可少，但同时也想体验一下偶然碰到的爱情……他们就这样度过了既是情侣又不是夫妻的一生，在文坛上被传为佳话。（《纪行》推荐序）无论如何我肯定这是佳话，因为，能够"充分理解对方的喜怒哀乐，在思想、事业和生活方面都有共同的兴趣和默契"的人确实是太少了。关键是，当萨特这第一性和另一个第二性在一起时，我看不到波伏瓦作为女人的种种感受，按照推荐序的说法是，她跑到美国去了，去干什么，去会自己的第一性了。

于是，我们有了面前这一部《波伏瓦美国纪行》。

该书很巧妙地沿着时间顺序记录下波伏瓦在美国的行程，从第一章 1 月开始，到第五章 5 月结束，目录显得干净整洁。波伏瓦说，我提供的不是严肃研究，而是美国行的忠实纪录……我忠实依序呈现此次美国行所感受到的惊讶、钦羡、愤怒、犹豫与错误。而事实却是，理性主义的波伏瓦并未带领我们进入她的"惊讶、钦羡、愤怒、犹豫与错误"，当我从 1 月开始跟随她的笔飞往纽约，我从飞机上并没看到大事发生，尽管她貌似出手不凡地写道："有事即将发生。"然后又很哲理地加了第二句："生命发生大事的时刻屈指可数。"我一路读下去，原来波伏瓦的一些大事就是她的一番番关于生命关于存在的感慨、思考，她几乎能在她想要的某时某地来一句诸如"除了我自己之外，纽约不会允诺我任何东西，如果我无法有所作为，它就毫无意义"之类的话。瞧，跟着"法国一代知识分子"去美国旅行有多累！

我说波伏瓦是个无趣的女人还因为她的美国纪行似乎是一次不带情感的流水账，尽管推荐序明确说明她和她的美国情人会了面，有了"之深"的"感情"，但我愣是没读到使我的心产生湿润感的部分。我于是有些怀念起凯鲁亚克《在路上》了，那是多么激情洋溢的一路狂奔，广阔的平原上三个赤身裸体的人打着呼哨加大马力就这样蹦跳着驾驶老破车前行。同样是在美国的土地上，不一样的人行起来记起来就是不一样。

客观一点讲，波伏瓦的美国纪行并非一无是处，至少她提供了美国社会文化、习俗、人物与风景中那些知识与意志的一面，那些复杂的深邃的思想性的一面。波伏瓦冷静的观察和天生的非浪漫主义笔法，使"二战"后、冷战前夕的美国真实地呈现在我们面前，这，或许是波伏瓦美国纪行深具史料性的原因。

正像杜拉斯只有一个，波伏瓦也只有一个，从这个意义上，萨特当然也只能有一个。

2004-3

书　　名	《智慧与命运》
著(译)者	［比］莫里斯·梅特林克 著，周旭 译
版　　别	北京时代华文书局 2018 年

哲学文字和文学文字

本书是"诺奖得主人文译丛"中的一种，书有点奇怪，无序言无后记无译者简介，好在作者简介告诉我们，本书是梅特林克最重要的一部哲理性随笔集。作者在本书中提出，人要运用自己的意志来掌握自己的命运，要不断充实自己的力量，努力发展个性，以求获得自我的实现。

本书采用的是断片式（不相联属的、零碎的片段）拼接手法，一篇接一篇构成此书，每个断片都有一个小标题，诸如《道德家的职责》《幸福的愿景》《自我认知》等，计 112 篇。200 来页的书不算厚，原以为两天就可读完，不料竟然读了一星期，原因就在于这种纯粹凌空蹈虚的文字有它自己的逻辑，仿佛迷宫一样，每个句子看上去面目相似，语调相似，若不细究，一路读下来，仿佛意思也相似，但其实不然，且让我举一例。本书有多篇以"灵魂"为题的小文我只以《灵魂的准备》来说，一开篇作者即要求我们，"当需要召唤我们时，让我们随时准备把自己的财富、时间和生命奉献给那些命运多舛的同胞们，从而让这些变成特定时光中一件别有风味的礼物吧"，按我的思维惯性，接下来应该是如何奉献、奉献的意义是什么。但作者不，他用一个"然而"，像这样"然而，圣贤并非一定要忽视自己的幸福以及他生命周围的一切……"，写了几句后突然又冒出一个新观点，"而我们唯一可以随心所欲地奉献给他们的东西，就是我们灵魂的信心、力量、自由和平静"，物质摇身一变，成为精神，虚取代了实。没错，本书中这样的自我矛盾、不能自圆其说之处颇多，造成了阅读的障碍，理解的困难，读得慢就在于此。不清楚是作者的问题还是译者的问题？后来我就不去追作者了，只把它当作哲学文字来"吞食"，哲学文字和文学文字真的太不一样了，虽然它们都是汉字，因为组合的方式不同，产生的阅读效果就全然不同。本书后面有 3 篇写到艾米莉，就是《呼啸山庄》作者艾米莉，《艾米莉的生平》《艾米莉的幸福》《艾米莉的悲伤》采用的是文学文字，我以为这是全书最好的 3 篇，叙说了艾米莉短暂一生的爱与悲欢，艾米莉 29 岁去世时还保持着处女之身，她不曾被爱钟情过却对爱了如指掌，她鞭辟入里揭示了爱中百思不解的秘密，读了梅特林克写的艾米莉，我觉得我应该重读一遍《呼啸山庄》，这就是文学文字的魅力，它打动你、感染你、引导你，如此轻易地就让你进入它的情感维度里。

梅特林克，1862 年 8 月 29 日出生于比利时的河港都市甘恩，以诗集《温室》、戏剧《玛蕾努公主》等闻名文坛，1911 年以剧作《青鸟》获得诺贝尔文学奖。梅特林克还是昆虫博学家和植物学家（中国诗人李元胜也有这两个身份）。我不禁想到了李敬泽的《青鸟故事集》，遗憾两部与"青鸟"有关的书我都还没读，想说几句也不得了。

2019-8-15

书　　名	《吉尔伽美什的故事》
著(译)者	[美]李翊云 讲述，[意]马可·罗兰采蒂 插图，康慨 译
版　　别	上海人民出版社 2016 年

世界最古老的英雄史诗

读完了《吉尔伽美什的故事》再来查阅吉尔伽美什还是有点震惊，吉尔伽美什是《吉尔伽美什史诗》的主人公，通常说到史诗眼前总是浮现出《荷马史诗》，但其实，《吉尔伽美什史诗》才是目前已知世界最古老的英雄史诗，是一部关于苏美尔三大英雄之一吉尔迦美什的赞歌。

　　苏美尔，古地名，位于今日的两河流域下游（幼发拉底河和底格里斯河），早期居民为苏美尔人，历史教科书上的楔形文字就是他们创造发明的，《吉尔伽美什史诗》就是由楔形文字写成，写在 12 块泥板上，时在公元前 3500 年。对比一下中国最早的一部诗歌总集《诗经》诞生的年代：周武王灭商（前 1066）以后，我突然有无言以对的感慨，想不到苏美尔文明早到这个份上！苏美尔文明约结束在公元前 2000 年，被闪族人建立的巴比伦所代替。一看到巴比伦我们就很亲切了，脑子浮起的是四大文明古国：古巴比伦（位于西亚，今地域属伊拉克）、古埃及（今地域属埃及）、古印度（今地域范围包括印度、巴基斯坦等国）和中国，四大文明古国只有中国前面无须加一"古"字，因为中国文明从古至今，不曾有过断层。

　　《吉尔伽美什的故事》是李翊云用讲故事的形式把《吉尔伽美什史诗》讲了出来，诗毕竟是小众文体，故事则老少咸宜。故事说的是乌鲁克国王吉尔伽美什年轻时性格暴烈，有很大的破坏性，人民苦不堪言。众神之王阿努有心帮助乌鲁克人民，就吩咐造人的女神阿鲁鲁造出了一个和吉尔伽美什一样强悍的勇士恩奇都。最初恩奇都像野生动物一样在草原漫游，经女祭司莎姆哈特的引导，恩奇都来到乌鲁克和吉尔伽美什比武，虽然败于吉尔伽美什手下但两人结下了友情，成为一对好友。他们齐心协力，打败了守卫雪松林的怪兽浑巴巴，临死前浑巴巴诅咒恩奇都必死而吉尔伽美什将承受无法缓解的痛苦。返回乌鲁克的路上，掌管爱情与生育的女神伊什妲尔爱慕吉尔伽美什但被拒绝，于是去向父亲借天牛想踩死吉尔伽美什，但吉尔伽美什和恩奇都又联手把天牛杀死，伊什妲尔气急败坏，对两位勇士又施加了诅咒。吉尔伽美什和恩奇都回到乌鲁克，受到人民的欢迎，不幸的是，恩奇都很快就病死了，吉尔伽美什非常伤心，他为恩奇都建造了雕像，"让它胜过前人想象中的一切雕像"，同时向众神奉上大笔钱财，祈求他们照顾好已到阴间的恩奇都。做完这一切吉尔伽美什依旧无法平息悲伤，他离开了乌鲁克，漫游于旷野，他想寻找一个答案：凡人之中，究竟谁能反抗死亡？他历尽艰辛，穿过死亡之水，来到岸上，迎接他的是唯一一个逃脱死亡的人乌特纳庇什提姆，老人要吉尔伽美什好好享受现世的生活就够了，无须惧怕每个人都要面对的死亡。老人和他的妻子因为在大洪水时期拯救了人类而被众神奖赏得以永生，但老人说："我们比从前做人的时候更幸福吗？我看不是。"架不住吉尔伽美什的悲伤和绝望，老人的妻子要丈夫帮助吉尔伽美什，最后老人指导吉尔伽美什去深海底挖出一根带刺的草，那草，可以让人永葆青春，但不是永生。吉尔伽美什拿着那根草动身回乌鲁克，路过一座干净的池塘他把草搁在岸上，下水洗澡，结果草被一条蛇吞了，蛇吞下草马上蜕掉一层老皮，爬走了。吉尔伽美什终于既无法战胜死亡，也无法留住青春。他苦苦思索，明白了只需履行好自己国王的职责，让老百姓安居乐业，把这一生过好、过得有意义，就行了。

在复述吉尔伽美什故事的过程中我不断地想到古希腊神话，两者的共同点都是，有不断发生的故事情节，有众神对人间的干涉，希腊文明自然在苏美尔文明之后，不知是否受过苏美尔文明的影响？当然我也会联想到中国上古神话，相比较而言，中国上古神话都比较简单，基本一件事就一件事，比如盘古开天辟地、女娲造人、夸父追日，在思维的复杂性和人物塑造上，中国上古神话稍逊风骚。

2020-1-29

书　　名	《源氏物语》
著(译)者	［日］紫式部 著，叶渭渠、唐月梅 译
版　　别	作家出版社 2014 年

幻美、享受、虚无、宿命

《源氏物语》结尾于薰大将寻找浮舟而不得之际。很奇怪，感觉不像是结尾。不知是原稿散佚了还是作者本来就这样写。薰大将是后十回的主人公，前四十四回的主人公是他名义上的父亲源氏，也就是本书题目《源氏物语》的源氏，"物语"一词来自日本，意为"故事"。《源氏物语》就是源氏的故事。

源氏这个人，一言以蔽之，好色而滥情，但在作者笔下，却是处处可以原谅，因为他美，全平安时代的日本数他最美，最有风姿，这样的人天生就享有道德豁免权。平安时代是日本古代一个重要的历史时期，相当于中国的唐朝晚期到宋朝中期，因此书里经常出现中国字，还有唐玄宗和杨贵妃的事以及白居易的诗。平安时代最推崇的唐朝诗人是白居易而不是李白杜甫。说起这个美男子源氏的情史，那真的太复杂。他是日本天皇桐壶帝的儿子，母亲桐壶更衣深受天皇宠爱，但因为地位卑下而遭人嫉恨，生下源氏后就抑郁而死。源氏由外祖母抚养一直到外祖母去世后进宫，桐壶帝非常喜欢这个儿子。12岁时源氏和左大臣的女儿葵姬结婚，葵姬比源氏大几岁，端庄刻板，源氏对她谈不上多深感情。此后源氏就开始了一场又一场浪漫荒唐的情人经历，我挑三个说一下。一个是藤壶女御，按中国宫廷的说法，这女子是他父亲的妃子，结果是，藤壶女御竟然怀上了源氏的孩子，还生了下来；第二个是明石姬，这个是源氏落难被贬后遇到的，明石姬运气比较好，为源氏生了个女儿，后来源氏回京都后她也跟着回来，被安置得很好，所生的女儿也当了皇后；第三个是女主人公紫姬，这个人的母亲夕颜也是源氏艳遇中的一个，夕颜被源氏连哄带骗带到一个偏僻地方的那晚突然暴病而亡，源氏就把夕颜和兵部卿亲王所生的女儿带回京都培养，教她礼仪、教她琴棋书画，培养出自己喜爱的样子后成亲，不多久正夫人病死，紫姬基本就是源氏的正夫人了。紫姬是本书的女主角，作者也有意把紫姬塑造得比较完美，但我觉得不成功，其实，这部小说所有女性面目都不清晰，可能跟那个时代女子没有个性（或者说不能展示个性）有关吧。这部小说还是很可读的，可读在哪儿我想了想：第一，古典味。两位译者不疾不徐的一路叙述下来，很有中国古典文学今译的风范。第二，可了解许多平安时期日本宫廷贵族风气，男女关系相对开放，当然，主要是男对女。另外，皇位的传递怎么都以退位让给太子的形式呢，这个也是比较新鲜的。还有，桐壶帝让位给大皇子，大皇子又让位给小弟弟（名义上铜壶帝的小儿子，实际是源氏和藤壶女御的私生子），而不是大皇子让位给自己的儿子。第三，男男女女动辄就出家。包括皇帝、妃子，都有出家的。第四，人物对话生动有趣，人物心理也很真实。第五，诗词在平安时代贵族交往中的重要性，人与人见面口中就会送出几句诗，对方也应答以诗，写信也是如此。

《源氏物语》按时间顺序叙述，从源氏的出生开始写起，一直写到他死去，再写他儿子薰大将的故事，也不知为什么写了十回就停了，停在一个不像结尾的地方。这种写法很中国，中国小说大都也是按照这种逻辑。单线发展，脉络清晰。《源氏物语》是日本第一部长篇小说，幻美、享受、虚无、宿命，是这部小说的主基调，流行的说法叫"物哀"。《源氏物语》影响了很多日本著名小说家：夏目漱石、川端康成、宫崎骏等。

书　　名	《鲁拜集》
著(译)者	莪默·伽亚谟 著，郭沫若 译
版　　别	人民文学出版社 1978 年

"鲁拜多写醇酒、妇人、人生苦短"

薄薄的，小 32 开本，纸页都已发黄，依然购自晴朗李寒书店。书脊贴有常见的图书馆标志粘纸，写着 I3-15，扉页和封底都有单位盖章，显然这是来自旧书摊的名著（自然是名著，虽然在出版之时及此后漫长的岁月里不为人知），但自 1857 年英国诗人费兹吉拉德（现译菲茨杰拉德）把它译成英文并出版后本书开始大受欢迎，成为经典。查阅资料获悉，仅 101 首诗歌的《鲁拜集》，爱德华·菲茨杰拉德竟然翻译了 26 年，他实在太懒散了。隔了几个世纪，菲茨杰拉德救活了莪默·伽亚谟（不禁想起 2001 年 10 月在湖州师范学院召开的"21 世纪中国首届现代诗研讨会"上主持人沈泽宜先生的一句话，"后人是可以救活前人的"）。

波斯诗人莪默·伽亚谟生卒年都不太确切，大概生于 11 世纪后半叶，死于 1123 年。波斯可拉商州纳霞堡人。读书期间和尼让牟、奔沙伯意气相投，结成好友，拜当时最大的哲人野芒为师。有一次三人聊天，奔沙伯说，世人都说野芒先生的弟子会得到幸福，如果我们不能都得到要怎么互相帮助？尼让牟和莪默·伽亚谟答，怎么都行。奔沙伯就说，那我们发个誓，无论谁得到幸福，都要与大家分享，不能专用。尼让牟和莪默·伽亚谟都同意。后来尼让牟当了宰相，就给了奔沙伯官职，谁知奔沙伯嫌官升得慢，把官丢了，当上依时美良派的首领，结局是，奔沙伯刺死了尼让牟。诗人阿塔尔叙尼想来是写了一篇小说或戏剧吧（没查到），他让尼让牟临死时呼叫："啊，大神哟！我在风的手中去了。"

　　这边莪默·伽亚谟只要求宰相好友尼让牟给他一个清净的地点安居，尼让牟满足了他的要求并从纳霞堡的财库中每年拨出 1200 密给他。莪默·伽亚谟就在纳霞堡居住到死，一生中忙于各种知识的探求，在天文学和诗歌创作上都有成就。《鲁拜集》就是这样写出来的。鲁拜是一种诗体，一首四行，第一、第二、第四行押韵，第三行大抵不押韵，这不和我国古诗中的绝句相似嘛！是的，胡亮说，大学者杨宪益有一个观点，鲁拜是中国绝句西传的结果。胡亮近年着力研究古今中外各种专题，《鲁拜集》是其中之一。据悉已写有 1.3 万字长文，将刊于某大刊。我于是想从胡亮处撷取更多《鲁拜集》的秘密，但胡亮说，这个问题很复杂，不是三言两语能说清的。我不死心，问胡亮，鲁拜就是现在所说的柔巴依吗？当年还在新疆的诗人沈苇出版了一本《新柔巴依集》，我虽然还没读到，但在各种网络信息中依稀知道柔巴依是波斯的一种诗歌体式，如今看到鲁拜，觉得二者读音接近，现代文学那批翻译家和当代文学这批翻译家在同一名词的音译上总是有一些文字选用的不同，因此我拿这个问题问了胡亮。胡亮沉吟一会，答："基本上是吧，但也有区别。"鉴于微信交流过于碎片化，学风、文风严谨的胡亮委婉拒绝我的穷根究底，"你的人间书话以片面的深刻取胜，不必做全面的考证"。仿佛隔着手机就能看到我的悻悻然，胡亮抛来了三粒糖果，"鲁拜多写醇酒、妇人、人生苦短"。

　　我转愁为喜说正是，郭沫若这个译本确实就这三个主题。据说《鲁拜集》有多个译本，最好的还是郭译本，郭才子自己也知道自己的好，在序言的最末他说，"我的译文又是英文的重译，有好几首也译得相当满意。读者可在这些诗里面，看出我国李太白的面目来。"

2019-8-17

书　　名	《想象一朵未来的玫瑰：佩索阿诗选》
著(译)者	［葡］费尔南多·佩索阿 著，杨铁军 译
版　　别	中信出版集团股份有限公司 2019 年

纯粹心灵化的气息

　　整理书柜时整理出两本佩索阿诗集，一本《我的心略大于整个宇宙》，韦白译，上海人民出版社 2013 年 6 月出版，购于 2013 年 7 月 7 日；一本《阿尔伯特·卡埃罗》，闵雪飞译，商务印书馆 2013 年 7 月出版，购于 2014 年 4 月 14 日。两本均不曾读。

　　杨铁军版的佩索阿出版时间和购买时间都最迟，却最先读完，可见，买和读是两个独立的动作，并无必然的联系，对大多数读书人而言，买了不读反而是常态，书和作者的关系、和读者的关系，也都讲究一个"恰好"。恰好今年我开始画画了，恰好吴子林买来杨铁军版佩索阿，恰好里面的许多句子都很适合做画题，是的，佩索阿的诗句太适合做画题了，意味深长、余音缭绕、喃喃自语，佩索阿基本是一个向内观察自己的人，他终其一生的写作都是在构建一个独属于自己的世界，他的异名癖好实质就是他为自己的世界创造出的众生相。佩索阿短暂的一生（47 岁）用过一百多个异名，不是我们通常想象的笔名，而是每个名字都有他的生平履历、社会关系和名下作品，也就是，佩索阿创造了一百多个人物，这些人物又分别创作了自己的作品，想想都有不可思议感，并且有一些惊悚，当然更多的是佩服，这得有多旺盛的想象力和化虚为实的能力！但是现在，这一百多个异名被一一破译，全部归回佩索阿名下，我买的三本佩索阿诗选，作者都已经是佩索阿了，包括此前读过的随笔集《惶然录》，都已全部回到本名，佩索阿。

　　书名《想象一朵未来的玫瑰》来自《现实》一首，但在诗中，佩索阿想象的是一朵未来的向日葵，杨铁军译本是这样的，"那个旧我沿街走去，想象一朵未来的向日葵。/ 那个今我沿街走来，什么都不想象。"韦白译本是这样的，"年轻的那个我走上这条路想象着一朵未来的向日葵。/ 今天的这个我走下这条路什么也不想。"无论谁的译本都没有出现"玫瑰"二字，不知为何杨铁军的书名要把向日葵改为玫瑰？从意象和语感来看，玫瑰比向日葵更洋气、更悦耳、更有神秘主义倾向，向日葵总有光天化日之下的感觉、赤裸裸的，不够美。我喜欢杨铁军版的佩索阿，那种纯粹心灵化的气息，"心灵才是 / 我的主题……"佩索阿在《哦，十四行……》一诗如此写道，在这首诗中，佩索阿把自己的心比喻成"疯子海军上将"，这个海军上将放弃了他的海上生涯，回到家里，基本无所事事，这当然是佩索阿的自况，佩索阿想要的就是这样一种纯粹想象而非实际的生活，诗的最后，佩索阿都不能允许自己拿一个实际的"海军上将"来比喻自己的心灵和感觉，佩索阿所期待的是纯虚。杨铁军译出了佩索阿的"虚"，还有"玄"，"玄"体现在形而上的理性词汇的运用，比如"自我的井边"的"自我"，比如"我需要真理和阿司匹林"的"真理"，我不太清楚佩索阿原文是否就是用的"自我"和"真理"，当杨铁军用这类词来建构佩索阿的语言时我感觉非常准确，佩索阿思想性的一面需要这些硬核质地的哲学语素来坐镇。"我必须收拾存在的行李。/ 我必须存在于收拾行李中。"随手翻到《沙漠是伟大的，一切都是沙漠》，我又读到这样的两句。

本书两篇附录也堪称妙文，《回忆我的导师卡埃罗》《无政府主义银行家》，第一篇每个人物包括所谓的导师卡埃罗都是佩索阿制造出来的，第一篇以对话为主；第二篇以自言自语为主，文体上似小说又似散文，我的感受是，当你有足够的语言能力时，情节已经不重要了。或者说，没有故事，高手一样能把一篇小说写得漂漂亮亮。

昨晚（2019-9-2）编完《北漂诗篇 2019 卷》，头晕目眩，今天一天懒洋洋，本以为脑子已不听使唤了，竟然还能把这篇读书记写出来，应该是另外一个我所为的吧。

2019-9-3

书　　名	《阿尔伯特·卡埃罗》
著(译)者	［葡］费尔南多·佩索阿 著，闵雪飞 译
版　　别	商务印书馆 2013 年

一个悲观的、有点冷血的人

读完了杨铁军翻译的《想象一朵未来的玫瑰：佩索阿诗选》，一鼓作气，继续把闵雪飞译本读了。无论翻译还是出版其实闵雪飞在前，闵版在后记中感谢了杨铁军，"杨铁军兄是另一位强大的诗歌创作与翻译理念的供应者，对我帮助甚多"。而杨版则在译者序中"感谢闵雪飞当年的鼓励和帮助，正是在她的提议下，我才鼓起勇气翻译佩索阿……"，译者与译者之间如果译的是同一个人，通常会有一些微妙的较量，但我看闵雪飞和杨铁军，不仅译者不相轻，反而互相促进，也是佳话。闵版佩索阿和杨版佩索阿没有一首重复，译笔上男杨反而比女闵更具女性气质，译出的是佩索阿喃喃自语、自闭多思的一面，女闵这本佩索阿，更具硬朗的哲学气息，其主旨与中国老子的无为、顺其自然是一条路子，这类诗作在本书很多，我选一首三行诗作例证吧。《未结之诗》第 9 首——

我不知道人们为什么会认为落日是悲伤的，/ 这只可能因为它是落日，而非黎明。/ 然而，如果它是落日，那又何必一定要成为黎明？

也就是，人们总是赋予万物人类的情感，其实大可不必，万物就是万物自己，与人类的情感无关，与人类也无关。其实就是这么一个看待世界的方式，佩索阿却足足写了三首长诗，这就是收入本书的《守羊人》《未结之诗》《归属不明的诗》，这也是一种方式的主题写作。我在读的时候忍不住佩服佩索阿，真行啊，要是我，最多 10 首也就没得写了。主题写作如果有物、有明确的对象可写那还比较好办，比如中国当代诗人时兴的诗歌地理，为一座城市写一本诗集，或者为动物、为植物，都没有问题。而佩索阿却是纯粹心灵写作，这就需要有强大的思想能力和语言能力。我觉得佩索阿应该是一个悲观的、有点冷血的人，《未结之诗》第37首写到了"公正"这个话题，佩索阿的态度是，"有不公就像有死亡。/ 我绝不踏出那一步，奢望改变 / 被称为世间不公的那一切。"其理由佩索阿在本诗中给了出来，"我接受不公就像接受一块石头不圆，/ 就像接受软木树生来就不是松树或橡树。"依旧是万物各安本性、各安其命，你遇到了你就遇到了，这没办法，认了吧。

这本书的题目很古怪，《阿尔伯特·卡埃罗》，熟悉佩索阿的都知道，此君有一个在我看来委实不能接受的怪癖，取异名。异名不是笔名，异名是另一个人，也就是，佩索阿自己制造出了许多个别人，按本书译者序所言，72个，这些异名者有自己的生平、工作，乃至死亡时间，阿尔伯特·卡埃罗就是其中之一。杨铁军版的佩索阿诗选有一篇文章题目就是《回忆我的导师卡埃罗》，那个卡埃罗就是闵雪飞版佩索阿的这个卡埃罗，闵版佩索阿其实是阿尔伯特·卡埃罗的作品，卡埃罗关注自然，是佩索阿所有异名的核心和母体，享有"导师"的尊荣，一生只活了26岁。《未结之诗》第65首——

请在我的坟墓上刻下：/ 没有十字架，阿尔伯特·卡埃罗 / 在这里安息，/ 他去寻访众神…… / 有或没有众神是你们的事 / 而我却听凭他们把我接走。

第70首有一个副标题，"诗人死亡之日口述"，如下——

这也许是我生命的最后一天，/ 我抬起右手，向太阳问好。/ 但我不是在向它问好，而是向它作别。/ 我做出依然喜欢见到它的手势，仅此而已。

本书译者序提供了一条了解佩索阿的较为全面的渠道，对异名的狂热表明了佩索阿对名声的不屑，他说，"成为诗人不是我的野心 / 而是我独处的方式"。

2019-9-8

书　　名	《希克梅特诗选》
著(译)者	［土耳其］纳奇姆·希克梅特 著，李以亮 译
版　　别	上海文艺出版社 2018 年

他就像还活在今天一样

　　纳奇姆·希克梅特是我认识的第一个、目前也是唯一一个土耳其诗人，因为李以亮的缘故。李以亮的译本一直值得信赖。读外国诗集，有时是奔着诗人去，有时则完全奔着译者去，尤其这个诗人你全然陌生。我就是沿着李以亮用译笔开拓出的诗路奔向希克梅特的。对一个陌生的诗人，译者序尤为重要。在题为《卓越的土耳其现代诗人希克梅特》一文里，李以亮开篇第一句即为希克梅特盖棺论定，"希克梅特是我国读者熟悉的土耳其大诗人、剧作家和社会活动家"，我不太清楚我国多少读者熟悉希克梅特，我很惭愧不熟悉。希克梅特 1902 年 1 月 20 日生于奥斯曼帝国统治下的萨洛尼卡（现希腊境内）一个高级官僚家庭，很早便随全家迁居土耳其故都君士坦丁堡（今伊斯坦布尔），17 岁开始写诗并发表，崭露头角。李以亮在译者序里给希克梅特一生两个关键词：监禁和流亡。

　　青年希克梅特所处的国家状况看上去跟中国清末民初很像，国家处于被瓜分的境地，希克梅特积极投入反对外国侵略的爱国斗争中，1921 年被俄国革命所吸引，越过边界到莫斯科，在思想上接受了列宁主义。1928 年回国、被捕，在监狱里度过了 5 年。期间出版了 9 部作品。1938 年因为煽动土耳其武装部队叛乱又遭逮捕，并被判处 28 年监禁。在漫长的监禁中希克梅特坚持在狱中写作诗歌，通过书信寄给家人和朋友以手稿的形式传播。1949 年，包括毕加索和萨特在内的一个国际委员会在巴黎成立，开始为希克梅特获释而努力，1950 年，希克梅特获得了世界和平奖。冷战开始后，希克梅特逃亡苏联，再也没有回国，开始了流亡生涯。流亡期间，希克梅特的足迹几乎遍布欧洲，还访问过古巴、非洲与中国（这本诗选里没读到他写与中国有关的诗）。1963 年 6 月 3 日，希克梅特在莫斯科家中因心脏病骤然辞世。以上我简略地概述了希克梅特的一生，详情请读译者序第一部分。

考虑到许多读者对土耳其诗歌不太了解，我觉得有必要再引用译者序中的第二部分。"1921年9月，希克梅特在去往莫斯科的路上，看到了一路上的饥荒，想诉诸文字，却苦于传统格律的限制，无法完整而准确地传达出自己的感受，这时他想起曾经读过的一首基于法语诗歌的节奏的诗，于是写出了《饥饿之瞳》，首次将自由诗引入土耳其诗歌。希克梅特由此被认为开土耳其诗歌史一代诗风的大诗人。"这段文字让我想到了白话新诗的开创者胡适，胡先生也是打破旧诗格律，不拘字句长短、用白话来写诗。只是在李以亮的译笔下，希克梅特的诗可比胡适先生的诗来得"广阔""深沉"，艺术性和思想性更是胡适诗作无法企及的。我这样说也不是要灭自己威风，本书阅读效果就是如此，不服不行。

希克梅特的诗，题材涉略很广，自由的渴求、艺术的定义、友谊的致意、爱恋的私语、流亡所见、画之解读、乐之聆听……没有希克梅特不能写，也没有他写不好的。作为一个开风气之先的诗人，希克梅特诗艺已纯熟到能够表达各种对象在心灵中的感受，并且叙述的视角灵活善变，在《题伊卜拉西姆·巴拉班的画作〈春天〉》一诗中，希克梅特依次呼唤眼睛、鼻子、嘴巴、手，去看、去闻、去品尝、去抚摸画中的春天万物，虽然我读过也写过不少配画诗，依旧为希克梅特奇妙而妥帖的进入画作的能力惊叹。当我读到《三十年前》一诗中这么一句，"三十年前还没有法西斯子弹制造的寡妇新娘"，我竟然产生了一种惊悚的美感，这种语言的修辞也实在非常人能及。还有《巴赫C小调协奏曲》，"重复"一词作为全诗的词语主线，一会儿充当定语，一会儿充当谓语，一会儿充当宾语，真是极尽其能，淋漓尽致发挥了一个词所能达到的极限。我不知道是原诗如此，还是译者的自行发挥，译者李以亮本身即是一位优秀的诗人，我毫不怀疑他为译本再添加优质原料的本事。本书中几乎每一首你都能轻易地遇见几句金句，用李以亮序中所言，"希克梅特的诗歌，最值得我们敬佩的，是他化腐朽为神奇的能力"。

希克梅特经历过5次婚姻，诗选中有多首他写给几位妻子的诗，也有他以妻子来信的名义写的诗，生活细节的放入加大了诗中真挚的感情和饱满的诗情，在李以亮译笔下，希克梅特对生命、对爱乃至对苦难，都有着青春的激情和无所畏惧，他就像还活在今天一样不陈旧、不酸朽。

2019-9-12

书　　名	《枕边书》
著(译)者	［美］帕梅拉·保罗 著，濮丽雅 译
版　　别	湖南文艺出版社 2019 年

关于书籍的民意测验

　　记得邱华栋老师在一次访谈中谈到了自己的三种阅读方式：一种是从头到尾精读，一种读个目录和前言后记即可，还有一种是翻读，除了目录和前言后记，还得每页浏览一下。读了《枕边书》前三篇，我决定把它归之于第二种。本书虽题为《枕边书》，但页数太多且精装本，其实并不利于躺着阅读，那为何又说枕边？原来这部书来自《纽约时报书评周刊》的同名专栏，也就是该周刊有一个专栏叫"枕边书"，该专栏内容结集成这样一部书。这个专栏采用问答题的形式，题目大致相同，走的是轻松问答路子，比如，"你的床头柜上现在放着什么书"，比如，"如果可以指定总统读一本书，你会选择哪一本呢"，比如，"大失所望、名不副实、平庸之作，哪一本书是你以为自己会喜欢，其实不然的？你还记得上一本没读完的书吗？"等等，大约 20 题左右，单看题目就知道很轻松、很鲜活、很真实、很具现场感，显然不是要你搜肠刮肚做深刻状的那种。访谈对象不止于作家界别而是扩大到其他行业的优秀分子，感觉有点像关于书籍的民意测验，哪些书受众多、哪些书受众少，为什么？还有每个人的阅读和写作习惯、每个人的性情爱憎，也基本都能在这样的回答中透露出来。算了一下访了 65 个，除了 J·K·罗琳、阿诺德·施瓦辛格、卡罗琳·肯尼迪、斯汀等有限的几个人认识外，大部分不认识——认识当然指的是知道他们的名字——这样读起来就不亲，我边读边想，要是这些问题问的是中国作家，读者一定感兴趣。应该会有报纸杂志来做这项工作。

　　我比较喜欢看的问题是指定一本书给总统这题，这也是西方国家特色题，摘几个答案如下——

　　《宪法》，重点看第一修正案。（玛丽·希金斯·克拉克）

爱德华·艾比的《扳手党》。这本书肯定可以让奥巴马更贴近普通美国民众，听到他们的诉求。（卡尔·希尔森）

大卫·哈伯斯塔姆的《出类拔萃之辈》。理论和宏大的想法很重要，但很少依照计划付诸实现。人———一切均关乎人。

2020-1-19

书　　名	《第二空间：米沃什诗选》
著(译)者	［波］切斯瓦夫·米沃什 著，周伟驰 译
版　　别	花城出版社 2015 年

"诗人不应该讨好大众的想象"

扉页上"安琪惠存。伟驰。2015.5.29"的题签让时光倒流，那一日，我应邀到首都师范大学中国诗歌研究中心，参加了那场题为"相逢在'无止境'的'第二空间'——'蓝色东欧'新书发布暨东欧诗歌研讨会"的活动，第一次知道"蓝色东欧"这个概念。丛书主编高兴先生带我们追溯了 20 世纪 60 年代人的童年记忆：露天电影，《瓦尔特保卫莎拉热窝》，"空气在颤抖，仿佛天空在燃烧"，裴多菲，密茨凯维奇……高兴概述了东欧的历史演变，指出，"影响"和"交替"是东欧文化和文学的两个关键词。东欧在过去一直作为政治概念存在，文学上也以红色经典居多，但这并不是东欧文学的全部，主编这套丛书时，高兴重新给了一个命名，"蓝色东欧"，蓝色是流经东欧不少国家的多瑙河的颜色，高兴说。那天的研讨会，《无止境》的译者李以亮、《第二空间》的译者周伟驰也都与会并做了发言，我也很荣幸得到两位诗人、翻译家朋友的赠书。

周伟驰是树才兄推荐给我的诗人，其时我正在编辑《中间代诗全集》，树才兄说，伟驰很优秀，不可错过。于是约了他的稿。他的诗集一直列入我的必读书目，虽然现在还没读。供职于中国社会科学院世界宗教所的周伟驰来翻译米沃什这部出版于去世那年、写作时已逾90岁高龄的诗选确实太合适了，这个年龄的米沃什，思考更多的是"生死"问题，以及由此牵出的诸多意义问题乃至神学问题，这些，正是宗教所要解决的问题。本书译者序《米沃什晚期诗歌中的历史与形而上学》可以说是一篇严谨、深刻、循循善诱、饱含着宗教情怀的导读，没有宗教信仰特别是基督教信仰的译者来译米沃什此书，会无从下手，或者即使译了也不得要领。米沃什的《第二空间》不厚，由28首短诗和4首中长诗构成。全书开篇即为短诗《第二空间》，在诗中，米沃什用了一个典故，"用煤渣撒头发"，这是犹太人表达哀恸绝望的方式。我还在诗中读出了作者对"第二空间"略带迟疑的坚信。"迟疑"是我阅读米沃什所著本书与上帝有关的诗作所反应出的第一个词汇，我感觉米沃什并非全然地、无条件地、忠实地信仰上帝，他的信仰中有不确定性，甚至有调侃，但最终，他还是选择了相信，引用他的诗句，"我尊重宗教，因为在这个痛苦的地球上／它乃是一首送葬的、抚慰人心的歌。"有点聊胜于无的无奈。周伟驰用《论语》中的一句话来形容米沃什对上帝的态度，"祭神如神在"。

本书第五部分的中长诗《俄耳甫斯和欧律狄刻》是对经典神话的现代阐释，古希腊神话中俄耳甫斯到地府救其亡妻欧律狄刻回到阳世，途中忍不住回头看妻子，导致妻子消失，无法复活。全诗从俄耳甫斯站立在冥府入口处写起，回忆了两人的感情，任何这类题材的写作都不可能永远忠实于原作的环境和语言，任何这类题材的写作总是要置入当下的场景和意象，米沃什也不例外，诸如"汽车的前灯"、诸如"长廊和电梯"，从过去时代的文本中寻找新的写作素材，赋予旧事物新含义，是这首诗给我们的启示。

本书第三部分《关于神学的论文》系23首短诗连接成的又一首中长诗，采用的长句式，是米沃什各种观念的大集合：诗学、神学、哲学、社会学……最后一节我读到了米沃什经常被佐以证明诗之独立品质的一句话，"诗人不应该讨好大众的想象"。

和周伟驰重逢于米沃什的文字里，这样的见面，很好。

2019-9-17

书　　名	《无止境》
著(译)者	［波］亚当·扎加耶夫斯基 著，李以亮 译
版　　别	花城出版社 2015 年

作者复杂的人生观决定了他作品的复杂度

依旧是在首都师范大学中国诗歌研究中心参加题为"相逢在'无止境'的'第二空间'——'蓝色东欧'新书发布暨东欧诗歌研讨会"的活动时得到的赠书，那天（2015 年 5 月 29 日）也是这两部译著的首发。李以亮版亚当·扎加耶夫斯基诗歌中人都不陌生，博客时代开始以亮兄就开始分享译作，我认识亚当·扎加耶夫斯基就是从李以亮开始，尽管后来又陆续有译者译扎加耶夫斯基，我还是先入为主，喜欢李以亮版。我注意到扎加耶夫斯基那首流传很广的《尝试赞美这残缺的世界》在李以亮译笔下是《试着赞美这遭损毁的世界》，李以亮强调了世界之残缺乃被动的结果，其实也是人为的结果，李译确乎更有道理。谨记。

说起来这是第二次详细阅读李以亮译扎加耶夫斯基，2014 年，扎加耶夫斯基获得黄礼孩发起并独立评选的"第九届《诗歌与人》国际诗歌奖"，每一个获奖诗人都由黄礼孩印制一本诗集，是为《扎加耶夫斯基诗歌精选》，也是李以亮翻译，厚重一大本我逐首读完，并发布了一条读后感，"很多译作让人失望，这本不会。李以亮的译文和他自身的创作风格似不一致，译笔生动而文隽"，时在 2014 年 11 月 8 日。重读扎加耶夫斯基并未有重读的腻烦，反而读旧如新，经典永远经得起重读。扎加耶夫斯基的写作，"以对不合理社会制度与秩序的反抗始，到与世界和上帝的和解终"，李以亮在译者序里如是说。可能这也是一种面对"遭损毁"的世界的态度：扎加耶夫斯基经历过青年的愤怒与抗争，也经历过超过四分之一世纪的"自我流放"，晚年回到克拉科夫，这是波兰南部最大的工业城市。他出生的城市利沃夫当年属于波兰、现在已属乌克兰，本质上他已没有了故乡。本书收有一首中长诗《去利沃夫》，读之令人心酸，"去利沃夫。从哪个车站／可到利沃夫，不是做梦……首先要相信，利沃夫依然存在，/ 在国界线内可以找到而不仅仅 / 存在于我的护照……"，已经是有亡国之痛在里面了。扎加耶夫斯基的诗不喧哗、不高亢却也不小情小调，如果用乐器比喻当为大提琴，浑厚丰满沉郁。我注意到扎加耶夫斯基的作品中出入着为数不少的作家、艺术家，有的是直接献给他们，更多的是在作品中闪现。前者大都为朋友，后者当是他心仪的人物。比如《未知之城》中"有人将它们喂养利维坦"，比如《楼梯内的精灵》中"最老的老鼠中的一只 / 名叫伏尔泰"，比如《没有形式》中"济慈的哭泣"……要找的话，全书很多，这种放置名人入诗句的写法让人有意外之感，会停下来思索人物与这首诗的关系，领略作者对该人物的态度，是一种阅读的延伸和补充，挺有意思。

扎加耶夫斯基是一个时时处于写作状态中的人，已到触类旁通、目击成诗的地步，大题材能写小题材能写，且小题材也能写出大题材的庄重，这是我特别服气的地方。扎加耶夫斯基的诗歌语言都在语法的规定范围内却有奇异的陌生化效果，依凭的是作者独异的看待世界的方式，作者复杂的人生观决定了他作品的复杂度，有时仅仅只是短短几句，也散发着强大的震撼人心的力量，且来读《无期徒刑》——

那些痛苦结束。/ 不再有哭喊。在一本旧相册里 / 你看着一个犹太孩子 / 在死前十五分钟的脸。/ 你的眼干涸。你把水壶架上炉子，/ 喝茶，吃苹果。/ 你将活下去。

余生的你，余生的活，就是一个无期徒刑。短短七行，判定了一个人余生的无期徒刑。那些痛苦并未结束，哭喊也一直在，因为你看到了一个犹太孩子死前十五分钟的脸，因为你是一个人，一个有人性的人。

扎加耶夫斯基值得反复读，也许有一天，我会第三次捧起它：可能是《扎加耶夫斯基诗歌精选》，也可能是《无止境》。

2019-9-25

书　　名	《疑问集》
著(译)者	巴勃罗·聂鲁达 著，陈黎、张芬龄 译
版　　别	南海出版公司 2018 年

谁来回答聂鲁达这 316 问

　　爬高爬低，把书倒腾了一遍也没倒腾出阿多尼斯的《我的孤独是一座花园》，在为该书写的读书记里有这么一段：

　　那天的对话我没记住多少，但记住了树才朗诵阿多尼斯诗作《在意义丛林旅行的向导》，树才朗诵时沉稳优雅的嗓音及全诗一连串"什么"构成的追问及阐释，鲜明凸显了阿多尼斯感性和理性完美交织的一面，"什么是死亡？／在女人的子宫／和大地的子宫间／运行的班车。""什么是床？／夜晚／在夜晚的内部。"你可以想象诸如此类意象奇诵寓意深刻的 88 个"什么"在会场中心萦绕的效果，全场屏息静思。

　　阿多尼斯也用疑问句的方式写作一首诗，只是阿多尼斯是自问自答，聂鲁达是自问不答。遗憾没有找到阿多尼斯诗集，不然就可重温阿多尼斯 88 问。聂鲁达此诗有 316 问，分在 74 首诗里。说到以问句形式构成诗作的，我们自然还能想起老祖宗屈原的《天问》，《天问》"通篇一百七十一问"（明·黄文焕），"真可谓千古万古至奇之作！"（清·刘献廷）。为写此文，我重读了一遍《天问》。《天问》探索的是宇宙的起源、人类的秘密、上古神话传说是否属实，还有国家如何长治久安，等等事关真理、永恒和国家的宏大命题。相比较而言，聂鲁达的《疑问集》就显得小了，许多还有童稚的天真，读起来虽然有趣，也会笑叹聂氏的奇思妙想，但总归要很服气也难，毕竟聂氏的问题我们使劲想也能提出一二，而屈老的《天问》之深邃之邈远，芸芸众生是不容易想得出的，恐怕连想也不会想。

这是我读到的陈黎、张芬龄夫妇翻译的第二本聂鲁达诗集，第一本是《二十首情诗和一首绝望的歌》。陈氏夫妇的译本语言有一种柔美，若要用动物来比喻我想到"蛇"，阴阴的、滑滑的直接从你眼睛滑入心里，诗意的表达特别充分。毕竟是优秀诗人，总能用诗的语言转述他的翻译对象。陈黎诗歌写作的先锋性一向很强，也经常做些文本形式的探索，体现在他的译作上就是语言的直觉性和现代性均非常精彩。基本上陈黎、张芬龄的译本不会让阅读者失望。本书是聂鲁达去世后出版的"微型杰作"，后记如是说。薄薄一册，读完很快，如果有人能以诗的形式回答聂鲁达本书中的所有问题，应该又会是一本奇特的书。

期待着。

2019-10-15

书　　名	《特朗斯特罗姆诗全集》
著(译)者	［瑞典］特朗斯特罗姆 著，李笠 译
版　　别	四川文艺出版社 2012 年

继泰戈尔之后与中国诗人关系最为密切的诺奖得主

2015 年 3 月 28 日凌晨，2011 年诺贝尔文学奖得主、瑞典诗人特朗斯特罗姆去世。我是在清晨刷微信的过程中获悉这个消息的。第一反应是看特翁年龄，83 岁，也算福寿双全，遂很镇静地寻到此前一篇与特翁有关的文章发微信纪念。那篇文章的题目是《特朗斯特罗姆就像中国诗人的亲戚》，是当年特翁得奖时应《珠江商报》编辑朱佳发之约而作，后来我在李少君接受访谈的一篇文章中读到记者这么提问"都说特朗斯特罗姆是中国诗人的亲戚，您怎么看"时，不禁窃笑。

可以说，特朗斯特罗姆是继泰戈尔之后与中国诗人关系最为密切的诺贝尔文学奖得主。有据可查特翁曾两次到过中国。1985 年 4 月，特朗斯特罗姆第一次来到中国，诗人北岛作陪游览了北京和上海，特翁后来写有一诗，题为《上海的街》，几乎句句警语，其中"公园到处是人。人人都长着八张玲珑的脸，为应付各种情况，以避免各种过失／人人都长着一张含有某种'不可告人'东西的无形的脸"，近乎真切而残酷地捕捉到了中国人的生存状况和心理现实，仿佛相面术士一般。细想也不奇怪，特朗斯特罗姆 1956 年在斯德哥尔摩大学获得学士学位后即在该校心理学系任职，其本职工作是一名犯罪心理学家，他的诗作不停留于世象的表层，与此职业不无关系。

特朗斯特罗姆第二次来中国是在 2001 年 3 月，旅居瑞典的中国诗人李笠翻译的《特朗斯特罗姆诗全集》在中国出版成为他再次访问中国的契机。当时，特翁已中风坐上轮椅，口齿不清，但这丝毫不影响中国对他的热烈欢迎。在北大举办的特朗斯特罗姆诗歌朗诵会上，现场挤满了学生和闻讯从全国各地赶来的诗人，彼时特翁尚未获得诺奖，他对中国诗人的吸引力完全来自自身的文本。

北岛是特朗斯特罗姆的第一个中译者，早在 1984 年他就化名石默翻译了特朗斯特罗姆 6 首诗刊登于该年第 4 期《世界文学》。北岛认为，和特朗斯特罗姆的诗作相比，中国诗歌当时处于一个很低的起点。20 世纪 90 年代初，北岛旅居瑞典，在 8 个月的艰难时光中，特朗斯特罗姆是他为数不多的瑞典朋友之一，"若没有这些朋友，我早疯了"，北岛如是说。北岛内心也许有一种特朗斯特罗姆唯我独有的意识？因此当他读到李笠翻译的特朗斯特罗姆译本时，特意在所撰写的《特朗斯特罗姆：黑暗怎样焊住灵魂的银河》一文中批评了李笠，李笠也不示弱，撰文《是北岛的"焊"？还是特朗斯特罗姆的"烙"？》进行了行文犀利的反批评。由特朗斯特罗姆引发的北李之辩透露了两代译者在诗歌观念和诗歌用字上的取舍差异。我想说的是，翻译是再创作，其耗费的心力一点儿也不比译者本人的创作少。北译和李译孰高孰低，我也不曾比较过，不好置评。

2011 年 4 月 23 日，特朗斯特罗姆以视频的形式第三次来到中国，那个晚上，当下中国最具影响力的诗歌民刊《诗歌与人》第六届"诗歌与人·诗人奖"在广州举行了颁奖盛典，特朗斯特罗姆荣获这一奖项，特翁诗歌的中文译者李笠专程从瑞典前来领奖。来自中国、瑞典、德国的近 200 名文艺界人士齐聚广州，见证了这一文学盛事。特朗斯特罗姆特意为此录制了答谢视频，他说"诗歌是禅坐，不是为了催眠，而是为了唤醒"。

同年10月，特朗斯特罗姆获得了诺贝尔文学奖，"诗歌与人·诗人奖"的设立者和唯一评委黄礼孩在那个金色的十月成为广东各大媒体的追捧对象。他竟然比诺贝尔奖一干评委老头更早肯定特朗斯特罗姆的诗歌成就！因为特朗斯特罗姆，中国诗界笑称，想获得诺奖，就得先获黄礼孩的奖。

一直以来，中国诗界对特朗斯特罗姆的引进和推介与他有无得诺奖没有关系。除了前述的北岛、李笠，至少还有两个巴掌以上的中国著名诗人或撰文肯定或辛勤翻译特翁。对大陆新一代读者而言，客观地说，传播特朗斯特罗姆最有力的当是李笠，这位长发飘飘、身材健美、两眼含情的诗人近几年回国定居，频繁出席各种诗歌活动，笔者也有幸在西峡和青海两次诗会上与其相遇，感觉他确实有丰富的人生和内心。李笠自己的诗歌创作也颇见先锋功力，更兼他是直接从瑞典语翻译的特氏，无论如何应该更接近特氏本人的语言吧。不仅如此，近几年中国诗人隔三岔五远赴瑞典拜访特翁，这里面全然离不开李笠的组织、引荐。这些见过大师的人都在各自的微信里回忆着与特翁有关的点点滴滴。我印象比较深刻的是这样一件事，据蓝蓝介绍，特朗斯特罗姆很喜欢中国文化，在家里挂着中国的书法横匾，但有趣的是，他把匾挂反了。当时他们一行人进门看到后，李笠赶忙过去，把匾取下倒过来重新挂好。这个细节折射出了文明与文明之间在进行交流时难免出现的"反"现象，也就是，一种文明试图输出某种价值观念给另一种文明时，另一种文明接收到的有时却是这种文明想回避的。

"醒悟是梦中往外跳伞／摆脱令人窒息的旋涡"这是特朗斯特罗姆最著名的两句诗，现在，这位杰出的超现实主义诗人已经跳出了现实去往真正的超现实，我们都不知道那个超现实在哪里，但我们终究也都要去。

2015-03-29

书　名	《与魔鬼作斗争：荷尔德林、克莱斯特、尼采》
著(译)者	［奥］斯蒂芬·茨威格 著，徐畅 译
版　别	译林出版社 2013 年

在茨威格性的价值观里

　　荷尔德林（1770—1843），德国著名诗人。与之相伴随的有两个著名人物：德国思想家海德格尔和中国诗人海子。海德格尔撰写有《荷尔德林诗的阐释》专著，很大程度上推动了 20 世纪荷尔德林热，作者通过对荷尔德林诗歌的阐释表述了自己的哲学理念（不知是不是那句著名的"人，诗意地栖居"）。说到海子与荷尔德林的渊源，那就大了，《荷尔德林诗集》封面腰封第一句就是"海子一生推崇的诗人"，荷尔德林做梦也不会想到，他在中国大地行走，竟然还要凭借一个晚辈为他提灯照路。海子有一名篇《我热爱的诗人荷尔德林》，几乎每一个诗人都能脱口而出文中这一句，"从荷尔德林我懂得，诗歌是一场烈火，而不是修辞练习"。就我自己，几次翻阅荷尔德林的诗集都觉得太过抒情、句式太陈旧而没有继续读下去的冲动，每次遇到这种名人诗集没有想象中好我总是要么怀疑自己的欣赏水平、要么怀疑译者的翻译能力。荷尔德林算一个。

　　克莱斯特（1777—1811），德国诗人、戏剧家、小说家。真是不认识。不要说他的戏剧没读过，就是诗也没读过。不认识就不认识，也没什么好说的，古今中外作家那么多，谁有本事个个认识。我看他和荷尔德林有时间的交集，也不知他们俩认不认识。

　　尼采，这就太熟了，语文教材中鲁迅先生的《拿来主义》一文有这样一段文字，"当然，能够只是送出去，也不算坏事情，一者见得丰富，二者见得大度。尼采就自诩过他是太阳，光热无穷，只是给予，不想取得。然而，尼采究竟不是太阳，他发了疯。"鲁迅的文字妙就妙在欲擒故纵、先褒再贬，这就擒得更紧、贬得更狠，至少我脑海中对尼采的印象就两字，发疯。尼采（1844—1900），德国哲学家、语言学家、文化评论家、诗人、作曲家、思想家。真是了不得，尼采属于改革开放大潮涌进国门的第一批西哲，20世纪80年代的文学青年谁不言必尼采、言必萨特？尼采的书激情洋溢、才华耀眼，也许你记不住内容，但你一定记得住他的书名，《不合时宜的思想》《偶像的黄昏》《悲剧的诞生》《论道德的谱系》《查拉图斯特拉如是说》《权力意志》《人性的，太人性的》等等，每一个书名都印证了尼采的语言天才。20世纪90年代我曾疯狂阅读过西方文史哲，尼采读得最多，迄今只记得这一句，"追随瓦格纳代价甚高"，想想真是羞愧。

原本我们只知荷尔德林、克莱斯特、尼采三个人都是德国人，现在斯蒂芬·茨威格又用这本书告诉我们三人还有一个共同点，都是精神病。精神病是老百姓浅层次的口头表达，有学问有言说能力的人如茨威格是这么说的，"三个人都被一种极强大的、在一定程度上超自然的力量驱赶出他们温暖的存在，卷进了一个毁灭性的激情旋涡中，过早地终结于可怕的精神错乱、致命的感官迷醉以及疯狂或自杀中"。茨威格认为，每个人身上都有"魔鬼性"，即原始的、本质的、人人生而有之的不安定……魔鬼就像是存在于我们体内的酵母，一种膨胀着的、折磨人的、紧张的酵素，发酵了所有危险过度、心醉神迷、自我牺牲和自我毁灭的东西，而排斥了其他的安静的存在。确实如同茨威格所言，每个精神性的人、有创造性的人都不可避免地会陷入与他的魔鬼的斗争中。荷尔德林、克莱斯特、尼采就是被魔鬼抓住的人，他们被魔鬼从现实中拖拽而出，虽然失去了生活的常态，却也收获了壮丽的天赋最大化。本书在述及三人时有意拿歌德来对比，歌德也是德国人，是"火山爆发的反对者"，推崇进化性而非魔鬼性，在生活和创作上都收获圆满，但很明显，茨威格对歌德是有暗暗的嘲讽，他情感的天平倾向的自然是书中的三个主人公：荷尔德林、克莱斯特、尼采。

每个人身上都有茨威格性，那些遭难的、早夭的、壮志未酬的、英年早逝的、疯狂的、自己诀别人世的，总能获得安然活着的人的同情和激赏。像歌德一样福寿双全的，在茨威格性的价值观里，难免有点理不直气不壮。

把以上文字发布到微信朋友圈后，奥地利诗人、翻译家维马丁在帖子下留了一句话：歌德文字当然有魔鬼性，否则《浮士德》怎么写，比起来反而茨威格文字缺乏魔鬼。不知茨威格听了有何感想，我的微信朋友圈很愿意当两个奥地利人辩论的平台。

2020-1-5

书　　名	《某晚当我外出散步：奥登抒情诗选》
著(译)者	［英］W·H·奥登 著，马鸣谦、蔡海燕 译 王家新 校
版　　别	上海译文出版社 2018 年

想象的奥登和阅读的奥登

通常外国诗集都会有一篇长文作为序言以便读者了解，也许奥登太著名了以至于译者认为无须蛇足，本书既无前言也无后记，从头至尾都是奥登诗作。这是我第一次系统读奥登诗作，此前都是零星在文章中瞄一眼，"瞄"绝对不是读书的好方式，我经常说，读一个诗人至少必须读完他 / 她的一本诗集，方可稍稍领略一个人的面貌。一首两首好比一个人的局部器官，仅凭一只眼睛、一根头发，如何揣度得出作者的形象？当然若要真实不虚看清一个人，自然得读全集，一本诗集也是不够的，但除了专家，谁有耐心和时间每个人都读全集。坦白说，我很少读外国诗人，我的外国诗人阅读名录一个巴掌就数得完，计有 3 部：柔刚译《西方超现实主义诗选》、黄运特译庞德的《比萨诗章》、赵萝蕤译艾略特的《荒原》。其他一切著名诗人我都只闻其名不知其诗，这几年开始写读书记，下狠心读了 3 个俄罗斯诗人：普希金、阿赫玛托娃、茨维塔耶娃，主要是想窥探他们如此强悍影响如此众多中国当代诗人的秘密。此番读奥登是因为画画取题目时选用过奥登诗句，于是便抽出读读。

说到奥登，脑子浮现的就是江弱水教授当年（2002）令诗界震惊的一篇长文，《伪奥登风与非中国性：重估穆旦》，那篇的主人公不是奥登，是穆旦，在穆旦热一浪高过一浪的学院派领域，江弱水发出了不一样的声音，现将该文摘要引用如下：

"本文以翔实的具体例证，分析穆旦如何受现代英语诗人的影响，尤其是对奥登的过度倚重。其诗歌原创性的严重不足，与他对中国古典文学传统的竭力规避是分不开的。穆旦未能借助本民族的文化传统以构筑起自身的主体，这使得他面对外来的影响无法做出创造性的转化。"

那天偶然看到胡亮感叹穆旦生生地要被揪下神坛了，原来，《文学评论》2019 年第 5 期刊登了王毅教授一篇文章，《重读穆旦〈诗八首〉：原诗、自译和安德鲁·马维尔》，还是涉及穆旦受影响的问题。继续引用摘要——

"结合影响研究与平行研究，将穆旦名作《诗八首》原诗、英文自译与安德鲁·马维尔《致他的娇羞的女友》等中英文文本细读比勘，发现从诗歌主旨到技艺（意象、巧智、奇喻、双关以及词语选择等），穆旦该诗的写作与马维尔之间有着出人意料的呼应。以穆旦《诗八首》的相关分析为例，可以丰富对中外诗歌关系的认知，但同时也为究竟应该如何重估中国现代诗歌提出了难题。"

长沙理工大学易彬教授是穆旦研究专家，不太清楚他对江弱水和王毅两位学界同仁观点的看法，我也不敢问他，问了好像在逼人表态，兴许易彬已有专文论及穆旦的影响源也未可知，暂时存疑。穆旦诗集我读过，因为当时没有读奥登诗选，不好对比，今天倒是读了奥登诗选，可惜又不是穆旦译本，也不好比。算了，我又不是学者，也不想做比较文学研究，就不比了，我只说说这一本奥登吧。

应该说我还是有点吃惊的，奥登的诗跟我想象的有点不一样，想象中奥登的诗深沉、严肃，偏于心灵化，实际奥登的诗却有许多仿佛叙事一样饶舌，像《生日贺词》写给约翰·雷特格这首，絮絮叨叨说了好几段。奥登特别喜欢写诗给人，大标题下充满着致谁谁谁的字样，这种写作有一个好处，有的放矢，不怕灵感枯竭。奥登也很热爱写悼诗，有多首与坟墓有关的诗作，最有名的当属《诗悼叶芝》，其中"他身体的各省已叛乱"已成奥登名句，以"省"来指代一个人身体的各个器官也就意味着，一个人是一个国，于是又想到周梦蝶的《孤独国》，奥登的省、周梦蝶的国，都可谓极其原创的诗意。诗集中另有一批语带调侃的诗作泄露了奥登油腔滑调的一面，这也是奥登让我有所不适的地方，这部分的诗作明显的欠缺语言的感染力，它们干涩、坚硬，言语随意。不太清楚这是不是真实的奥登。确实这部奥登的不少诗篇观念性的东西太多，仿佛急于向读者"灌输他的思想意识，而不是用艺术的方式表现人的感性存在"，自称俗人的微友陈嘉宁在我的微信中留下如此不俗的一句话。

2020-1-4

书　　名	《灵魂的骨骼》
著(译)者	张何之 著
版　　别	华东师范大学出版社 2018 年

你带走了我所有的题目

　　这是一部画评，所评对象吉赛尔·策兰－莱特朗奇系诗人保罗·策兰的妻子，以版画为主要创作形式。论者张何之，法国高等社会实践学院在读博士，其父张维，江苏虞山当代美术馆馆长、诗人、收藏家。我就是在张维的微信朋友圈获悉这本书的出版信息并下单购买的。薄薄的一册，精装，白底蓝字的封面，非常讲究的装帧设计。2018 年 11 月第八届紫蓬山诗歌节期间张维赠送每一个购买此书的诗人一张明信片，明信片上即是吉赛尔·策兰－莱特朗奇的版画作品。张维说，定价太高，对不起购买者。昨天我读完《灵魂的骨骼》一书我想对张维兄说，定价很合适，因为书的含金量不是以厚薄来估，而是以内容和文本质量来计，本书当得起这个定价。

　　作为一个著名诗人的妻子，此前吉赛尔的画家身份鲜为人知，现在张何之把她引进中国，犹如翻译家引进他／她中意的某个域外作家，此举既是对引进对象作品的检验，也是对引进者眼光的考量。相比于纯粹作家，画家的引进当然不能止于语言的层面，还需有画作本身来印证，本书穿插的 30 幅作品显然证明了，吉赛尔找到了自己的绘画语言：极度抽象的一幅幅奇异画面仿佛无意识状态下用针刺、用酸性溶液腐蚀、用线条随性勾勒而成，虫咬般让你的心有些微的惊诧和疼痛。这是一种难以捕捉的情绪呈现而事实却是它们真实不虚来自吉赛尔的创作，我想到了大地上的山川，它们为什么就那样分布在地球的某个角落，念青唐古拉山为何在西藏，武夷山为何在福建，还有白杨树上一双双凝视着你的眼睛，它们究竟是谁安置、谁刻画的？一定有一种看不见的力量完成这一切。优秀的艺术家本身依凭的也是这股看不见的力量，现在，画评家要把这股力量指认出来，用文字深入画家的精神世界、去寻找画家每一个瞬间飘忽的灵感，这是何其艰难的工作。当张何之说，"她（吉赛尔）采用类似矿物结晶的图形为基本图式单元：球锥晶，长联锥，针锥晶，发锥晶，串珠锥晶等等，并通过控制单元群之间的空间关系：叠加，吞噬，抵消，分离，聚集，以表现不同主题"时，我回看吉赛尔的画作，果然看到了此前自己没有看到的奥秘，却原来，画家的创作既是一种物理开掘，也是一种化学实验，更是一种诗性思维的丝丝渗透。张何之继续写道，"她（吉赛尔）敏锐地感到，只有抽象艺术才可与现代诗维持同一浓度"，浓度一词用得何其富于质感。必须说，诗人、收藏家张维的女儿张何之，从小就是在名人书画作品下长大，所受到的艺术熏陶和诗歌教养在她从事艺术批评（主要是画评）的此刻淋漓尽致地焕发出来，她的画评不断挑战着陈腐的表达语言和僵化凝固的艺术界定模式，这是这部书最吸引我的地方。顺着张何之的引导来到吉赛尔画作面前，仿佛可以抚触到地质岩层的自然肌理、看见树木的年轮和时间的秘密、知悉现实的形而上层面的关系、听到包围着空白的一切神迹摩擦的声音、感同身受于灵魂悬空的疼痛……这是一种复杂而梦幻的体验，一篇画评所能带给你的除了对画作本身的诠释，还有画评人独立的一个世界。

　　得命运的机缘，吉赛尔和诗人保罗·策兰结合，她的画作也因此都由她的丈夫命名，这个不凡的男人特意创造出一系列不与自己的诗作相同的语言系统来为自己妻子的画作取题目在表明他对妻子的爱的同时也证明了吉赛尔画作所能激发出的想象力和语词的冲动，好吧，再长的感慨也不如直接列举几个题目来得有说服力：波浪闭合、水的、睡眠细胞、荷兰记忆、黎明的窟窿、第二证明、重新……每一个题目都有诱人写作诗句的魅力。但我们必须记得，是先有画面再有题目而不是反过来。1970 年 4 月保罗·策兰在巴黎塞纳河上从米拉波桥投河自尽后，吉赛尔的画作丧失了最深情最贴切的知己，此后吉赛尔把自己的画作全部命名"无题"，我以为这是吉赛尔用来悼念自己丈夫的方式：你带走了我所有的题目。

　　感谢张何之博士，感谢你慧眼推介吉赛尔到中国，在诗歌与版画的互译中我们认识了一个特殊的宇宙，唤醒了曾经阅读保罗·策兰诗作时的沉重记忆。

2020-1-22

书　名	《睡莲花下的奇书》
著(译)者	［以色列］斯维特拉娜·多洛舍娃 著，承影 译
版　别	北京联合出版公司 2019 年

颜色不一的故事

　　"来，这书有画有文，看对你画画有没有帮助？"吴子林递过来一本正方形开本精装书，《睡莲花下的奇书》，确实很奇异，童话？神话？科幻？说不清楚，但就是好看，画好看，文好看。我不知道这个作者怎么懂这么多，科学、医学、文学，好像都有涉略，亦虚幻亦真实。她知道仙女菲亚在梦中读过的书，认识精灵科博利达，听到那群住在石头花里的人们在唱歌，唱一支幽灵的歌，还有啊，还有一个神奇的会发光的箱子，反正，这个作者好像活在一个和我们不一样的世界里，然后，她想把她生活其间的那个世界告诉我们，语言不够，就加上画。但因为她还没有掌握我们这个世界的逻辑和规范，有时不免东说一句、西说一句，说得不够达意她就划掉，在边上修改或批注，正规出版物有这样的吗？嘿，你的正规出版物只是你们人类的正规，在我们非人类系统里，我们忽闪忽闪的秘密、凌乱的秘密、梦幻般跳跃的秘密才是为我们永恒拥有的宝物。有一天，我在花园的花瓶里偷听到了很多颜色不一的故事，我们隔得太远了，我在以色列，你在中国，怎么办呢？我把它们写出来，再有一个翻译家把它翻译成中文，你就能听到这些故事了。至于画嘛，这倒不用翻译，你一看就明白了。

　　现在我在北京不厌居，一页一页翻动《睡莲花下的奇书》，有时被一群老太太拉进她们的群里，有时冷不防坐到水洼里，有时跟着他们到处寻找那只埋在地底的狗，我们决意要把它挖出来，我们相信，埋在地底的狗如果被挖了出来，就一定会讲出智慧的话。你不要摇头，我也没有发昏，我还有一种魔术，可以把苍蝇做成大象，翻开《睡莲花下的奇书》，你也会。就这样！

2020-2-11

辑三

书　名	《又是春天》
著(译)者	萧红 著
版　别	北京理工大学出版社 2016 年

好像就是和萧红一起生活

参观萧红纪念馆是一年一度肇东"冰雪诗歌节"的必备项目，从萧红纪念馆回家搬出萧红作品继续阅读也成了我的必备项目。萧红去世得早，作品总数不多，我可以说全部都读过了，有的还不止一次。譬如这次的《又是春天》，是萧红的散文集，此前曾读过几个版本，此番重读，依旧一字也不想错过。萧红作品最吸引我的首先在于语言，全然不同于其他作家的语言。按照《文艺争鸣》主编王双龙先生所言，萧红在学校读书时肯定不好好读，语言疙疙瘩瘩的，恰好是这份疙疙瘩瘩使她从一干滑溜文本中区别出来，形成特色。读萧红作品，就像听萧红讲话，不修饰、不斟酌，脱口而出，有时词语重复，有时前言不搭后语，想到哪说到哪，顺手举几个例子：

亲生她的妈妈把她给别人了。(《弃儿》)

纱窗外阵阵起着狗叫，很响的皮鞋，人们的脚步从大门道来近。(《册子》)

这次我决心了！(《饿》)

我十分和一架完全停止了的机器相像。(《雪天》)

过道一响，我的心就非常跳。(《雪天》)

所以我哭着，整个祖父死的时候我哭着。(《祖父死了的时候》)

臂上抱了很多东西，感到非常愿意抱这些东西。(《他的上唇挂霜了》)

像这样的句子，一般人是不敢写的，要写也要把它捋顺了。萧红这么写我读着真是疼爱和喜悦。散文大约是最不能掩藏作者的文体了，读《又是春天》，好像就是和萧红一起生活，点点滴滴的萧红，从文字中走出，她的欢喜和悲愁。穷困一直紧紧跟随着萧红，饿、借钱、冷、去当铺，不断地出现在萧红笔下。那是什么时代啊，竟然让一个文化人窘迫到这个地步。萧红作品在传达她所处时代的悲凉和凄惨是很成功的，日本已经占领东三省正要向中国发起全面侵略的时代。萧红为此还写了一篇《寄东北流亡者》，以书信的形式写就。其时萧红还不知有新华体，用着的是文绉绉的语言，"你们的希望曾随着秋天的满月，在幻想中赊取了七次，而每次都是月亮如期的圆了，而你们的希望却随着高粱叶子萎落。"抒情性很足，煽动性不够。萧红最擅长写的是日常生活，她的散文夹杂着小说笔法，总是让人物出来说话而非作者自己替人物代言。郎华亦即萧军是她笔下重要的主人公，这是自然的。喜欢萧红的人大都也喜欢萧军，尽管萧军脾气暴，又搞外遇，但喜欢萧红的人还是喜欢萧军。若无萧军，就没有萧红，就没有作为作家的萧红。历史当然不能假设但还是有许多人忍不住假设，假设萧红没有离开萧军，她就不会那么早离世。31岁就病故的萧红，真的太年轻了，死前她连说"不甘"，在读者，是有无尽的遗憾，以萧红的天赋和创作力，不知还有多少作品可写。

萧红笔下的萧军（郎华），调皮可爱，在那样一个困顿的环境里依然乐观，家中连喝水的玻璃瓶都掉了底子了，他"拿起没有底的瓶子当号筒来吹"；又有正义感，众人在讨论何为"人"，唯有萧军的答案最让我震撼，"不剥削人，不被人剥削的就是人"；也有男人气概，当家教、做武术教师，苦苦支撑一无所有的家。萧红呢，也是个心善的女人，哪怕借来的钱也会施舍给乞丐一些，"路旁遇见一个老叫花子，又停下来给他一个大铜板，我想我有饭吃，他也是应该吃啊！"实在没钱给了，她就抱了一堆报纸放在乞丐身边，预备乞丐拿去卖换钱。萧红也是不善理家的，稍有进账，就和郎华（萧军）跑去吃馆子，虽然不敢大吃大喝，怎么着也比自家贵吧。我读得生气。

萧红散文的结尾也很有特色，说结就结，干脆利落，不豹尾，不总结。有时你都感觉这不应该是结尾啊，这不像结尾啊，但萧红就把它结了，二话不说。读萧红散文（包括小说），你想着，写文章真过瘾，只管写就是了，不要考虑谋篇布局、起承转合，于是你也想像萧红那样写，但你不行，你不是天才。天才是创造规则的，天才有老天给的语言，你没有。

2019-2-8

书　　名	《小城三月》
著(译)者	萧红　著
版　　别	北京理工大学出版社 2016 年

自带写作的另一种宿命

　　首先申明，本书校对失误不少，看到错别字不要吃惊。这个失误无关萧红，萧红一如既往地好。

　　这好，是她的小说语言，她的小说人物，她的小说情绪。本书系萧红小说合集，总 33 篇。涉及长工反抗地主、富贵人家长子离家抗日、贫穷人家姑娘的无奈人生等等，绝大多数关乎底层人民的命运。萧红 31 岁离世，非常年轻，这些作品也就写于 20 来岁，却充满了生之悲戚和死之必然。萧红仿佛天生就是来感知苦难并把苦难记录到纸上、传递给我们。萧红生于地主家庭，眼睛所看到、心灵所牵系的，却是穷苦众生，确实令我感到吃惊。萧红应该说并没有底层生活经验，有也只是间接经验，就是这间接经验，也成就了她伟大的写作。和同时代女性作家相比，萧红自带写作的另一种宿命，她也是读过书的女知识分子，却一点也没有现代文学史上大部分女作家刚出道时的小资产阶级情调，她的笔锋所指，直接就是悲惨命运下的一个又一个底层人。萧红笔下的底层人，和鲁迅笔下的底层人有相同的表情、相同的木讷、相同的听天由命般的生生死死。当我细致地读完这33 篇小说，我明白了何以鲁迅先生这么喜欢萧红、推举萧红，他们二位的写作向度、他们对中国社会劳苦大众的灵魂之有无，有着共同的判断和描写。区别在于，鲁迅"哀其不幸、怒其不争"，萧红则没有哀和怒，她只是呈现、呈现，言语间甚或偶尔有些刻薄。

　　读萧红的小说，心里很紧张，知道她必安排她笔下的人物去死，结果也是如此。萧红写到的死，总是这么一笔带过，不哭天抢地，《莲花池》，"小豆死了。"四个字。《后花园》，"又过了两年，孩子的妈妈死了。""不久，那孩子也死了。"

其实如果不安排小豆和孩子的妈妈以及孩子死了也是可以的，至少还给悲苦的爷爷和冯二成子、也给读者如我留一点希望的亮色，但萧红是连这点亮色也不留的，从这个角度上，她比鲁迅还绝望、还狠心。鲁迅还给革命者的坟头留一圈红白的花。萧红深知底层人的贪婪和愚蠢，小说《山下》中林姑娘的母亲，就因此生生断送了女儿挣钱的渠道，如前所述，萧红只是呈现，并不深挖，譬如林姑娘知道因为母亲的缘故，自己不能再在下江人家里干活、只能继续上山打柴了，却也没有抱怨母亲，而是自己顺应了这个事实，该怎样就怎样。我就想，如果换张爱玲，该安排母女俩来一场大战了吧？

萧红小说有多篇写到抗战，也不是意气风发的那种。反而有种悲凉。子女抗战，父母辈并不自豪，都是担惊受怕，表达的是这样一个主题。我感觉这很符合生活的真实。那些高昂的主旋律令人怀疑，大抵革命者为着主义抛头颅洒热血，革命者的家人却只想自己的孩子平安活着就好。《旷野的呼喊》陈公公和陈姑妈的独生儿子为着破坏日本人的火车而去给日本人修铁路，瞒着父母，多次离家，陈公公从不知道儿子在做什么，到知道儿子在修铁路时还很骄傲，因为儿子能挣钱回家，当然陈公公并不知道儿子修铁路的动机。故事结束时，儿子被日本人抓了，陈公公顶着旷野的狂风毫无方向地要去寻找儿子。读者只觉得阵阵心酸。《北中国》，富贵人家耿先生的儿子也是离家出走，有说打日本去了，有说参加八路军去了，耿先生最终在思念和担心中疯了、死了。同样让人黯然神伤。抗日或曰革命题材，萧红是站在父母的角度观察、体认的。萧红的母亲早死，父亲续弦后对她并不关心，萧红父爱母爱应该说都是缺失的。从《家族以外的人》一文来看，萧红母亲也是一个心肠比较冷的人。这样的环境下，萧红的小说却处处从父母的视角去叙说儿子离家后对家人造成的身心打击，我不知道在心理学上这叫什么，仅提出来供行家思考。

萧红的文字，永远有她不完美的美，她的病句、她的字词重复、她的有一搭没一搭的语气语调，真是其他作家没有的。当我读到"那女人咳嗽一声，高声笑出"，我也不禁"高声笑出"；当我读到"她一天从早起盛满肚子"，我不禁对大众化的"吃饱了饭"深感羞耻。萧红发明了太多的语法，萧红用活了太多的字词。这些，都是要切近萧红文本才有会心感的。

每当我言辞枯燥、语言乏味时，我就会去读读萧红。要感谢上天给了中国文学一个萧红。

2019-6-3

书　　名	《人·兽·鬼》
著(译)者	钱锺书 著
版　　别	生活·读书·新知 三联书店 2017 年

在钱锺书的小说里看不到爱

　　大年三十，春晚也不看了，正月初一，年也不拜了，就读《人·兽·鬼》，这书名虽说不很喜庆吉利但却应景。除夕，即先秦时期的逐除。据《吕氏春秋·季冬记》记载，古人在新年的前一天用击鼓的方法来驱逐"疫疠之鬼"，这就是"除夕"节令的由来。据称，最早提及"除夕"这一名称的，是西晋周处撰著的《风土记》等史籍。

　　《人·兽·鬼》中的"鬼"来自《灵感》一文，说的是某"有名望的作家"下地狱的情景。这位作家有名到连名字都没有，太有名了所以不需要名字，这就是钱式反讽。话说这位有名望的作家着急想获诺贝尔文学奖于是把作品翻译成世界语，不料诺贝尔文学奖评委会只读欧洲语，于是他就进不了提名。消息传回国内，那些眼红眼绿他的趁机著文说三道四，把他气得昏死过去。有名的人临终前病榻周围自然赶来一堆采访者和慕名者，符合他平时理想中的临死状态，可惜这时他的头脑和器官都不听使唤，平时备下的告别人世演说也说不出来，好容易才挣扎出一句，"我的作品……将来不要编全集……因为……"，读到这句我不禁笑了，钱锺书先生夫人杨绛女士在为本书撰写的短序中提到，钱锺书"不愿意出《全集》……也不愿意出《选集》，压根儿不愿意出《集》，因为他的作品各式各样，糅合不到一起"。每个作者都会把自己的人生态度安插到主人公身上。《灵感》中这位"有名望的作家"本以为自己会上天堂，还想着带几本自己的书上去送人和开读书会，在踏进书房取书时却因为他出版的书太多太重，压坏了地板连人带书跌落到地狱并砸到掌管"中国地产公司"的大胡子司长身上，两人在地狱中展开了一番对话。对话主题就是对这位"有名望的作家"的批判。这也是这篇小说的主题：有一类作家，浪得虚名，其笔下却尽是木雕泥塑的死东西，真正的活人进入此等作家笔下，也命尽禄绝。

《人·兽·鬼》由四篇小说构成，这是我没想到的。1990年电视连续剧《围城》在全国热播，带火了钱锺书（这种说法真是对一生孤傲的钱先生的不尊重，但事实确是如此），我也随大流购买了《围城》《人·兽·鬼》等，但除了《围城》，其他并未阅读，内心想当然以为《人·兽·鬼》应是散文随笔吧，如今一读，竟然是小说，有点意外。大凡小说集，总会取其中一篇为书名，《人·兽·鬼》并不如此，钱先生的特立思维于此可见。

这四篇小说里第一篇《上帝的梦》说的是男人女人和上帝的关系。人的自私触怒了上帝，遂造出吃肉的动物来跟人过不去，最终人死了，上帝其实也不开心呢，没有人，上帝也会孤独。这篇扣住了"人"。

第二篇《猫》题目扣住了"兽"但写的还是人，小说中的李太太到日本割过双眼皮后，"把她原有的美貌都焕映烘托出来"，这位李太太成天在自家的客厅举办沙龙，以周旋在京城各行业男名流之间为乐。中篇小说《猫》里，李太太无子女，不满足于中年男人们的呵护还看中老公李建侯请来的年轻的秘书齐颐谷，结果是，李建侯带着一个年轻姑娘南下上海，齐颐谷也在她的大胆表白中吓得跑离她的家。

《猫》里面一干男人谈国事，谈日中战争是否会爆发，谈男女间的笑话，真是形神毕至，直让人怀疑作者当时也在场。

第四篇《纪念》讲的是一个少妇被丈夫的表弟勾引的故事。这个表弟是个飞行员，最后为国捐躯，留下一个孩子在少妇肚里，丈夫当然蒙在鼓里。文章的结尾，少妇跟丈夫说不要这个孩子，我倒希望她能留下这个孩子。这篇的优点是少妇的心理纠葛，直觉钱锺书真的太了解女人了。

如同《围城》给我留下的印象，作为小说家，钱锺书没有感情只有理性，他世事洞察，知道人与人的一切关系，知道人性的阴暗面。在钱锺书的小说里，几乎没有正面人物，每个人都把灰色的心理呈现出来。钱锺书对女性尤其没有爱，不仅没有爱，甚至有敌意和仇视。这四篇里的女性都比男人还不值得爱，她们尽做些自作自受的可笑事。幸好钱锺书不以小说家而以学问名世，在他的小说里你看不到悲悯和光明，看不到爱。你看到的是算计、丑恶，你看到的是冷酷。

书　　名	《王蒙的红楼梦》
著(译)者	王蒙 著
版　　别	湖南文艺出版社 2010 年

谁解其中味

　　2013 年 4 月 24 日下午，我携了三本书等在一楼大厅，等书的作者王蒙先生来为它们签上大名，一本《青春万岁》，一本《组织部来了个年轻人》，还有一本是，《王蒙新世纪讲稿》。

　　2 点 15 分，鲁院的老师们都来到门口迎接被鲁院司机接来的王蒙先生。王蒙先生比我想象中的老一些，因为此前刚读完老先生刊登在《小说选刊》2013 年 3 月号上的小说《明天我将衰老》，其意识的流动，其语言的华丽，其对往昔与爱情的追忆，无不饱含青春的律动，使我对王蒙先生的容颜设计就像他的题目所言，衰老只在明天，今天，今天永不衰老。

　　细一回想，老先生今年已 79 岁高龄了，一般家庭的老人到这年纪大抵只能静卧家中，像老先生这样无须人搀扶、又可语不磕绊一路讲两个半小时的可不就算年轻？这个下午，王蒙先生谈的课题是《红楼梦与几个文学观念》，《红楼梦》是老先生研究几十年而不懈怠的一部古典名著，按先生的说法是，我把《红楼梦》当做一部活书来读，当作活人来评，当作真实事件来分析，当作经验学问来思索。我把《红楼梦》当作一块丰产田，当作一个大海来耕耘，来徜徉，来拾取。关于《红楼梦》，王蒙先生已有若干部研究专著问世，和刘心武考据式读《红楼梦》不同，王蒙从《红楼梦》中去发现人生、爱情、政治、人际关系、天理人欲……的诸多秘密。王蒙对《红楼梦》的熟稔程度几乎到了出口成章地步，他在这个下午用他随口说出的《红楼梦》中的人物对白，向我们展示了他惊人的记忆能力，和他自言的"读《红楼梦》，日有所得月有所得年有所得，十年二十年三十年各有所得"的读红体会之不虚。

王蒙先生从六个文学观念入手讲解了《红楼梦》。

第一，清楚的与不清楚的。以贾宝玉生而携玉的"玉"为例，王蒙先生谈到了文学创作中的超出常规外的写作，人出生口含玉，这本身就带有神秘的不可知的宿命色彩，更何况这玉的来历还与女娲炼石补天有关，与太虚幻境有关，与故事的来历有关。这是一种象征主义乃至魔幻主义的写法。

第二，写实的还是写意的。中国文学没有那么多主义，但强调写实和写意，《红楼梦》以写意的还泪说来引发出写实的现实生活种种，是写实的作品增添了一些幻化的生动、神秘和奇异，是写实的作品生出想象的翅膀和浪漫的色彩，比一味的写实更具文学性。

第三，贾宝玉为什么摔玉？王蒙先生认为这一段写得超常，写得了得，令他非常感动。在他看来，儿童心性大抵是人有我无，我便不爽。但在贾宝玉初见林黛玉时因为听说林黛玉无玉，自己便哭闹摔玉，确实难解，老先生自己也想不清楚贾宝玉为什么要摔玉，他能够分析出的是，宝黛二人在玉上的不平等代表了他们在处境、背景、地位等方面的不平等，同时也象征了他们的爱情是没有结局的。

第四，林黛玉为什么前恭而后倨？林黛玉从刚进贾府步步小心连喝茶都要入乡随俗，到后来脾气渐长，送宫花一事，丢弃贾宝玉转送北静王玉一事，皆可看出她的孤高、不妥协，为什么呢？王蒙先生说，这是因为她已爱上了宝玉并感知到了宝玉对她的爱。被爱是一种福气，是一种兴奋、陶醉和刺激。林黛玉对人生悲剧有切身的体会和敏感，借用太才一说，林黛玉是天情。

第五，秦可卿这个人物的意义。王蒙先生认为，秦可卿是爱的符号，甚至是性的符号，同时也是衰落的符号，更同时也是女祸的符号。对王蒙先生提出的"秦可卿是道德败坏、意识形态崩溃的符号"的观点我有心惊的感觉，再一想仿佛真是如此。王蒙先生说，秦可卿是带着一堆谜语出现在《红楼梦》中的。

第六，贾母为什么忽然大怒？贾母自称老废物可见其自信。书中她两次大怒，一次是听说下人喝酒赌博，一次是贾赦想娶鸳鸯。王蒙先生分析认为，前者危及贾府门户安全，后者危及自己在贾府的地位，她认为全家合伙来谋算她。

时间在王蒙先生生动的讲课中过得飞快，他以如下精彩观点做结《红楼梦》后四十回的散轶似也是必然的，前八十回之后已无法再写了，收不住了，已经摊开了，已经和社会、生活、历史、恩怨情仇融合为一体了，已经很难再继续写下去了，高鹗的续作本身就是奇迹。王蒙认为，几乎所有的长篇小说都是前面写得好后面写得不好的。

2013-5-8

书　　名	《杨骚的文学创作道路》
著(译)者	杨西北 编
版　　别	厦门大学出版社 1993 年

"已经不许一切的诗人再躲在象牙塔里喝梦幻墨水了"

　　近半个月来，一本《杨骚的文学创作道路》一直跟随着我，无论临睡前还是公交车上，厦门大学出版社出版于 1993 年 12 月的这部学术专著，由杨西北先生编选，集中了 1992 年 11 月在漳州师院召开的"杨骚学术讨论会"的研究成果，是对杨骚在中国现代文学史上创作成果的一次较为全面的梳理和解析。

　　杨骚，本名杨维铨，1900 年 1 月 19 日出生于福建漳州，这一年出生的还有女作家冰心，当时她叫谢婉莹。有时我会想，如果杨骚像冰心一样活到 1999 年，他的声名和影响力又会是怎样一种状态？但事实却是，1957 年杨骚就病逝于广州市作家协会副主席任上，以致许多人对他不是很了解。同为诗人，我觉得我有责任让我的朋友们知道中国现代文学史上的杨骚是我们漳州人。我忆起 2008 年 9 月我到河南荥阳开会，获悉李商隐和刘禹锡是荥阳人时内心的惊讶，那一瞬间我对荥阳多了几分敬意，这就是文化的力量！时光可以改变一个地方的城市风格和经济结构使之或繁华或破败、或兴盛或衰竭，唯一无法改变的是一个地方的人文品质给它带来的长久光芒。

　　杨骚在大学中文系的必修教材《中国现代文学史简编》（人民文学出版社，唐弢主编）上被表述如下：中国诗歌会是"左联"领导的一个群众性诗歌团体，发起人有穆木天、杨骚、任钧（森堡）、蒲风等。该书又以较为详尽的篇幅写到了杨骚的作品及其艺术风格。和现代文学史上大多数作家一样，杨骚也有一个可以接受教育的童年。他在不满周岁时过继给一个比较富裕的堂叔做养子。养父是个读书人，爱好读书，有名士之风。杨骚从小就受到影响，喜欢游览山水，寻访古迹，对家乡的风土人情、民间传说也很有兴趣。小学毕业后，杨骚进入福建第二师范预科，后转入福建省立第八中学。1918 年中学毕业后，杨骚赴日本东京留学，最初的志向是学海军，预备学成归国，率领舰队打击侵略者，但进不去日本的海军学校。他便改学矿业，想"开矿救国"，可是准备了两年，仍然考不上理想的学校，身体不好加上经济拮据，使他十分忧郁。1921 年，杨骚考入了公费的东京高等师范，开始阅读《新青年》等进步刊物，受到新思潮的启发，习作诗歌，寄给上海《民国日报》副刊《觉悟》后得到发表，从此走上文学之路。（引自卓如文章）

　　一个时代有一个时代的生存方式和成长模式，杨骚的生命脉络也是那个时代许多文学中人的生命脉络，他们童年求学于乡里，青年出外留学（主要有两条取向：日本或欧美），留学期间确定一生抱负，这抱负大抵与救国图存有关。学界定位 1919 年五四运动至 1949 年新中国成立之间的这一段历史为中国现代史，短短 30 年间中国经历了清朝灭亡、抗日战争、国内战争等重大历史事件，使中国现代史呈现出"城头变幻大王旗"的诡秘而激荡景象，犹如春秋和三国，时代的动乱和巨变是产生英雄和人杰的极大推助力，现代文学史上群星璀璨的局面于此有其来历。早期的杨骚，创作基调为苦闷、感伤、幻灭和虚无，这似乎已是知识青年起步的必须：青春的迷惘、短暂，人生的心酸、茫无头绪，使杨骚幻想在"脂粉与肉块，醉虾，酒精"中逃避、消磨时日，但内心的理想毕竟未曾彻底熄灭，经过新加坡谋生的锻炼，1927 年秋末，杨骚回国，在上海亭子间过起了写作生活。1930 年 3 月 2 日，以鲁迅为旗手的中国左翼作家联盟在上海成立，鲁迅在会上发表题为《对于左翼作家联盟的意见》的演说，强调革命作家一定要接触实际的社会斗争。此时的杨骚对诗的社会职能已有全新的认识，他在《感情的泛滥〈在故乡〉读后感及其他》一文中提出，在阶级斗争和民族斗争加剧的情势下，"已经不许一切的诗人再躲在象牙塔里喝梦幻墨水了"，左联的成立让杨骚找到了方向，他积极响应并和左联诗歌组的穆木天、森堡（任均）、蒲风、白曙、杜谈等发起成立中国诗歌会，在中国诗歌会机关刊物《新诗歌》中，明确了"研究诗歌理论，制作诗歌作品，介绍和努力于诗歌的大众化"的目标，正是在这一目标的引领下，杨骚写出了长篇叙事诗《乡曲》和《福建三唱》等堪称这一时期经典的代表作。

杨骚的一生，有一个人是避不过去，她就是湖南籍女作家白薇。白薇，原名黄彰，黄鹏，别名黄素如，1894年2月生于湖南资兴。23岁那年由长沙第一女子师范学校毕业后为逃婚而只身出走日本，考入东京女子高等师范学校。正是在东京她与杨骚相遇相知，开始了长达20年恩恩怨怨的情感纠葛。从可见的文字资料来看，比白薇小6岁的杨骚在这场曲折恩怨的爱情故事中历经了角色的不断置换，无论如何应该说他们的相爱是真挚的，有情书集《昨夜》的出版为证。杨骚和白薇的爱情说起来和那个年代的许多作家一样，折磨、变异、复合、分离，不一而足。关于爱情，一直到今天还往往是"受伤的总是女人"，这也是女性的宿命和悲哀。世事洞察如张爱玲尚且躲不过情爱一劫，我们又能指望杨白之爱能有好的结果？

2012年9月我应邀参加《十月》杂志"资兴笔会"，来到白薇的故乡，某个早上我漫无边际的行走竟然踏入白薇公园，看到了白薇的塑像后我感慨万端，回京后写下一诗《早安，白薇》，其中有这么几句：

我们都是女人！
都在爱中狂喜过绝望过
都被爱火照得光彩十足又被爱火烧得伤痕累累直至
心死。

2000年　初稿
2020-1-13　修订

书　　名	《鲁迅全集》第三卷
著(译)者	鲁迅 著
版　　别	人民文学出版社 2005 年

从鲁迅出发

读书吧，读谁呢？在书柜前看了看，选中鲁迅。恰好今天读到湖北省作家协会主席李修文接受《新民周刊》采访的文章，里面也谈到了鲁迅，一句是"我觉得我们现在的问题都在鲁迅先生的笔下被展现被揭露过"，还有一句，"我觉得我们现在真的要重新从鲁迅出发，反思中国人的国民性，无论在灾难之中，还是在灾难之后。"

重读鲁迅，潜意识里也是跟李修文一样，想对今日中国的现状做一些思考，而我们所处的时代，似乎也不是一个允许思考的时代，又，我们的思考，也无法超乎鲁迅之上。想起司马迁在写作韩非子时所采用的引述韩非子《说难》篇的写法，我也想引几段鲁迅先生的话，一来自我体会，二来也供大家对照学习，我以为这是读鲁迅的最好方式。什么也不用说，先生已经帮我们大家都说出了。

其一，所以中国人倘有权力，看见别人奈何他不得，或者有"多数"作他护符的时候，多是凶残横恣，宛然一个暴君，做事并不中庸；待到满口"中庸"时，乃是势力已失，早非"中庸"不可的时候了。一到全败，则又有"命运"来做话柄，纵为奴隶，也处之泰然，但又无往而不合于圣道。(《写给旭生的信》)

其二，勇者愤怒，抽刃向更强者；怯者愤怒，却抽刃向更弱者。不可救药的民族中，一定有许多英雄，专向孩子们瞪眼。这些屠头们！(《杂感》)

其三，中国人不但"不为戎首"，"不为祸始"，甚至于"不为福先"。所以凡事都不容易有改革；前驱和闯将，大抵是谁也怕得做。(《最先与最后》)

其四，所以中国一向就少有失败的英雄，少有韧性的反抗，少有敢单身鏖战的武人，少有敢抚哭叛徒的吊客；见胜兆则纷纷聚集，见败兆则纷纷逃亡。(《最

先与最后》)

其五，真的猛士，敢于直面惨淡的人生，敢于正视淋漓的鲜血。这是怎样的哀痛者和幸福者？然而造化又常常为庸人设计，以时间的流逝，来洗涤旧迹，仅使留下淡红的血色和微漠的悲哀。在这淡红的血色和微漠的悲哀中，又给人暂得偷生，维持着这似人非人的世界。我不知道这样的世界何时是一个尽头！(《记念刘和珍君》)

呜呼，先生！

2020-2-11

书　　　名	《异乡记》
著(译)者	张爱玲　著
版　　　别	北京十月文艺出版社 2011 年

张氏语言，独家秘籍

总 13 章，3 万多字，最后一句是一个括号，括号里这么 6 个字"原稿至此中断"，是的，这是张爱玲未完成的遗稿，被她指定的遗产继承人宋以朗出版了。

不记得在张爱玲哪篇文章中读到她从上海到温州寻访胡兰成的事，查了胡兰成《今生今世》，其中《民国女子》这章并没有这段经历，于是又查《汉皋解佩》一章，在《鹊桥相会》这文里劈头第一句便读到"二月里爱玲到温州，我一惊，心里即刻不喜，甚至没有感激"，此时胡兰成已经与范秀美同居，对外称为夫妇，其时他并未与张爱玲离婚，张爱玲一来，为顾全范秀美脸面，反而要对外宣称张爱玲是他妹妹，这算什么事儿！聪明如张爱玲，自然看透，她要胡兰成在这些情感间（在张和范之间还有一个小周）做选择，胡含糊其词，张爱玲终于不得不在回上海后与胡兰成分手，还寄了钱给胡兰成，说"想你没有钱用，我怎么都要节省的"。

《异乡记》就是张爱玲从上海到温州一路所见所闻的札记，这一路走走停停走了两个多月，见识了多少人间烟火，张爱玲自言，还没有过何种感觉或意态形致，是她所不能描写的，唯要在心里过一过，总可以说得明白。我读《异乡记》，确实很惊叹她的描写能力，张爱玲善用比喻，平常物事，被她一比喻，就广阔无边起来，她写只有一点蒙蒙亮的天，用的是"钢盔"作比，然后继续往下引申，"这世界便如一个疲倦的小兵似的，在钢盔底下盹着了，又冷又不舒服"。她写旅途借住友人家，被安排跟女主人同一床，"我带着童养媳的心情，小心地把自己的一床棉被折出极窄的一个被筒，只够我侧身睡在里面"，再没有比"童养媳"一词更合适当时的心情了。张爱玲选定的动词也总不流俗，众人口中的打麻将在她笔下是"叉麻将"，小孩子在小书房里读书她用的是"攻书"，杀猪的案板上沾满了油迹她不用沾，用"腻"，鸡走路时脖子是"一探一探"的……

张爱玲的细节观察能力也是值得说道，她写一只装尖刀和各种器具的篮子，特别留心到篮子编完了还剩下尺来长一条篾片，并没有截去，翘得高高的，就是这么一条篾片，让她产生了"像人家画的兰花叶子，长长的一撇，天然姿媚"，读到这里我就在想，有几个人会注意到这一撇并把这一撇搬到笔下呢？张爱玲总是有许许多多奇怪的想法，她写一只小黄狗跑过来嗅死去的猪的脚，接下来她便替这只小黄狗做了推演，"不知道它下了一个怎样的结论，总之它很为满意，从此对于那只猪也就失去了好奇心，尽管在它腿底下钻来钻去，只是含着笑，眼睛亮晶晶的"，究竟小黄狗有没有对死猪的脚下结论，是否对死猪失去了好奇心，这可都是作者说的。我也曾经写过几篇游记，总发愁三言两语就把事情说完了，原来欠缺的就是张爱玲这种盯住篮子篾片，以及看到小黄狗过来嗅死猪的脚就能为小黄狗做一番联想铺陈的能力。

整部《异乡记》，最吸引我的就是张氏语言，虽是独家秘籍，认真领会，亦可学其一二。

2020-1-26

书　　名	《小团圆》
著(译)者	张爱玲 著
版　　别	北京十月出版社 2013 年

"她怕那滋味"

写《普救寺》一文，写到王实甫在《西厢记》中让张生金榜题名、洞房花烛，使天下有情人终成眷属，这典型的中国式"大团圆"结局不免让我想起了张爱玲的《小团圆》，2009 年张爱玲遗著《小团圆》引进大陆出版时，再次引发了张迷热。我也跟着"热"读了《小团圆》，只记得两件事：第一，九莉流产了她和汝狄的孩子，用的"药线"（迄今我也不懂何为"药线"，像是堕胎药），一阵翻江倒海的肚疼之后，九莉在浴室灯下看见抽水马桶里的男胎，4 个月大，笔直地立在马桶里，本以为冲不下去了，扳动机钮，竟也在波涛汹涌中消失了。第二，人生哪里有什么大团圆，能小团圆就不错了。

读《小团圆》，需是对作者十分了解，否则会读得不明所以。这是张爱玲的自传体小说，自传到如此真切、具体，如此容易对号入座，还不如直接恢复每个人的本名好了。全书从九莉在香港读书遭遇日军轰炸写起，然后情节就回到了上海。读前两节，仿佛获得了写作小说的一点开悟，一起读书的同学茹璧、剑妮、婀坠……在第三章之后就不再出场了，作为九莉生命中的过客，就此别过。我觉得这才是一个人生命中的真实。一般人写小说，都要安排每个人物的关系，每个人物的出场、退场也都需有一个交代，《小团圆》前两章的这些人物，却是露一下面就消失，后文中再没有她们的影子了，尽管如此，每个人物的面目、性格依旧被张爱玲刻写得分明。我不禁想，如果我来写自传，《小团圆》的结构不失为一本很好的参考书。

说结构，仿佛也没有结构，就是顺着笔写下去。这么一想，《小团圆》真学不来，它是一本心灵自述，外在的轰轰烈烈，都转化为内心的自言自语，写到邵之雍向九莉求婚时突然思绪游移，从遥远的十几年后的纽约抓来那个自己，那个流产的自己、那个流产的过程。汝狄即为赖雅，张爱玲在美国麦道伟文艺营与他一见钟情，结为连理，时在 1956 年 8 月，张爱玲 36 岁，赖雅 65 岁。曾在凤凰卫视"锵锵三人行"看到查建英谈张爱玲，那个痛心疾首，查认为张有恋父情结，爱上的总是比自己大很多岁的男人。爱上胡兰成时（亦即《小团圆》的邵之雍）张 23 岁，胡 38 岁，胡正处于一个男人生命中最好的时期，但赖雅就不一样了，赖雅和张爱玲结婚时已是一个男人开始走下坡路的时期。张和赖雅婚后一直处于经济的困顿中，其后赖雅生病并于 1967 年病逝，张爱玲自此一个人孤老而终。如同每一个张迷，查建英对胡兰成亦是痛恨加无奈，尤其拿晚年张爱玲和胡兰成的两张照片对比，张拿着一张报纸、头戴假发、脸颊消瘦、状如妖怪，胡却是慈眉善目一副得道高僧样。两相比对，查建英得出结论：张胡分手后，张一直过得不好，胡依旧春风得意。读《小团圆》，依旧读得出张爱玲对胡兰成的感情（"五中如沸，浑身火烧火辣烫伤了一样，潮水一样的淹上来，总要淹个两三次才退"），这也是张爱玲在《小团圆》出版上犹豫再三的原因，张甚至有要将这部书烧毁的说法。无论是张爱玲还是她的遗嘱继承人宋淇都相信，"胡会利用《小团圆》出版的良机而大占便宜，亦不会顾虑到张爱玲的死活"，现在，这部书在胡死后出版，这个"隐忧"也就不存在了。

　　尽管如此，这部书还是要结合胡兰成的《今生今世》来读，两者的感情交集，如何在不同的记忆视角和语言处理中各表一枝。在我看来，胡兰成写得温婉细致，张爱玲写得大胆峭拔。

　　《小团圆》当然不是张爱玲和胡兰成的言情小说，既为"自传体"，则张爱玲的父母、姑姑、弟弟、密友，便都以另外的名字在本书出场。张爱玲 4 岁时母亲便和姑姑到欧洲游历，此后又和父亲离婚，可谓未尽母职。书中，九莉对母亲记忆最深的一件事便是理行李，九莉也在母亲的影响下自己能把行李理得结结实实，这当然是一种辛酸。9 岁时跟着母亲过马路，母亲踌躇了一下，"仿佛觉得有牵着她手的必要"，这才"一咬牙，方才抓住她的手"，九莉并未因此高兴，反而心里很乱，在她看来，母亲的手指这么瘦，"像一把细竹管横七竖八夹在自己手上"，母女的隔膜是真实的，张爱玲从来不想掩饰这种真实。读张爱玲，无论小说、无论散文，总读得到一种人世的冷和荒凉，一种末世感。张爱玲写道，"回忆不管是愉快还是不愉快的，都有一种悲哀，虽然淡，她怕那滋味"，一部《小团圆》，就是一部回忆，不管是愉快还是不愉快，都有一种悲哀。读者喜欢这滋味。

2018-11-13

书　　名	《重返边城》
著(译)者	张爱玲 著
版　　别	北京十月文艺出版社 2014 年

张家因为张爱玲，永垂不朽

　　这个边城，不是读者第一反应浮出的湘西凤凰，那是沈从文的边城。这个边城是台湾，张爱玲是这么说的，"同是边城，香港不像台湾有一水之隔……"，也就是在张爱玲笔下，台湾和香港同属于边城，真是有意思。查了一下，沈从文的小说《边城》首次出版于 1934 年，张爱玲的《重返边城》完成于 1963 年，先是用英文写就，20 世纪 80 年代后期，再用中文重新书写，约 1.5 万字，用散文的笔法介绍了台湾的风土人情、城市乡村、宗教和民俗，照理我这闽南人来读张爱玲此文，应该有亲切感，能读得下才对，毕竟台湾和福建、特别我们闽南语言相通、习俗相同，但我竟然放弃了把这篇长散文读完，怎么说呢？干涩、文采欠缺、杂乱、不知所云，不止这篇，本书另两篇长文《谈看书》《谈看书后记》我也没读完，原本我对这两篇也寄予厚望，因为我正在写读书记，结果发现，这两篇所看的书有一些我没看过，没看过也正常，那就正好读张爱玲的文字权当看原著，然而，张爱玲对原著的复述实在不得要领，东一句西一句，终于，我还是没有读完。也就是，《重返边城》有三篇比较长的散文恰好都没有吸引我读完的魅力。实在是一件比较奇怪的事。

　　《重返边城》是张爱玲的散文、随笔集，内容大略是，张著各类出版物的序言和后记；阅读感受；人物忆旧；报刊零星杂语，包括获奖感言。特别值得一说的是里面又独立放置有一本小书，《对照记》，全铜版纸。我很早就知道张爱玲有一本《对照记》，一帧照片配一则说明文字，三毛也有这么一本书，叫《我的宝贝》，主要是三毛收集的各类宝物，也是每一件宝物配一则说明文字。张爱玲的《对照记》，照片都是人物，自己的、家族的，一本《对照记》读完，张家的历史基本清楚了。图二十五，题为，"我祖母带着子女合照"，祖母就是李鸿章的女儿，子女就是张爱玲的父亲和姑姑，这是一篇既温情又感伤的千字文，写到了孀居的祖母的节俭（恐惧于坐吃山空）；写到了父亲在祖母的威逼下对古文时文的倒背如流，这倒背如流只能让人心酸，"因为毫无用处"，时代已经不是科举应试的时代了；写到了祖母对法国人和福建人的恨，因为祖父就是败在与法国水师的海战上，而当时的海军都是福建人……一张三人合照，饱含了家族多少暗淡往事，末了张爱玲如此写道，"我没赶上看见他们，所以跟他们的关系仅只是属于彼此，一种沉默的无条件的支持，看似无用，无效，却是我最需要的。他们只静静地躺在我的血液里，等我死的时候再死一次"。接着是一句发自肺腑的情感表白，"我爱他们"。

张爱玲结过两次婚，无后。张爱玲的弟弟张子静一生未婚，无后，姑姑张茂渊晚年才嫁给李开弟，亦是无后。也就是，张家这一脉完全终止了。但文字作为比个体生命更持久的部分留了下来，张家因为张爱玲，永垂不朽。

2019-8-30

书　　名	《多余的话》
著(译)者	瞿秋白 著
版　　别	中国友谊出版公司 2016 年

"此地甚好"

　　重读《多余的话》，看到第一句"话既然是多余的，又何必说呢？"眼睛就酸了。《多余的话》是瞿秋白即将赴死前的灵魂独白，完全真心写照。其时瞿秋白已经是国民党的俘虏，他也知道这份两万余言的"多余的话"出来后，他就会以"叛徒"的形象为革命同志所指认，但他还是说了。他不想装腔作势慷慨激昂而死，以"叛徒"而冒充"烈士"。按共产党人的原则，瞿秋白这份独白确实与主旋律不和谐，他一再强调自己走上革命道路是"历史的误会"，本质上他想从事的是文学而非政治。从挑选了一个既不要学费又有"出身"的外交部立俄文专修馆学俄文始，瞿秋白的命运就已注定。这个专业一步步地把他推向布尔什维克。其中的历程《多余的话》里有叙述。读《多余的话》，读到一个真正文人的感伤、犹疑、脆弱和小资，瞿秋白承认自己身上的绅士意识始终没有脱掉，始终不能真正与底层百姓走到一块，无产阶级的意识始终没有在他内心得到胜利。本书除了《多余的话》以外，还有"乱弹""散论"两部分计 34 篇短论，大都杂文。我约略翻读了几篇，文笔完全与《多余的话》不同。瞿秋白的杂文是拉高嗓门说话的，他在这部分文章里努力站在无产阶级立场抨击资产阶级文人徐志摩等，《多余的话》则是冥思型的自言自语，语调低沉，前后两种判若两人。我当然更喜欢《多余的话》。

　　如同李后主、宋徽宗不应当皇帝而应当艺术家一样，瞿秋白也不应从事革命活动而应像他在《多余的话》里所写，去当他的文人。在《多余的话》里瞿秋白自言生性依赖，总等着别人拿主意，若自己做了一个决定别人不附和他便怀疑起自己。这些，都欠缺一个革命者应有的果决。我曾特意到长汀寻访到"瞿秋白就义处"，脑中闪现出这样一幅画面：临刑前，瞿秋白神色不变，坦然走向刑场，沿途用俄语唱《国际歌》，还唱《红军歌》。到刑场后盘足而坐，回头微笑着对刽子手说："此地甚好"，高呼"中国共产党万岁""共产主义万岁"等口号，饮弹洒血，从容就义。时在 1935 年 6 月 18 日，瞿秋白 36 岁。真是年轻。

在《多余的话》里瞿秋白写道，"我的根本性格，我想，不但不足以锻炼成布尔什维克的战士，甚至不配做一个起码的革命者。"最终，瞿秋白以自己的死亡方式、以自己年轻生命的死，证明了他确实是一个坚持自己的信仰并能为信仰而死的革命者。

瞿秋白与鲁迅的知音之谊也为世人所熟知。鲁迅之"人生得一知己足矣，斯世当以同怀视之"即是赠予瞿秋白的。本书收入瞿秋白撰写的长文《〈鲁迅杂感选集〉序言》。

2018-6-14

书　名	《沈从文文集》第九卷
著(译)者	沈从文 著
版　别	湖南人民出版社 2013 年

"把自己生命押上去，赌一注看看"

一直记得 2004 年读沈从文《无从驯服的斑马》的记忆，那时我刚北漂，对收入里面的《从文自传》最后部分特别有感受，今天，我又在第九卷重读了一遍《从文自传》。本文写于 1931 年 8 月，时沈从文 29 岁，自传写的是他前 20 年的生活。20 年的人生，就足够他写下 35 万字的长篇散文，真是令人惊叹。回想我辈，前20 年稀里糊涂的，也无甚惊天动地事，也无有如此才情追述点滴。读《从文自传》，记忆最深的就是乡野百姓的死，动辄被砍头，一砍就是千人，特别有一个细节，让大家在菩萨面前掷茭杯，一仰一俯的生、双仰的生，双俯的死，大家也很认命，读了真是好难受，民之愚钝在鲁迅笔下、在沈从文笔下，都是一样的。如果说对这样的民，鲁迅有哀其不幸、怒其不争的一面，沈从文则似乎无动于衷，他只是很冷静地记录下来，不悲也不喜。沈从文从小就不爱读书，总是逃学，他更喜欢的是社会这部大书而不是课堂上那部小书，按他的原话"直到如今我还觉得不必看这本弄虚作伪千篇一律用文字写成的小书，却应当去读那本色香具备内容充实用人事写成的大书"。他特别善于观察生活种种，打铁的赌博的嫖妓的都是他很用心留意的对象，这些，在他今后的写作中都派上用场，成为他文章中鲜活的主题。沈从文是个天才，高小毕业，就走上社会，未从文，先从军，在军队里，14岁的沈从文炼下了强健的身子骨，在后来的一次持续40天的严重发烧中得以保全性命全赖这副身体。沈从文天赋高，读书时无须用功就总能过关，一篇文章他读个几遍就能背诵下来。到军队后，主要做的也是与文字有关的工作，抄抄写写的。幸运的是有一年跟上了一个治军有方的统领官当书记员，这统领官是个以王守仁曾国藩自诩的军人，家中藏有许多名画古董与古籍，这些，都归沈从文打理，也为沈从文的阅读提供了便利。原先瞧不上读书的沈从文自言，"由于这点初步知识，使一个以鉴赏人类生活与自然现象为生的乡下人，进而对于人类智慧光辉的领会，发生了极宽泛而深切的兴味"。如果沈从文一直在军队生活，也不会有后来的沈从文。转机来自他调到一个报馆，在报馆读到了白话文、读到了新文化运动中的新思想、新观念，转机来自他的好朋友陆弢的死，陆弢因为和人斗气，在泅过宽约一里的河中不幸被洄流卷下淹死，使沈从文对生命发生了疑问，如果我也这样死了，也真没意思，还有许多地方没去，许多东西没见过呢。于是他便这样决定，"尽管向更远处走去，向一个生疏世界走去，把自己生命押上去，赌一注看看……"，就这样，他来到了北京，进到了一个永远无从毕业的学校，学那课永远学不尽的人生。

重读《从文自传》，依旧有很多感慨、很多感动，那一代人，好像有成就的大抵都要走出家门，或北京、或上海，来开始自己全新的人生。当然这部散文集，除了《从文自传》，还有许多其他文章，其中《记胡也频》我也是第二次重读，文中记述了胡也频、丁玲、沈从文贫贱中的友情、理想与志向，但也有很多含蓄的笔触让人不太清楚事情背后的缘由，譬如胡也频之死在此文就过于模糊，也许与当时写作时代不便于发声有关。本书《湘行散记》的文章我读了几篇，多以写人为主，感觉沈从文更善于写人记事而不是写景抒情。又有一篇《湘西》很长，我约略翻了翻，没有读完。在现代文学诸家中，沈从文的文字文从字顺，逻辑清晰，不太有奇峰突起处，因此不是很吸引我。至少这部散文集是这样。

2020-2-14

书　　名	《1989-1994 木心回忆录》
著(译)者	木心 讲述，陈丹青 笔录
版　　别	广西师范大学出版社 2013 年

心中有货，口中不慌

　　"后人是可以救活前人的，埃利蒂斯获得诺贝尔文学奖后就救活了很多前辈诗人"，2001 年 10 月，在浙江湖州举办的 21 世纪中国首届现代诗研讨会上沈泽宜老师发言中的这段话深深镌刻在我的脑海里，沈老师随口举了埃利蒂斯救活的几个前辈诗人，奈何我孤陋寡闻记不住名字。今天，当我要推荐《1989-1994 木心回忆录》时我首先想到的就是沈泽宜老师的那段话，是的，后人是可以救活前人的，譬如木心，就是陈丹青救活的典型。现在已不能很确切地说出究竟哪一年中国文化界突然涌现出一个陌生而独特的名字"木心"，只知道此木心有一个了不起的学生陈丹青正大力推举他。有陈丹青这样一个神一般的画家、作家兼意见领袖的学生在文字和视频访谈上对老师的一再尊崇，木心迅速成为中国大陆经典性的人物，实现了陈丹青"二十多年的心愿"。陈丹青二十多年的心愿是什么，且听陈夫子自道，"1982 年，我与木心先生在纽约结识，从此成为他的学生。24 年来，我目睹先生持续书写大量散文、小说、诗、杂论；九十年代初，我与其他朋友听取先生开讲《世界文学史》课程，历时长达五年。课程结束后畅谈感想，我说：我可以想象不出国，但无法想象出国之后我不曾结识木心先生"。摆在我们面前的这套书就是陈丹青所言及的木心先生开讲的文学史课程，从陈丹青5年的听课笔记中整理出来的上下两卷。

相较于学者本人的著述，我更喜欢读他们的学生整理的他们的授课内容或谈话录，能脱口而出的必定是烂熟于胸的，必定是讲述者的真知灼见，所谓"心中有货，口中不慌"。我读《1989-1994木心回忆录》确实读得畅快极了，木心讲课，古今中外，天文地理，信口讲来，才华之大，如无边风月。他谈但丁《神曲》，认为，"《神曲》是立体的《离骚》，《离骚》是平面的《神曲》"，他说，"《神曲》是一场噩梦，是架空的，是但丁的伟大的徒劳"，他还得出结论，"文学不宜写天堂地狱，宜写人间"，他并且继续引申，"《伊利亚特》太幼稚，《神曲》太沉闷，《浮士德》是失败的，都比不过莎士比亚"。仅以木心讲授《神曲》为例我们发现了木心讲课的秘密，只言自己对所讲内容的理解并给出自己的结论而非引经据典搬运他人著述，因为不迷信不畏惧古人前人和同辈人，木心嬉笑怒骂尽显自己的本真之眼所判定的一切。木心本质是个诗人、作家，他的语言表述因此也是诗人、作家式的，见性情、抒胸臆，好恶溢于言表，他说，"如果抽掉杜甫的作品，一部《全唐诗》会不会有塌下来的样子"，对杜甫之"好"到了极点。以我两年前（2014）读《1989-1994木心回忆录》时的记忆，这是一部会带给你阅读惊喜和思考的书，值得推荐。

木心，1927年2月14日生，浙江乌镇人。先师从刘海粟后转入林风眠门下学画，"文革"期间被捕入狱，囚禁18个月，所有作品皆被烧毁，平反后任上海《美化生活》期刊主编，以及交通大学美学理论教授。1982年起木心长居美国纽约，从事美术及文学创作。2011年12月21日凌晨3时因病在故乡辞世，享年84岁。

2016-10-13

书　　名	《学习蒲松龄》
著(译)者	莫言　著
版　　别	中国青年出版社 2012 年

中国小说普遍缺失心理描写

　　我能感觉到每个同学都安静地待在各自的房里没有动，动的是他们的手和眼，这从 QQ 群里亮着的头像和个人博客名字旁边在线的标志可知。鲁院是一个适宜读书思考的环境，如此安静而舒适，全无外面的嘈杂与喧嚣。在这里，你会忘了你原来置身于北京这座大乡村。

　　鲁院大楼天井式的建造格局使得读书与生活都在同一空间，只需上下电梯即可。仿佛世外桃源，与世隔绝。本周我没有回家，除了必须的吃饭和上课和联欢会排练，我总是把自己关在房里，从图书馆借来的 8 本诗集已读了 4 本。进鲁院后，我暗暗要求自己开始写诗，不能再坐等灵感来临了，强化写作也是写，就这样一天一首进行着。在鲁院，房门一关，我沉沉地哑巴一样不想跟谁联系，也没有讲话的欲望。每天，我看到同学们都游荡在各自的博客里，传递着在鲁院的心情感受。和五湖四海的同学相比，我的热情和对新环境的敏感没有他们强烈，我所得到的情感和文字的冲击自然也没有他们猛烈，这是我要自我提醒的。很难相信一个麻木于万事万物的作家能创作出什么好作品。但愿我能尽快从麻木中走出。

　　中国作家少有内心生活的写作是李敬泽先生讲课的主题。在我看来，这已是中国小说的传统。看看《罪与罚》《追忆似水年华》，再看看《西游记》《三国演义》，中国古典小说普遍缺失心理描写。延续到当代，新近获诺奖的莫言小说同样也存在着这个问题，莫言小说的成就更多在于批判现实的力度和涉及的社会诸多问题都是确实存在的。因为没有心理而只有故事，莫言小说同样经不起反复阅读，大抵每本小说读一遍大呼过瘾也就够了。当然对当下中国，莫言小说的现实意义不可否认，仅从这点，他就是有价值和必需的。

2013-3-14

书　　名	《文化诗学导论》
著(译)者	童庆炳 著
版　　别	黄山书社 2019 年

文化诗学

　　2012 年春天，童庆炳老师到皖南访问，清明节那天，来到了宣城，去到了神往已久的敬亭山，看到了刻有李白诗作《独坐敬亭山》的诗碑，遇到了一座白色塑像，塑像底座写着"玉真公主"，旁边的碑文说明了李白与玉真公主的交情，并言及玉真公主在安史之乱后追随李白足迹来到敬亭山直至香消玉殒，李白此诗即是蕴含了对玉真公主的深切怀念之情。回京后童老师开始了对李白与敬亭山与玉真公主的考证，得出了自己对《独坐敬亭山》一诗的解读。童老师认为，如果只停留在印象式的解读，而不进入整体义脉和历史语境，是会遭遇困难的。童老师在大量的资料阅读中断定，玉真公主一生从未到过敬亭山，这就排除了李白此诗与玉真公主有关的传言。李白一生曾四次到过敬亭山，那这一首写于哪一次，童老师分析认为，大约在第三或第四次，这时候李白已到穷困潦倒的晚境，这首诗传达的是孤独寂寞的情绪而非洒脱不羁的想象力。童老师认为，如果不了解诗人创作时的遭际，那我们的解读，只能是个人的一己之见，并不能符合诗歌原有的实际和意思所在。单单《独坐敬亭山》童老师就用了几千字进行历史追溯和文本分析。我想说的是，整部《文化诗学导论》，类似的文本分析涉及古今中外诸多经典名著，成为我阅读此书的重大收获。

"文学不会走向终结"是"文化诗学"成立的一个前提，童老师反驳了由国外蔓延至国内学界的几次文学终结论浪潮。童老师坚持文化诗学要"以审美为中心"，因为文化诗学研究的唯一对象是文学，童老师认为，文学是广延性极强的人类实践活动，它形成的"文学场"涉及面已含纳历史、社会、自然、人生、心灵、语言、艺术、民俗等方方面面。童老师不赞同文学理论孤立地去研究英国诺丁汉特伦特大学社会学与传播教授费瑟斯通所提出的"日常生活审美化"，即研究城市规划、购物中心、街心花园、超级市场、流行歌曲、广告、时装、美容美发、健身房、咖啡厅、美人图片等，文化诗学的本位研究是文学和文学理论，"日常生活审美化"当不在文化诗学研究的范畴里。

本书知识点多，信息量大，理论性又强，实在不容易一口气读完，需慢慢咀嚼。我是以校对员的身份率先读到此著，也是得天时地利之便。本书即将作为"中国文学理论与批评丛书"之一由黄山书社推出，作为丛书主编吴子林的家属，我校对兼学习，也算一举两得了。

2020-1-21

书　　名	《文学问题：后理论时代的文学景观》
著(译)者	吴子林 著
版　　别	海峡文艺出版社 2016 年

提倡活的文学批评

本书是吴子林 2013-2014 在《小说评论》开设专栏两年来的作品集结，是完全按照作者个人的喜好摸索而得的一部别致而先锋的学术专著，无论选题，还是文体，都不那么"规矩"，不那么"论文"，它们或迷离跳跃、或直率清淡、或慷慨激越、或静默低回……作者近年来一直反对各种"面目可憎"的论文写作，在《"文学的绦虫"当下文学创作、研究之去蔽或敞开》一文中，作者毫不留情指出学者中存在的被学位、职位、职称、奖项、福利、文化宣传等夹击得面目全非的各种知识生产和再生产方式现象，而提倡一种真正的文学批评，借用俄国形式主义代表什克洛夫斯基的话就是，"诗是需要分析的，但要像诗人那样来分析，不要失去诗的气息"。作者坚信"没有对文学的热爱就没有对文学的批评"，本书部分呈现了作者的文学抱负，引用文中的话，"正是这种现身文学的抱负，推动我们把自己毕生的精力投入其中，感到自己被一种力量所召唤，身不由己地去从事这种活动比如写故事，比如探究美的难题，使出浑身解数，从内心深处感到写作是自己经历和可能经历的最美好事情，觉得实现了自我的价值，而丝毫不认为是在浪费生命"。

作为本书的第一读者，我亲眼见到作者那两年无时无刻不处于写作的迷狂中，记得那回，他从西藏参加会议回来，就很兴奋地跟我讲述起在当地亲眼见证神授艺人演唱《格萨尔》的过程，并绘声绘色模仿起来，他说，下一篇我就要写这个题材，题目我都想好了，《安尼玛的吟唱》，副标题"《格萨尔》神授艺人的多维阐释"，《格萨尔》被誉为东方的《荷马史诗》，是当今世界唯一活着的最长的史诗并被列入世界非物质文化遗产名录，本文以斯塔多吉为例，叙述了他是如何走上神授艺人之路，开始演唱《格萨尔》。论证了维特根斯坦所言的，"世界的神秘不在于它是怎样的，而是它就是这样的"。神授艺人的文本，实际源于一种艺人的深层的心理结构，他们所演述的故事，都是在这种超现实的视角下演绎的英雄业绩的展现。"用背脊读书"，当作者跟我说出这句话时我感觉非常新鲜，背脊如何读书？读完同题论文我明白了：第一，丰富的藏书自然无法全部读完，但却是"一种知识的保证"（艾柯）；第二，互联网是否会杀了书籍？真正"农作的田间"式的书写只有真正的阅读才能掌握，阅读的危机不在于互联网，而在于人们不正确的读书方式；第三，真正意义上的阅读，首先是"六经注我"，即自我的开启、理解和建构；第四，以安琪诗作《风过喜马拉雅》、罗曼·罗兰小说《约翰·克利斯朵夫》为例分析论证何谓"用背脊读书"：心灵，脑筋，敏感的脊椎骨，这些才是看书时候真正用得着的东西（纳博科夫）。《"明天会出现什么样的词"》有一个很吸引眼球的副标题"2030年中国文学的可能面相"，且看作者如何跨越时空从今日望见未来：2030年，文学生产机制完成转型后，"作者"或"作家"的地位和身份发生了重大变化，他们不再继续拥有从前那种绝对优势的精神地位……

我经常向作者讨题目写诗，是的你没有听错，是诗人在向学者讨题目而不是反过来，我发现作者的诗思比我更充沛、更敏锐，确实翻读本书，看看如下一个个题目，你会有阅读的冲动和期待：《"重回叙拉古"：论文学"超轶政治"之可能》《"奥威尔问题"：汉语文学之语言问题断想》《"菲洛克忒忒斯的神弓"：当代文学批评的歧途与未来》《"修辞立其诚"：重建诚的文学》……每一篇文章都有一句引子，或诗或文，皆含义深远。叙述的角度也灵动多端，一二三人称都有，可以说，本书是作者追求活的文学、活的文学批评的写作实验。也是他在 2017 年开始着力论证"毕达哥拉斯文体"的先期文本依据。

2020-2-7

书　　名	《中国当代民间诗歌地理》
著(译)者	张清华 主编
版　　别	东方出版社 2015 年

为民间诗刊立传

1988 年之后，中国当代诗歌史终于有了第二部权威编选的反映民间诗歌状况的诗歌选本《中国当代民间诗歌地理》，27 年了，真是漫长的等待。据本书编者张清华教授后记所言，动议编纂本书"始自 2005 年初。原因一方面是觉得自从 21 世纪以来，诗歌中的民间性与文化地理因素在快速增长，各地的诗歌群落以地域、代际、观念和风格等为标志大量发育，并日益影响着诗歌界整体的氛围与格局；另一方面则是一个直接原因，自 2004 年 7 月始，笔者应《上海文学》邀请开辟了一个名为'当代诗歌的民间版图'的专栏，自 2004 年第 7 期，到 2006 年

6月止，共计两年时间，该专栏每期以一个诗歌民刊为对象，介绍一个有影响的诗歌群落"，从动议到最终成书，又隔了9年，显然，一直富于民间精神和底层关怀的学院派教授张清华先生是把这个选题沉甸甸地放在心里，不曾有过放弃的念头，才终至于有我们眼前这本黄皮书。

《中国当代民间诗歌地理》分上下两卷，连序带目录近900页，收有39家民间诗歌团体：非非主义、他们、北回归线、葵、诗参考、女子诗报、发现、丑石、坚持、阵地、东北亚、自行车、新死亡诗派、诗歌、存在、独立、扬子鳄、诗歌与人、第三条道路、零度写作、漆、或者、人行道、新城市、终点、南京评论、行吟诗人、极光、诗歌现场、野外、不解、蓝风、新汉诗、活塞、低诗歌、大象、后天、海拔、城市诗人。

39家里，张清华教授撰写评论的有19家：非非主义、他们、北回归线、葵、诗参考、女子诗报、发现、阵地、东北亚、自行车、新死亡诗派、诗歌、存在、独立、扬子鳄、诗歌与人、第三条道路、极光、活塞。也就是，这19家是上过《上海文学》"当代诗歌的民间版图"专栏的。张清华教授不曾亲笔撰写评论的另20家收入本书时也都有相关评论，撰写者由各民间诗歌团体提供。

本书大体按如下体例展示39家民间社团：民刊简史，亦即流派简史；主要成员代表作；主要成员新作；评论和访谈；相关照片。

本书实际是39家民间诗歌团体的小传。

2017年1月15日，以《中国当代民间诗歌地理》的出版为契机，《文艺争鸣》杂志社和北京师范大学文学院在吉林长春联合主办了"当代诗歌的文化地理与地方美学"研讨会，王双龙、孟春蕊、张清华、欧阳江河、西川、李铁龙、何平、何言宏、张定浩、傅元峰、张德明、安琪、冯强、金铖、王士强、周航、刘波、梦亦非、向卫国、罗小凤、龙扬志、赵娜、鄢冬、李梦溪出席了此次会议。

2017-1-16

书　名	《神木》
著(译)者	刘庆邦 著
版　别	电子工业出版社 2010 年

虚实之间

　　2013 年 3 月 15 日，迎来了刘庆邦先生的讲课，课题《小说创作的实与虚》，这是一个有意思的巧合，在传说中仅次于春晚的 3·15 晚会的这一天，刘先生要讲的是虚实问题，而 3·15，众所周知，是崇实（真）反虚（假）的。生活与创作的虚实问题就这样相聚于同一天。

　　为了写作本文，我从网络调出了刘先生的短篇小说《神木》，此前我曾看过电影《盲井》（国内未公演，购碟看的），对影片反映的残酷的底层生活现实深感震撼，此番听刘先生讲课才知影片改编自他的小说《神木》。神木是陕西省榆林市所辖的一个县，是国家级陕北能源化工基地的核心区域，煤矿众多。小说《神木》从题目就提出了虚实问题，第一，它并未在文中说明故事发生地是在神木县，但读者却能因为小说的煤矿主题而自然联想到神木县；第二，小说中作者给神木的解释是，煤是树木的灵魂，是树木死后变成的，他并且借助一个民间故事讲述了先人们无意中燃烧黑石块后发现了黑石块的功用，且因为黑石块身上有树木的纹路而认定黑石块是树木老了以后变成的，这黑石块就是煤，煤就是神木。也就是，单单一个小说题目，刘先生就融进了虚实写法，在有限的"实"（神木作为地理存在）和无限的"虚"（从神木的字面义引申出的煤的象征义，以及神木之"神"施加于小说的神性存在）之间，不断变幻，不断拓展阅读的想象空间。

　　《神木》发表于 2000 年《十月》，时刘先生供职于《中国煤炭报》。19 岁就招工到煤矿基层工作的刘庆邦，对这一行当的各项流程都很熟悉，到报社后又当了多年记者，了解到这个黑色职业的"黑色"暴力，时有犯罪分子用打死同伴的方式来骗取赔偿金。刘庆邦很震惊，一直想把这种不法行为用小说形式表达出来，他知道，新闻报道只是对现实生活的照相翻版，没有升华，只有变成小说意义的小说，才能和新闻纪实拉开距离。但要怎样把这种丧尽天良的无人性行为揭露出来？刘庆邦在脑子里构思了一年，他知道不能如实照搬他了解到的现实（这样的话就不叫艺术作品了，而是要找到一个合适的切入口）。有一天他路过北京某中学，正逢放学，孩子们哗啦啦涌出校门的场景激发了他，他一下子找到了小说的关键点——从一个孩子寻找父亲入手，《神木》就这样挥笔写出。

利用煤矿杀人讹诈赔偿金是生活真实，孩子寻找父亲是作家的合理虚构，这是第一层虚实结合；第二层，生活中的杀人讹诈赔偿金没有谁良心发现而悔改，但在小说中，刘庆邦让其中的一个最终不忍下手在杀害了大点子（父亲）后继续施毒手于小点子（儿子），他几次拖延杀小点子的机会，最终他和另一个杀人犯同归于尽于煤层深处，而让小点子活着出去。这艺术的虚构其理念支撑来自于作家心中的理想之光。刘庆邦赋予《神木》一种理想，试图用理想之光照进现实，他说，每个人的写作都不能放弃理想，人类走到今天都是坚信理想能够照进现实，我们写小说不能让人性之恶贯彻到底，而要给人生一点希望。生活之实与理想之虚，就这样结合到《神木》中了。

正是对理想的坚持，使得刘庆邦不满意改编成电影的《盲井》结尾让小点子捧着两万赔偿金走出煤矿，在他的小说中，小点子是一无所有离开的，他希望小点子依然保持着他的纯洁。两个小时的讲课，刘庆邦从路过元大都遗址公园看到柳树软了，玉兰花杏花花苞鼓起来了开讲，从花之美丽的短暂谈到人生的短暂，从人生的短暂谈到精神和灵魂之绵长，他认为，作家选择写作这个职业就是选择了精神和灵魂的美丽。有什么样生命的质量、力量和分量就能写出什么样的作品，这三个量不是物质性的，而是精神性的判断。质量至少包括五个因素：善良的天性（善良不一定成为作家，恶人则永远成为不了作家）；高贵的心灵（把生命的价值看得高于一切，把生命作为一种目的而非手段）；高尚的道德，悲悯的情怀（先有悲痛才有慈祥，因为看到了生命的尽头而有着强烈的生命意识）；对生命有悲痛感，（譬如苏东坡、曹雪芹）；坚定的意志（你可以怀疑自己的才华，但不可怀疑自己的意志力）。

关于生命的力量，刘庆邦指的是对世界有自己的看法并能表达出来，现代作家中刘庆邦认为鲁迅先生的生命最有力量，当代作家则是史铁生。

关于生命的分量，刘庆邦说，生命的分量不是先天就有的，一个人经历很多挫折磨炼，锻炼再锻炼，加码再加码，分量就不断增加。这方面的例子古有司马迁，今有莫言。

小说创作能否传授，刘庆邦答曰：能。于是他在这个春天的鲁院传授了他对小说创作虚实问题的处理，以《神木》为例。

2013-3-17

书　　名	《我是蒋子龙》
著(译)者	蒋子龙 著
版　　别	团结出版社 1996 年

社会精变，作家何为

我在计算蒋子龙先生年龄时简直不敢相信自己的加减乘除水平，怎么算他也不像七十高龄的老人。1941 年出生的蒋子龙先生，头发乌黑，也许你会说这是染的，是假象，但他敏捷的思路，口齿清晰的语言表达总是真的。2013 年 3 月 25 日在鲁院，我们聆听了蒋子龙先生题为《文学的精变》的讲座。

蒋子龙先生先从"精"字入手说到现时代是一个处处讲精求精的时代，由精品蒋先生想起中宣部一直以来提倡的"出精品"说法。事实上文学无精品，只有经典。因为文学作品的好坏一直是见仁见智，不像工艺品有一个比较一致的标准。由精字出发，蒋先生继续引申，现在社会人精多了，傻子少了。某铁路段派出所所长特别感谢沿线一个傻子，每逢飞驰而过的列车车窗被不知名的歹徒丢石子砸坏时，傻子总是点头承认是他干的，所长于是总能如期把案件侦破。在这样一个到处是"精"的时代，作家要怎么做？

一是要有定力。我们面对的是一个纷攘的社会，网络时代鸡零狗碎的写作多了，一个"屁"就可以写出七八十个字，但我们心中要明白，我们是为灵魂写作，我们要表达的是一种有意义的自我。虽说俗世是灵魂的庙宇，但灵魂才是庙宇中的真神。莫言获诺奖应该说是最大的世俗意义上的成功，但倚靠的还是他经典的作品。蒋先生认为，莫言此次获奖感言《讲故事的人》从老娘说起，很有智慧，他躲过了其他国家许多获奖作者谈思想、谈观点的路子，因为那不是中国人所擅长的。而讲故事无可挑剔，带着老娘讲故事更无可挑剔，没有一个人敢轻视老娘。

蒋先生继续以李昌镐为例来讲定力，所谓极品的高手就是要看破妙招的诱惑后落下平常的一子，而更多棋手老想出妙招，被妙招诱惑，结果一不小心出了一个昏着，就满盘皆输了。李昌镐就是有落平常一子的定力。

二是要寻找。杨丽萍因为舞蹈，从云南草根进入国家级舞蹈团，可谓庙堂。但她最后还是毅然辞职回到云南，她说，我是生命的舞者，是为舞而生。在云南，她又一次寻找到属于自己的舞蹈灵感，创作了云南印象后重新回到北京演出，已经是全新的一个杨丽萍了。寻找就是要明白人的一生不是简单地活着，一个作家仅仅活着是不行的，比如韩少功，下乡，回城，到海南，当到海南省文联主席后明白自己的天线地气还是在湖南下乡的地方，辞去职务，半年待海南，半年住湖南，优秀作品源源不断。

迟子健每年要有一两个月回北极村居住，也是因为她能在那里寻找到创作的灵感，她说，谁能让我带走北极的星空？

对韩少功和迟子健来说，回老家是清洗灵魂，营养灵魂，寻找，就是洗心，就是在现实的尘埃中认识你自己。

三是眼富。我们处在一个同质的时代，接触的都差不多，西方有谚：相同使我们愚蠢。所以我们要善待我们的经历，保持我们的诧异。眼富，就是见多识广，就是眼光独到。要能在别人看不到的地方看到。话说有一群游客去旅游景点，看到一对铜狮子，其中一人断定铜狮子的眼睛是祖母绿，于是用低价果断买下。回去一擦拭，果然。同行者中有一人忙反转身用低价把没了眼珠的铜狮子买下，回家细细擦拭，果然露出真金的身子。他的逻辑是，有祖母绿眼珠的狮子一定不会仅仅是铜的。蒋子龙先生用这个故事告诉我们，眼光的重要，能在别人看不到的地方看到奥秘。

要眼富，就要心静。好比罗丹，感到空气的光滑没有一丝皱纹，那就是心静的缘故，心静了才能专注，专注了才能有新发现，有新发现了才能写出好文章。

四是反序。在人人都幻想成精时，守住自己，干自己想干的事。作家没感觉不好办，感觉跟着精变走永远也只能跟在后面甚至跟不上，还不如守住自己，看看自己能写什么，能做什么。北京大学出了两个卖肉的毕业生，其中一个陆步轩，在卖肉的亲身经验上写出了《猪肉营销学》，走进广州"屠夫学校"当老师。另一个家财万贯。他们就是选择了反序的生活，一样成就自己。

贵州有一老农民，很能跑，当地一教师就把他层层推到国际老年马拉松比赛，老人在水土不服引发的痢疾之后还是跑了第一。国外媒体问他是怎么锻炼的，他说，我在山上打野兔，为了节省子弹，经常追着野兔跑，直到把野兔追得累倒了。媒体从正常秩序采访老人，老人给出的完全是与想象中运动员训练模式完全相反的答案。这也是反序。

在"向下"成为当今市民主要关注方向时，文学需要"向上"的力量，需要"希望"的力量。我们现在好比处于黄河下游，秦以前中国人的性格是黄河上游，清澈明朗，行侠仗义；汉唐时期中国人的性格是黄河中游，大气磅礴，泥沙俱下；明清时期中国人的性格是黄河下游，懦弱卑贱没有担当，魂魄疲软，我们就要逆着下游走，否则我们对不起祖宗、对不起中国文化。

2013-3-26

书　　名	《网络文学创作原理》
著(译)者	王祥 著
版　　别	中国人民大学出版社 2015 年

小说要狠

2013 年 4 月 27 日，部分同学开始撤离鲁院，我和几个北京学员在一楼大厅守株待兔，逮到谁送谁。晚上，李见心邀我和乐冰与鲁院王祥老师聚聚，这一聚，聚出了最后一课。

此前我对王祥老师了解不多，只知道他是摄影师，入学仪式那天在午餐时他说，要拍照片的人中午一点在大厅等他，我因故未去，后来就在见心和黑眼睛博客上看到王祥老师给她们拍的仪态万端又创意百出的美图。但是这个晚上，王祥老师展现了他作家、批评家的一面，他对文学创作的即席演讲，让我深深遗憾没带纸笔，以致现在想回忆他讲话的内容都已力不从心。

"愿望"是王祥老师认为的作家写作的动力，《红楼梦》反映了男性作家梦想全天下美丽女子都为他所爱的愿望，《鹿鼎记》反映了底层男人的愿望：跟皇上是好朋友，美女环绕，在江湖当老大。《甄嬛传》则是女人对完美人生的愿望，嫁给最有权势的皇上，依然有两个默默爱着她随时准备为她出生入死的男人。弗洛伊德有名言"梦是愿望的达成"，用在王祥老师的口中应是，小说是愿望的达成。

以乡村题材为例，王祥老师说到了切入点的独特，鲁迅的乡村没有一个值得赞美的农民，闰土，祥林嫂，阿Q，等等，在鲁迅看来，乡村是一个必须全部否定全盘换血的地方；到了沈从文却反过来，把乡村视为一个可以诗意栖居的地方，是离开故乡外出闯荡的小知识分子心中藏有的白日梦：当他回来，永远有一个深爱他的美丽女子抛弃一切跑来响应他的召唤。鲁迅和沈从文都在各自的层面把乡村写到了极致，看看我们当代文学中关于乡村叙事的书写，无人能逃脱这两个套路。因此，想在乡村文学中寻找到新的点，要动一番脑筋。同样也在创作小说的王祥老师，那天说出了他思考的点，但表示这是他以后写作的专利。保护知识产权，我在这里就不提前揭秘了。

早在十年前王祥老师就认为莫言的写作水准获诺贝尔文学奖绰绰有余，同样可以获奖的不只莫言、余华、刘震云、贾平凹、陈忠实等十个作家在他看来均具备诺奖实力。王祥对中国当代文学充满信心，他认为，中国现在处于各种矛盾交织的时代，一切都在未完成状态，为出大作品提供了最好的背景，反过来，西方国家大都进入按部就班的社会常态，作家从生活中汲取的写作资源已经不多了。王祥老师提醒现阶段关注小说创作的我，不要被现代派的语言技巧式写作所迷惑，那只是一种小道，大道是人心，是生活。

王祥老师特别推崇网络作家，给予网络作品极高的评价，这是他建立在大量网络文学阅读后的结论，他甚至认为，当下的网络文学已出现远远超过《水浒传》《西游记》一类的作品。网络文学的勃兴与网络作家对大众愿望的把捉有关，说到底人类的基本愿望无非两个：权力、财富和情爱；超能、长生和成仙。网络文学就是在这样两个层面上满足普通大众的愿望，给他们以想象的可能。

小说要狠，这是王祥老师给出的创作原则，美的东西要毁灭给人看才能惊心动魄。我想起《红楼梦》中十二金钗几乎都没好结局。莫言小说中几无正面人物，且人物命运也都很悲惨，显然是狠在起作用。刘震云的《1942》，老东家的亲人一个个死去，连孙子留成也让憋死在他自己怀里，确实够狠。

小说写作中语言是一个很重要的环节，王祥老师带班的时候，经常让学生组成搭档，给他们一个主题譬如"离婚前夜"让学生自己去现场发挥，给出对话。如此强化对话训练的教学取得了很好的效果。

王祥老师是李见心 1999 年就读鲁院时期的老师，那时的鲁院还不是高研班谱系，学员上学费用自理，见心说，当年的诸多老师中，王祥老师给她留下最深印象。

我们鲁院第十九届高研班只有两个月时间，鲁院老师都没有授课，而在对往届高研班笔记的搜索中，王祥、郭艳等鲁院教学部老师都有授过课，这个晚宴，我们聆听了王祥老师的诸多思考，就算上了最后一课。

王祥老师用康桥为笔名，发表了系列诗文专论，名校本科毕业后即分配到鲁院，在鲁院中是唯一剃着光头穿着对襟老头衫的教师，1963 年出生。著有《网络文学创作原理》。

2020-1-12

书　　名	《质的课程研究：原理、方法与运用》
著(译)者	黄清　著
版　　别	广东高等教育出版社 2006 年

作文课的分类教学法

黄清老师，1960 年出生，我的初中班主任和语文老师。

1980 年 9 月，黄清老师和我们这批刚从小学跨入中学的 50 多名学生一起，来到了漳州一中初中 4 班，担任我们的班主任，其时他刚大学毕业，我们是他带的第一届学生，按他今日的说法是感情很深且全力以赴投入教学，几乎把我们视为兄弟姐妹。我们这届大部分出生于 1968 年，偶有 1967 年和 1969 年的，算起来和黄清老师都在同一个 60 年代。我今天还跟黄清老师说，你要是写诗我们就是"60后"这一拨诗人了。黄清老师笑说，他其实不喜欢中文，虽然念的是中文系。后来他读研读博果然就转向了教育系，在业内颇有作为。专著《质的课程研究：原理、方法与运用》获 2007 年福建省第七届社会科学优秀成果三等奖。

记忆中黄清老师是南下干部子女，有明显的北方气质，就是有点憨的那种，当时班级学生背后叫他"北贡"，这是闽南本土人对北方人的一种稍带有歧视意味的叫法，暗指他们身上傻的一面。黄清老师的另一个称谓是"臭黄"，也是学生背后叫他的，这里面含着的是一种亲昵，闽南家长喜欢叫孩子臭什么臭什么的，其实表达的倒是一种爱意。黄清老师大大的双眼皮眼睛，圆圆的脸，白净的皮肤，标准的普通话，渊博的学识，使得他深受班里许多女生的爱慕。记忆中的黄清老师衣着朴素，总是穿着宽大的绿色军裤，走路不急，性子也不急，很少看到他批评学生，学生上课讲小声话时他会停下来看着你，大家于是也就跟着黄清老师的眼光看过去，讲话的学生顿时羞得满脸通红，自然规矩了。这时候，同学们就笑了，黄清老师自己也笑了。我记得黄清老师牵自行车行走时习惯用右手握着车头的左把，这是一种功夫，一般人很难做到，不信你试试看，自行车准会倒了，因为很难平衡。

我一点都想不到黄清老师没有写作的爱好，记忆中他是一个阅读很广并能体现在教学过程中的老师。他教作文很有特色，是分类教的，就是按照外貌、语言、行动、神态、心理等叙述要素一项一项教，每一项他会用一两节课搜集大量名著中相关部分读给我们听，然后让我们写。比如，教完相貌课我们就写一篇以"相貌"为主题的作文。印象最深的是他教我们场景描写时念了《红楼梦》中刘姥姥说"老刘老刘，食量大如牛，吃个老母猪不抬头"后众人大笑的各种神态。在他这种细致的分门别类的教学模式下，同学们掌握的基本功都很扎实。他教的3、4两班语文尤其作文好的特别多，我在班里都算不得出彩，作文被黄清老师念到的并不多。

黄清老师出试卷的时候喜欢塞一些偏冷题目来检验学生的课外阅读，譬如在添字组词上他会出一个"飞扬跋（）"要你添上"扈"字，或异端（）说，要你添一个"邪"字，一般情况这种纯属课外的知识全班能添上的也就一两个，添对的他就会在课堂上点名表扬，可见，黄清老师对学生知识面的观察是很细致的。

在毕业30周年之际回望母校漳州一中，记忆最深的还是黄清老师。其实还有一件伤心事想提一笔。记得有一次漳州市中小学生运动会在马肚底体育场举行，我们班没有比赛项目的同学要组成花环队参与开幕式的游行，因为女同学多出一人，黄清老师在宣布名单时点到了我的名字，也就是我出局了。那真是一种莫大的羞愧在当时看来，这意味着我长得太难看了。现在想想也只是一件尽可一笑的小事，故书之。

近几年我回大学母校闽南师范大学（原漳州师范学院），知道黄清老师也调动到这个学校，很是高兴。这样，我们便有了双重的生命交集。值此初中同学毕业30周年聚会之际，谨以此短文表达对黄清老师的敬意，对初中三年懵懂的少年时光的感叹。

2013-9-27

书　　名	《新诗话：21 世纪诗歌初论（2000-2010）》
著(译)者	张德明　著
版　　别	九州出版社 2011 年

重建中国新诗批评的话语模式

　　2011 年的那个春节注定是张德明教授值得记忆的一个节日，从大年初一开始，张德明便坐到电脑桌前，敲打起了本书的第一篇文章。那个春节我正好在北京过，百无聊赖中日日坐在电脑前东张西望。耳听得唧唧声响，又见到张德明QQ 头像闪动，点开，一篇文章便飞了过来，《潘洗尘现象》，千把字，按照顺序一路写将下来，共 8 节。第 1 节开章明义，"潘洗尘之为现象，即是说其在新世纪诗歌中有某种显在的符号意味"，第 2 节回顾了潘洗尘的校园诗人时代，第 3 节分析了潘洗尘的成名作《六月，我们看海去》……每一节都有一个论述重点，或几十字也有，或百来字。德明写得激昂，我也读得痛快。我回了他一个大拇指！一小时后，QQ 又抛来一篇文章，《李少君现象》，依旧 8 节，第 1 节综述 21 世纪以来李少君为中国新诗的建设与发展所做的具体诗事，第 2 节归纳李少君诗学观念中的平民本位，第 3 节注意到了武汉大学新闻学毕业的李少君的传媒意识……点面结合，尤其分析了李少君诗歌中的自然之美、自然之静、自然之纯，我一边津津有味阅读，一边问德明：

　　"看你这架势，貌似在做一篇大文章？"

　　"何止文章，一本书！"

　　我吃了一惊，什么书？诗话！德明答道，并且在电脑那边向我来了一番宏图构想："身处当下，我们对于很多事物都是现场经历和现场感受，我们所作出的评判，所下的结论，与当代中国的社会情势和时代气场有着血肉的联系。在这个意义上，我们对于诗歌现象、诗歌思潮和诗歌作品所得出的评判，由于与我们对当下历史语境的认知密切关联在一起，因此必定有着后来人无法比拟的方便和优势。

历史学家王学典就认为，最真实的历史可能是当代史。"

"新世纪第一个十年确实很有必要先行做个小史记。"我也很振奋，"那为什么想到用诗话的形式呢？"

"采取诗话的叙述策略，一方面对古典诗话传统进行有效继承，另一方面使叙述话语形成自由和开放的态势，以便与当下诗歌的自由开放态势构成互动互生关系。"德明进而对当下新诗批评日益趋向长篇大论表达了他的不满，"陈腐死寂、毫无生气的当代新诗批评，需要迎来一次重大的理论变革！"

从这天起，坐在电脑前等张德明教授一篇一篇发来他的新作便成了这个春节我的必修课。正月十五，德明此著宣告完工并于当年出版面世，时效不可谓不快。本书分现象篇、地域论、诗群论、结构论、本体论，共五章，每一章由 7 ～ 10 篇构成，自由灵活、生动可感，行文灌注着浓郁的生命气息和深切体认。作为中间代批评家一员，张德明教授尤其对中间代有感情，把中间代放置到诗群论的篇首，从中间代命名的起源、中间代的几部编著、中间代诗人个案等等，给予了精当的论述，着重点明了"对于中间代来说，有这个命名和没有这个命名，其诗学效果绝对是两样的。中间代的出现，将 20 世纪 90 年代的诗歌史具体化和丰富化了，也为 21 世纪中国现代汉语诗歌史发展的多种可能性提供了鲜活而生动的例证。"

这是张德明"建立在良好的艺术感受能力上，建立在对新世纪诗歌熟悉与了解的基础上，尤其是建立在对优秀诗作的品评上"（熊家良语）所发出的肺腑之言。

2020-2-24

书　　名	《窥豹录》
著(译)者	胡亮　著
版　　别	江苏凤凰文艺出版社 2018 年

成就一种伟大的批评

手中只有青铜之笔的人如何阐释胡亮的黄金专著，这是一个问题。《窥豹录》作者胡亮在自序中用了这么一个比喻，来调侃那些"已经输了（诗人或诗文本）几十年"的批评家们，"他们用青铜阐释着白银，用白银阐释着黄金"，作为九十九个"侥幸的诗人"之一员，我并不能确认百年后还能有我，我能确认的是，百年后必然有胡亮，有胡亮的系列专著，包括这部《窥豹录》。

我想到此前我曾读过的德国 18 世纪批评家施勒格尔所撰写的《评席勒的〈1796年缪斯年鉴〉》，那些入选本年鉴的诗人们不曾想到，他们留存于世的方式并不是席勒编选的年鉴，而是施勒格尔的文章。这就是经典批评超越被批评对象的明证。优秀的批评家必须有自己独特的批评语言，必须让批评成为一种独立而非依附被批评对象的文体，胡亮做到了。某些时候我感觉胡亮已不止用黄金阐释黄金，他甚至已经用黄金阐释白银、用白银阐释青铜，这是白银和青铜的意外之喜。2015 年胡亮获得第 2 届"袁可嘉诗歌奖"之"诗学奖"，评委会的授奖词认为，"批评文字也可以成为一种有故事的文字，成为有韵味和个人声线的书写，成为耐人的和富有魅性的叙述。这在当代诗歌批评中是比较罕见和值得嘉许的"（张清华撰写）。胡亮的批评文字据其所言为：去西方中心主义，去白话原教旨主义。胡亮希望的是感性批评而非理性批评，前者为作家之文，后者为学人之文。而学人之文，"千人一面"。在自序《侥幸的批评家》一文里，胡亮假设中国有一千个批评家，却因为各种原因（以批评为社交、讨取世俗生活利益的工具，没有足够的天赋，没有强烈的批评文体学自觉，没有必须的金钱，没有健康），到最后只剩下三个，这三个就堪称侥幸，如果这三个侥幸的批评家再遇到侥幸的诗人（筛选法参照批评家），那就能成就伟大的批评。此文是胡亮的自勉、自况，也是对批评同行的期许。如果你读了此文，幡然醒悟，迷途知返，你便也可以步入侥幸行列，成就伟大的批评。

胡亮其人，天赋异禀，我认识他的时候他在遂宁发改委工作，这两年才调动到文广新局，这都是忙碌的机关单位，比不得文联、高校那般清闲。胡亮却能把自己读成一座图书馆，取譬引喻，信手拈来。他写罗门，"承芬于《恶之花》，受惠于《荒原》"；写柏桦之互文写作：《望气的人》之于任继愈《中国佛学史》《在清朝》之于费正清《美国与中国》；写王寅，知其手指既见于勃莱，还见于意大利隐逸派；写蒋浩，终于从黄山谷写成了至少半个王摩诘……凡此种种，均须胸有万千阅读，方能道破玄机。《窥豹录》因此变成可以旁及其余的母本，也就是可以以《窥豹录》为起始点，成扇形的展开，继续研读胡亮文中所言及的其他文本，并在胡亮的提示下作比较文学的课程。

随意翻开任一页《窥豹录》，即可被胡亮的妙语晃到眼晃到心，这些妙语建立在批评家对被批评对象的了然于胸，建立在批评家自身的诗学修养和颖悟，建立在批评家"语不惊人死不休"的自我要求。胡亮写文，"字字斟酌，句句推敲"，力避陈词滥调（这个成语在胡亮也会避开，因为它也是陈词滥调），方形成今日胡氏批评语汇，何谓"胡氏批评语汇"，且听茱萸博士解析，"杂糅文言、白话、口谕与翻译体之特色，而成自家格调与面目"，我曾有言，胡亮的书，你只要开始读第一句，就不会放下，就想把全书读完，其中即有胡氏文风之魅惑力。如今且随我随意翻读，他写吕德安，"吕德安并非北方式的悲剧英雄，他不管天下事，但扫门前雪"；他写曾卓之于牛汉，"确是一个近在咫尺的输出者、一个细缝般的上游、一册有点儿单调的启示录"；他写张枣，"是从'旧'里挤出了锱铢必较的'真先锋'"；他写赵思运是一个"胆包身的后现代派"，指出关于赵的研究，关于赵的"破坏性"和"危害性"的研究，也许才开始，也许还没有像样的开始……

在后记中作者曙光微露，略表心愿，"由当代而现代，由中篇而长篇，由九十九张面孔而 N 张面孔，可望草成一部个人化的新诗接受史"，诚如是，则中国诗人幸事、中国诗歌幸事、中国诗歌史幸事。

2018-12-28

书　　名	《一本正经》
著(译)者	赵思运 著
版　　别	云南美术出版社 2016 年

"良知的洞察"

　　赵思运首先是个思想者，是个对现实有自己冷静的思考和强烈批判意识的思想者，他的诗歌之眼才能扫向众多被抒情诗人忽视的不抒情也不唯美的角落。《一本正经》里有让你不舒服的诗、让你读得难受的诗，譬如写太监的《阉，或去势》、写被性侵的小女孩的《丽丽传》，你在对这些诗的阅读中体会到作者的现实关怀，这类诗在赵思运这部诗集里占了大部分。另有一小部分比较温情，当赵思运把笔触转到自己的家人和孩子时，他的心就柔软下来。我相信赵思运诗作《一个人在南京》会成为亲情诗的名作，当那趟思念的火车一路"况且况且……况且"开到"儿子赵大路和他的妈妈"身旁时，我们看见了再犀利的诗人也有他的暖心肠。

　　1967 年出生的赵思运保留有对乡村生活、对"文革"那段特定历史时期的清晰记忆并有呈现记忆于诗中的本事，他的诗因此成为一个时代的历史存证，譬如《传奇》中乡村迷信的神秘应验、《胶片》中的童年往事、《民间艺人开篇词》的语录化用。在博士、教授诗人队伍中，赵思运的《一本正经》在选材和语言表现力上，因为注入"良知的洞察"（陈仲义），而令人难忘。

2016－12－19

书　　名	《海子诗全编》
著(译)者	西川 编
版　　别	上海三联书店 1997 年

百年中国新诗需要海子这个代言

海子的存在证明了我一直坚持的"艺术是唯心的"这个观点，也就是，艺术更多地呈现出它的精神或意识的层面，它的神秘、它的宿命、它的偶然与必然。时至今日，海子在中国当代新诗史上的位置和影响力已经超乎任何人之上。迄今我知道已有两个地方为海子举办诗歌节，一个是秦皇岛，因为海子选择了山海关龙家营地段的铁轨作为他生命的终结处，当地诗人在每年的 3 月份自发组织纪念海子活动，十年后的 2012 年 3 月，地方政府开始牵头举办海子诗歌节，每年一届，今年是第三届。秦皇岛是我所知道的第一个为海子举办诗歌节的城市，从这个意义上说，秦皇岛没有辜负海子的选择。2012 年 7 月，德令哈地方政府也创办了首届海子青年艺术节，两年一届。德令哈与海子的关系缘于海子短诗《日记》。中国诗人自古就有为山川河流立传的传统，一个地方因为诗人诗作而名世的现象屡见不鲜，但那大多数发生在古代诗人身上，新诗史上以自己的诗篇让一个不为人知的小地方广为人知的目下只有一个海子，一句"姐姐，今夜我在德令哈"顿时让德令哈这个西部边陲小城大放异彩，小城因此也以诗歌节的形式回馈海子。德令哈建有海子诗歌纪念馆，据悉，秦皇岛市政府也有意筹建海子主题公园。以上是我知道的与海子有关的诗歌节，也许还有其他地方也有海子诗歌节只是我不知道，但仅此两处，海子的影响力就已经超越新诗史上任何一个诗人。

每到三月纪念海子热潮，我的脑中总是浮现出西川在他编选的《海子诗全编》序言《怀念》一文中的第一句话"诗人海子的死将成为我们这个时代的神话之一"，那篇文章写于 1990 年 2 月，距离海子辞世不到一年，海子热尚未形成。其后的事实证明了西川此言的准确，从这个角度来说，西川真可谓预言大师。虽然海子热以令一部分人目瞪口呆的趋势在升温，但细究起来，海子热的形成有它历史选择的必然，也就是说，中国当代新诗已经到了需要有一个经典形象来为自己代言的时候了，这个形象在 1989 年 3 月 26 日得到了确认，海子以自己决绝的自毁成为中国当代新诗选中的这一个。

我们要问，为什么偏偏是海子而不是任何其他自杀的诗人？我首先想到的是命运，中国新诗的命运，它发端于北京大学，由一个名叫胡适的安徽人发起，而海子，众所周知，也符合这两个元素，安徽人，北京大学毕业。海子的被选中与这两个元素的契合有关系。这是我所说的艺术的神秘论和宿命论。当然，海子的被选中更与他自身的创作有关系。当海子以卧轨的方式选择死亡时，他无疑制造了一个突发的悲剧事件，读者总是对悲剧的突发的一切感兴趣，这与人的心理诉求有关，因为感兴趣，读者就萌生了阅读海子诗作的念头，幸运的是，海子有两个可托生死的知音，骆一禾和西川，他们承担了编辑海子全集的工作，在骆一禾突然故去之后，西川继续编辑完成，提供给世人阅读海子文本的可能。这个环节非常重要，倘无《海子诗全编》，则零星的见诸刊物极少的海子，是无法成就他大诗人的形象的。必须说，海子是天才，当秦砖一样厚重的"诗全编"呈现在读者面前时，那些光芒万丈的抒情短诗，那些至今尚无法获得透彻解读的长诗，真真切切托举出了一个令读者口服心服的海子。说到海子，回避不了一个话题，如果海子不自杀，他会有今天吗？答案是，没有，如果海子不自杀，他会跟今天众多优秀诗人一样，生活着，书写着，跟我们在同一间礼堂开会着。我这么说的理由是，我们总是对活着的大师视而不见，对健在的伟大诗人视而不见，我曾经在一些场合和诗人们交流，凡举到我认为的当下伟大诗人，总是会引来不同意见。再举一个例子，大家都知道西川有一首名诗《在哈尔盖仰望星空》，一下子让哈尔盖成为诗人都知道的一个地方。但哈尔盖所在地会举办西川诗歌节吗？恐怕在西川有生之年是不可能的。海子自杀了，依照中国人以死为大的传统，他的作品马上得到广泛阅读，人们对他的评价也不吝啬。当然最重要的是，海子的作品经得起阅读。那么多自杀的诗人死了也就死了，就是因为他们的作品经不起阅读，大家因为他的死关注他的作品，结果发现，不过如此，也就丢开了事。但海子不一样。

海子的作品有什么特色呢？很多理论文章都写过，我个人的观点如下，第一，海子不是中文系毕业，他是政法系毕业，他的阅读因此独立于众人，大家都注意到海子阅读取向主要是上古，古埃及，古希腊，古印度，等等。在海子读书的八十年代，国门开放，中文系学生大都在吞食着西方哲学、西方现当代名著，海子阅读的谱系明显与众不同，这应该也是他写作个性形成的原因。第二，海子天才的感悟力和语言能力使他的作品极具原创性，在语言使用上总是有一种蛮横的粘合力和独属于自己的遣词造句能力，像大家耳熟能详的"面朝大海，春暖花开"，本来是平常的两个词，这两个词本来并不发生关系，但海子把他们组合在一起了并用一首优秀的诗作完成了自己对大海的认证以至于人们一想到大海，首先反应出的就是春暖花开。其实如果你在海边住过，你会发现，在海边居住并不舒服，晚上的时候，大海潮涌就像千军万马齐刷刷的操练，你根本睡不着。但没用，有一句话，是生活模仿艺术而不是艺术模仿生活，说的就是艺术的能量。海子的大海和李白的月亮一样，已经成为一种象征指认了大海和月亮的形象，这是海子诗句的伟大之处。海子还有一句诗"漆黑的夜里有一种笑声笑断我坟墓的木板"，笑声笑断木板，生活中谁遇到过？没有。但海子这么一写，你一下子就接受，你会想到鬼怪片或武侠电影，鬼怪和大侠出场时一切不可能皆有了可能。海子就是有这种强大的不容分说的语言创造力，他可以把既定的两个不相干的词组成一个句子，也可以完全凭自己的语法发明出新的句子并施了迷药一样让读者接受。这就是天才的强迫力！

海子有一首诗《亚洲铜》，诗人卧夫经过考证获悉，海子家乡有一座山叫月山，出产铜，海子在铜这个意象前加上亚洲二字使之具有浓郁的东方色彩和深厚的文化内涵，创造出了崭新的打上鲜明的海子烙印的一个全新词汇。亚洲铜，不是常规概念的铜，而是一座山，"亚洲铜，亚洲铜／祖父死在这里，父亲死在这里，我也将死在这里／你是唯一的一块埋人的地方"。

海子在25岁自杀，留下了他青春的形象。而诗歌，历来就与青春息息相关。我们都爱说诗歌是青春的事业，虽然不一定正确，但反映了人们对诗歌与青春关系的思考。其实，青春不一定指的就是年龄，它也可以是一种心态。每个人从心态上都希望自己是青春的，哪怕他垂垂老矣，他也对青春回想不已。海子的青春辞世保证了他的纯粹和纯洁，也因此，他的青春永垂不朽，他的青春即是永恒！

任何一种艺术门类都有自己神话般的人物，百年中国新诗需要海子这个代言，他的诗作经得起阅读，他的人几无瑕疵。海子已成为中国新诗的一个标志、一个符号。

2014-3-30

书　名	《昌耀评传》
著(译)者	燎原 著
版　别	人民文学出版社 2008 年

这个世界确实有人活到了生命的巅峰

　　《读〈昌耀评传〉，保持冲动指数》是 2009 年 2 月 24 日我读完《昌耀评传》后带着激情写下的一篇小文，仅从题目就能看出我当时所受到的激励。这是燎原继《海子评传》之后情绪更为饱满，叙述更为生动的一部已经成为经典的诗人评传，无论传主昌耀，还是传主所生活其中的青海大地，都是同样在青海生活工作过的燎原熟悉的，后记中作者如此写到，"它是我对昌耀的还愿。昌耀曾经用谦卑而清澈的光束照耀了我，现在，我要将这一光束返还回去，使他从幽暗中豁亮现身"。

　　我在读《昌耀评传》的过程中多次为燎原文采飞扬的笔力所惊叹，燎原一如既往地带给我们关于理想、青春、热血的激活，并因为这激活而萌发深深的悲哀，我们呼应了燎原笔下的人物却无法成为他们。昌耀，1936 年 6 月 27 日出生于湖南桃源县三阳镇王家坪村大地主家庭的幼主，13 岁那年放弃了已经考取的县立中学投笔从戎报考解放军 38 军 114 师并被录取成为文工队一员，于 1950 年随军北上抵达辽东前线参加了抗美援朝战争，那一年，他 14 岁，所谓非凡之人必有非凡之事。

　　燎原认为，昌耀人生位置是不断前移的，别人 17 岁正要入伍，他已从朝鲜战场带了个"三等乙级革命残废人员证"回到保定荣军学校学习；燎原同时认为，昌耀内心中"一种盲目的心理趋向，这就是对于远方不明缘由的向往"决定了他在到中国人民大学继续深造和分配到河北省文联工作的两个看来不错的选择中未加思索地报名奔赴青海加入祖国的大西北建设，从此"一个诗人的光荣与梦想，灾难与屈辱，将在这座古老神秘的大高原，被演绎成一个残酷的神话"（燎原）。

　　燎原笔下的海子和昌耀，和我们曾经共同呼吸在这块大地上，现在，他们被燎原的文字雕塑成两面饱满光亮的镜子，时时提醒我们，可以承认我们无法活得像他们一样但不要怀疑，这个世界确实有人活到了生命的巅峰。

2016-9-27

书　　　名	《百年新诗经典解读》
著(译)者	吴投文　著
版　　　别	吉林大学出版社 2019 年

把理论书写得诗意盎然

写这部书的读后感手有点软，心有点慌，怕写不好，因为，这部书太好了。好到这几日我的微信朋友圈成为它的宣传工具，每读到感叹处、会心处、拍案叫绝处，便要拍个照现场直播，眼见为实，好不好大家点开阅读吧。千言万语从这句开始：对不起投文兄，这么晚才读你的第一部书，认识 10 年了，也以你的好友自居，却是诗也不曾读你，文也不曾读你，要不是这次聊城诗会（2019）咱俩互换新著，我送你《人间书话》，你送我《百年新诗经典解读》，要不是我恰好接受《诗刊》"每月点评"的邀请急需学点本领，我读你，可能依旧是遥遥无期。

我从邮箱里调出我们认识的第一封邮件，时在 2007 年 2 月 6 日，你以阿披王（奇怪的笔名，查不出它的出处）的名字发来一组诗，将近 50 首，简介告诉我，你生于 1968 年，任教于湖南科技大学中文系。当时我正在《诗歌月刊》下半月当编辑，有无刊登你的诗作不记得了，记得的是向你寄去《中间代诗全集》并很快得到你写中间代的论文。作为同代人，你对中间代有感情、有体认、有想法、有言说的冲动，你的敏锐和迅捷出手的能力给我留下深刻印象，但你的理论文本貌似不多，至少在我的印象中你对诗歌的爱大于理论，你接二连三出版了几部诗集，我家里已有两部，但理论书却是一部也没有。此前我知道你在《大昆仑》开设"新诗典藏"专栏连载，梳理百年新诗经典诗作，我便暗暗期待它们的最终结集出版，刊物的零星阅读毕竟不如书的整本阅读更具完整性和严密性。

说实话，我真的不知道你有如此漂亮的文笔能把理论书写得如此诗意盎然，你在前言中表达了你的志向，"以诗论诗"，你认为，"对一首诗进行解读，而解读的文字本身无诗意，也无理论的诗意感，恐怕也是买椟还珠，不能真正触及到诗意的核心和光晕"，你有这样的自觉并有这样的文字功力，完全达到了你的预期。你知道整本书我划了多少让我怦然心动的词句吗？真是妙句迭出、每页都有，有时实在划不了，再划，就把整页都划了，怎么办，我直接打钩，表示，这段都精彩，我感觉我又回到当年在中学当语文老师时读到学生漂亮的作文时巴不得天赶快亮，我好站在讲台上把作文读一遍的激动。比如解读朱英诞《落花》一诗，说到诗的"奇崛"，你给出了这样的一个定论，"尤其在整体的效果上要有如履薄冰的谨慎和天真的执着"，"如履薄冰"和"天真"两个定语恰到好处又熠熠生辉。同样这一篇说到朱英诞如何从古典诗词中取意，你有一比喻堪称绝妙，"此诗写得相当敞亮，把古人的境界抹去表面的诗意，化为一卷坑坑洼洼、坎坎坷坷的默片，多出来的那一部分恰恰是古人想象不到的那一部分"，这其实就是在教当代诗人如何作诗了。是的，这部书是你的教科书，你在人文学院讲授"新诗鉴赏与写作"，又在全校讲授"中外现代诗鉴赏"，这部书就是你在教案的基础上编写和完成的。本书收入了 69 位诗人 72 首诗（其中郭沫若、艾青、穆旦各两首，其余均一首），是你在大量阅读的基础上兼顾文学史价值与文学价值的标准选定的，"从一个侧面大致勾勒出新诗的流变轨迹"，你用极具个性化的文字解读它们，本质上这是一部由作品和解读联手推出的中国当代新诗史。

我特别喜欢你文字中藏也藏不住的真知灼见和性情才情，它们就像一个个文字的小太阳，处处发光。你说"新诗选择胡适作为开山人物，带有很大的偶然性，胡适实际上并无多少诗才"，注意，是"新诗选择"，"新诗"在你的笔下是有生命的，它自己选择了胡适而不是胡适选择了它。这里面有一种神秘论和宿命论，维特根斯坦说的，"神秘的不是世界为什么这样，而是它就是这样"。对了我发现你这部书几乎没有引用过一个老外，起初我几乎是不敢确定，但我脑子里实在没有浮出哪一个老外的名字，整部书你的引用大多以中国古今论者为主但也不多，这是我一个秘密的发现，它证明了什么，证明了你的才气足够，你不需要引用，自己的话都说不完、自己的文字都写不完，何必引用呢！读你的《百年新诗经典解读》，我又像坐在课堂上的那个学生，如饥似渴，不断吸纳，你选的鲁迅的《梦》我不知道，你分析的《梦》与《狂人日记》的关系（形式感的探索上）我不知道，你选的沈从文的《颂》、臧克家的《春鸟》我也不知道，百年新诗，无数诗作，不知道也正常，所以才需要你们这些大学老师来筛选、来解读、来传授，从这个意义上说，被选中的诗人诗作，又是何其幸运！

在解读郭沫若的时候你有一个观点我颇为赞同，"一个诗人作为诗人的经历和故事，本身也是文本的一部分，在后来的文化传承中会放大为一种充满诗性的'可写性'文本"，你认为，"诗人不能完全隐匿在凡人的躯壳内，要有一点对抗世俗的放荡和不羁，要有一种在骨子里生长出来的敢于挑战世俗的勇气"，我预备把这段话发给某某某，TA 就很无奈自己太过谨慎，迄今的半生无有一事供人闲谈，TA 也知道，甚至绯闻也是传世的重要部分。当然，我还得把你接下来的这个意思转送给 TA。

杰出的诗人往往具有道德豁免权，但必须先有文本建树。

2019–10–6

书　　名	《看法》
著(译)者	格式 著
版　　别	中国戏剧出版社 2008 年

姓格名式

我在滨州长途汽车站门口等长征时，忽然就看见格式从站门口走出，我们热烈地拥抱了一下：这是诗人间久已熟知的见面方式。我继续在滨州长途汽车站门口等长征，不同的是，这次多了一个格式，多了一个可以滔滔不绝阐述诗歌观点的格式。格式谈到了最近一段时间他的诗学思考和文字梳理，说他正在对古典诗与现代诗进行剖析比较，我说，陈仲义老师刚好在他的韩国之行中说到这个问题，看来一定的时候诗人们总会返回源头去看来处。

格式的研究结果是：古代汉语非常适合中国积淀深厚的农业文明，所以古典诗达到了完全成熟的程度。而现代汉语对应工业文明的能力相对较弱，所以相应影响了现代诗的写作。我赶紧从包里拿出本子和笔，用狗爬式的字体记录下格式的警言妙语，一面说，格式你真厉害，每次都能有新观点。听到振奋的话语赶紧记下的习惯多年前是我的常事，后来因为偷懒就把这个优良品质戒掉，现在看来戒得是有点早。据伊沙说，老于至今还保留着随身携带小纸条记灵感的习惯，我似乎也在某个场合看见于坚掏出纸条记下什么的动作。说到于坚，我一直记着他面对周围的嘈杂不闻不问的神情，有点木讷，有点大智若愚。于坚的耳疾某种程度上阻止了外界的侵入，却放大了内心观察的能力。于坚诗歌的活力和创造力对应于他内心蓬勃的激情和野心，使之不断突破，不断到达新天地。

某些方面，格式和于坚有相同之处，他们一样具备直接深入生活本质的敏锐，一样具备远大的诗歌精神，一样具备化阅读化知识为思想为文字的能力。在中间代诗人里，格式的理论储备和写作能力是令人赞叹的，2002 年底，格式开始系列中间代诗人个案点评，连同相关的诗学文字，已出手了百余篇。现在它们就在这部《看法》里。"看法"二字，颇富玄机，妙不可言，格式的自信也在这一命名中尽显。在偶然翻到的《先锋诗歌档案》里，我看到周瓒把格式对她的评点收到了理论部分，同时收入的还有燎原、向卫国，和其他声名显赫的学院派理论家。格式的理论不拘泥不迂腐，挥洒得开又收得住，体现出了一个优秀理论家把握全局的能力。我对格式理论的欣赏还在于他的不以一己喜好妄下断语的写作方式，经常读到一些作者一写到某人就"绝无仅有""惊世骇俗"的词汇满天飞，这样的评点不仅有害于自己，也有害于被评点对象。因为它暴露了写作者的审美眼光和审美品位，如果被写者不够优秀的话，评论语汇的"大"除了让我们认识评者的小丑式夸张外，什么也体现不了。

在我和格式之间，有兄弟般的感情，更有战友般的感情。回想当初《诗歌与人——中国大陆中间代诗人诗选》刚出来之际，格式不声不响出手的优秀系列个案产生的强大反响，恰到好处地呈现了这个群体潜在的实力，此后的几次中间代专题组稿，我因分身乏术让格式和康城帮忙做一些事，他们总能在最短的时间里干净利落地完成。格式是那种既有水平又有行动能力又有识见的人，这使得他在一经有了平台之后便能长袖善舞得分外精彩，并愈演愈烈一发不可收拾起来。这里面，格式自身的积累和爆发性尤其重要。

在北京，我一天天感到了压力，我感到了自身才华与学识的不足。当你与其他人在某个场合交流，你无法清晰有见解地表达自己的观点时，当你得到一个约稿却不敢接受因为你担心你无法胜任时，你就会感到压力。北京是一个机会较多的城市，但这机会是为有能力的人准备的。反过来，我喜欢北京这个城市的原因也在于此，它让你不能掉下，让你时时提醒自己继续努力，北京的精神意义是大于它的生活意义的。当然，对这种"盲目"的北京情结，于坚不以为然，他说，一个人应该让自己成为这样一种形象，他在哪里，哪里就是诗歌的中心。于坚的话自有他的道理，想当初格式出场前，我压根儿不知道还有德州这个地方，就像普珉后来跟我聊天时说到的，要不是认识我，他也不知道漳州这个地方。诗歌界这样的现象很多，像赵丽华和廊坊、发星和普格、向卫国和茂名、汤养宗和霞浦，都是一些地方经由一两个优秀诗人而发出光亮。但愿我能够在以后的阅读中发现越来越多发亮的地方。

格式与年龄不符的老相已是诗界公开的秘密了，尽管如此，每一个见到格式的人还是会在第一眼中诧异十足，一个1965年出生的怎么能够看起来像1956年出生的？不过我因为看多了的缘故，已经觉得格式就应该这样，黝黑的皮肤，几近光秃的脑门，庞大的躯体，不拘小节的举止，无论从哪个角度看，格式都不像一个诗人，而像一个屠夫，一个曾经操过屠刀、如今操弄语言的屠夫。

顺带说一下，我遇到的这个世界较为出色的屠夫在古代姓庖名丁，在今天，姓格名式。

2004-10-1　初稿
2020-1-6　修订

书　　名	《生于六十年代中国当代诗人诗选》
著(译)者	潘洗尘、树才 主编
版　　别	长江文艺出版社 2013 年

每天翻读一颗星辰

因为要写一篇论文（其实我哪会写论文，至多不过小随想），我考虑再三，总不能空对空，就想学那些个学者动辄以什么什么为例以"生于六十年代"为例起来。六十年代这拨人今年最大 56 岁，最小也已 47 岁，好听点叫社会中坚，不中听点叫即将退出历史舞台。但偏偏是这拨人在诗歌领域却依旧挑着大梁，写作精神头足，写作水平高。真是有为的一代。

这一代人经历比较丰富，经历过"文革"或"文革"的尾巴，有的还上山下乡过，恢复高考他们又率先成为幸福的大学生，改革开放西学汹涌而入时他们如饥似渴大量吞食西方文明，时称"知识爆炸"，他们经历过征婚广告都要写"爱好文学"的崇文时代，也赶上商品经济大潮裹挟着下海的物质主义时代，21 世纪网络时代他们也能迅速转型，一点不陌生于全球化互联网的勃兴，就是这样一代人生机勃勃不知老之将至，时时被灵感之光辉照着疾驰在诗歌之路上，他们一路耕耘所结下的硕果如今被这样一套诗歌选本所涵纳，这选本能不优秀吗？在"70 后"诗人已有诸多选本的当下诗歌现场，"60 后"诗人却只有这一部耗尽主编者三年心血，从几百位"60 后"诗人里不断忍痛筛选而出的诗选，可见这个选本是多么珍贵。

本书收入的 122 位诗人都有长达 30 年的写作实践，每位诗人收入 10 首左右诗作可以说是精中选精，品质自不用说。每个时代都不缺少优秀诗人，能入选此书只能说是幸运，谁也没有必然入选的傲慢。诚如编者所言，"1960 年代出生诗人不仅数量惊人，如繁星闪耀，而且极具个性，像每一颗星辰各闪其光，遥相呼应"，每天翻读一颗星辰，细细感受它的质地和光焰，是一种享受，也是一种来自同道的激励。

2016-9-28

书　　名	《三毛作品集》
著(译)者	三毛 著
版　　别	北岳文艺出版社 2003 年

"不要问我从哪里来"

英国《每日电讯报》在《五十本最佳邪典书》中对邪典书做了如下定义："什么是邪典书？我们几经尝试，却无法给它下一个准确定义：那些常常能在杀人犯的口袋里找到的书；那些你十七岁时特别把它当回事儿的书；那些它们的读者嘴边老是挂着'某某某（作者名）太××了'的书；那些我们的下一代搞不明白它们到底好在哪里的书……这些书里经常出现的是：毒品、旅行、哲学、离经叛道、对自我的沉迷……但是，这些并不足以概括邪典书的全部特征。"

我试图用这样一句话来概括邪典书的全部特征：

对每个人而言，所谓的邪典书就是能够改变他 / 她生命状态的书。

也就是我认为邪典书之邪可以具体到每一个体，哪本书改变了某一个体，哪本书就是这一个体的邪典书。

但三毛著作显然可以归属为英国《每日电讯报》所开列的《五十本最佳邪典书》一类的读本，它力行的"不按常理出牌"的生活方式对众多读者起了"积极"的引导作用，激发了隐藏在每个人心中的流浪意识和远方情结，三毛离经叛道的求学经历、恋爱经历乃至最终的死亡经历，无不背离了正统教育要求于我们的读书、考学、工作、结婚、生子、安老等等因程序化而显得安全妥帖的生命模式，三毛用她所有的文字告诉我们，一切可以颠覆而依然活得精彩，可以逃学为读书，可以只身走天涯，三毛用她蛊惑性的文字告诉我们，生命是可以这样丰富而奇异的！

犹如一切浮在面上的英雄都用他们的英雄事实告诉我们，艰难困苦是成就英雄的必要，所以艰难不足惧，因为艰难后面总是成功。当我年长至今我才发现，那些不英雄的早已葬身艰难里。我们没听到他们的声音是因为他们根本没有发出声音的可能。我们看到撒哈拉沙漠中的三毛，插着青草代替鲜花和荷西登记结婚去了，却看不到更多流浪异地的人暴死于街头巷尾，这就是邪典的魅力。

因为《少年维特的烦恼》，一个青年读者举枪对着自己扣动了扳机；因为《麦田里的守望者》，查普曼向列侬发射了六颗子弹；因为三毛的《橄榄树》，无数青年渴望背起行囊，在"不要问我从哪里来"的哼唱中，梦想着遥远的远方，这个大眼睛，麻花辫子，波希米亚衣着的女子，有着不与东方人一样的异国情调的美，她是东方的另类，东方的邪典。

1991 年 1 月 4 日，我 21 岁，那天我从远离市区 14 公里的乡村中学授课回来，在开门的一瞬听到妹妹说，阿姐，你最崇拜的人死了。我和我身上未及扑打的灰尘一起顿在了那里。

这个人就是三毛。

今天，为了写作此文，我调出了网络上三毛作品第 15 号《回声》，重新聆听了一遍，仿佛是对青春的一种祭奠。1990 年，我在浦南中学的同事郭伯龄第一次借给我《回声》的盒带，深爱三毛的我立刻被它迷上，迫不及待地复制了一盒，从此成为我寂寞乡村女教师生涯中回旋不去的旋律。迄今我依然能一字不差且不走调地唱完全部《回声》中的 12 首歌，其中一首《七点钟》依旧是今日的我在卡拉 OK 中的必唱曲目。三毛的英文名"ECHO"意思即为"回声"，三毛此前出版过 14 本书，这盒唱片因此题为"第 15 号"。

《回声》由三毛亲笔写下的 12 首诗，从童年逃避上学在家自闭 7 年开始，写到了她的初恋，失恋，离家奔赴撒哈拉，荷西去世，媚居生活，自我调整，涵括了三毛的半生故事，再由李泰祥、陈志远、陈扬、李宗盛等七位作曲家为每首诗谱曲，经齐豫与潘越云宛若天籁般的歌声演绎，其间还穿插有三毛自己的原声旁白，确实是一张内质动人的"传记音乐"，滚石公司于 1985 年先行推出卡带版的《回声》，后于 1986 年 1 月推出 CD 版，是台湾流行音乐史上的第一张。

我不知道今日的大学生是否还像 20 世纪 60 年代出生的我们一样迷恋三毛？当年的文学青年，哪个不是盯着书店，来一本三毛作品就买一本，因为迁居的缘故，当年购买的全套三毛作品已不见踪迹，但三毛对我的影响早已渗入骨髓，我之后来毅然离职离家只身北漂，很难说没有三毛血液在我身上的跃跃欲试并最终付诸实践。

不用说三毛是个诗人，虽然她广为人知的写作文体为"散文"，但她的活法本身就是诗人的最好例证。柏拉图因为诗人太不理性而把诗人驱逐出理想国，姑且不论他的驱逐正确与否，但他对诗人"非理性"的判断却是再正确不过。为什么诗人与诗人间能够一见如故，那是诗人天生具有不与凡人相同的气质，这个世界其实只有三种人：男人，女人，诗人。诗人的创造力、诗人的想象力和诗人因非理性而导致的破坏力一样强大。

三毛无疑是非常诗人的。

2014-11-8

书　　名	《给孩子的诗》
著(译)者	北岛 选编
版　　别	中信出版社 2014 年

开启诗歌之门，越年轻越好

2014 年 1 月 19 日，诗人、编辑康伟、沙白夫妇做客寒舍，送了两本北岛的书籍给我，一本诗集《守夜》，一本随笔集《波动》，两本皆繁体字，香港出版的。今天我想推介的是北岛编选的这一本，《给孩子的诗》。翻开扉页，赫然看到："安琪存，北岛，2014.7.5"字样，显然这一天我们见过，依稀仿佛是在某个小型研讨会上，我应邀参加，知道北岛要出席，特意把书带去请他签名的。

2011 年 8 月第三届青海湖国际诗歌节初次见到北岛（那也是北岛阔别祖国之后第一次回国参加诗歌活动，自此以后，北岛参加诗歌活动便成正常了），与会诗人陆续都和北岛合照，我也不能免俗，合照之间，临时担任摄影师的诗人凸凹举着我的相机说，安琪你靠近一点北岛，然后我听到北岛说，哦，你就是安琪，听过你的名字。声音低缓，却牢牢印记在我心里并带给我持续至今的温暖。我想我会把这初次相见的场景记一辈子。

北岛无疑是诗人中的英雄，在他那个年代，他和芒克办《今天》民刊，他写的那些诗作，他做的那些事，都是会给他带来杀身之祸的，但他没有退缩。朦胧诗群应该感谢北岛，若无《今天》，一代人无法崛起。青海湖诗歌节之后，见到北岛的机会就多了，但都不是在大场合，所以没见到北岛被围观，被镁光灯轰炸的场面，这次在鼓浪屿国际诗歌节（2016年10月），我就亲见北岛依然是后代诗人心中的英雄。

那晚褚家园咖啡馆诗歌之夜已经结束之时，北岛从舒婷家走来，原先准备离席的诗人们纷纷回到现场，气氛神秘而激荡，北岛清瘦，温情，却自有一股强大气场，一干记者、诗人跟随北岛身后，那场面就像我边上一位诗人轻声说的"老大出场的感觉"。此后，凡诗歌节期间有北岛出场的地方均能见到同样的场景。种种迹象表明，北岛依然是诗人们心目中的男神。

在诗歌节组织的"中外诗人对谈"（鼓浪屿外图书店）中，北岛的讲话从食指说起，他坦承自己的写作受到食指影响虽然食指只比他大一岁。北岛的发言永远有着真诚的底色。穿插一个这次鼓浪屿诗歌节的小神话，话说2016年10月21日，按照天气预报，这一天是台风"海马"登陆时间，厦门人都惴惴不安，我妹妹甚至问我，诗歌节会不会有时间变动啊？因为一遇台风，鼓浪屿停航，那就麻烦了。事实居然是，台风"海马"转道广东，厦门这边只有21号那天下了一场暴雨，之后几天都阳光灿烂，以至厦门当地诗歌节微信号都称"诗神来临，台风跑了"，我妹妹也说，诗歌的力量真大！我暗暗想，这一定是因为北岛平生第一次来到厦门、来到鼓浪屿，台风给面子，不来骚扰了。一定是的！

《给孩子的诗》分为"外文诗选"和"中文诗选"两大版块，收入中外诗歌101首，诗选倾向于自然、励志，北岛以"给年轻朋友的信"为题写了序言，封面前勒口打着北岛这么一行字"让孩子们天生的直觉和悟性，开启诗歌之门，越年轻越好"。对这本诗选的质量不用我费舌，自然是优质的。我注意到北岛这个选本选了鲍勃·迪伦《飘在风中》一诗时不禁暗暗吃惊，真是眼光独到啊！要知道在大陆诗界，此前还未见有选本把今科（2016年度）诺奖得主鲍勃·迪伦当诗人对待并给予一席之地。

我还想说的是，北岛此部诗选开启了大陆出版界为孩子们编诗选的热潮，此后我就陆续看到好多部"给孩子们的诗"。

2016-10-26

书　　名	《十年砍柴》
著(译)者	马知遥、马博雯 著
版　　别	天津大学出版社 2016 年

优秀的诗人总是比自己的时代先行一步

　　《十年砍柴》是马知遥博士和他的女儿马博雯联合出版的一部诗集，本文主要针对马知遥部分。我感受到马知遥区别于大部分纯粹学院派从语词到语词、从抽象到抽象、从玄学到玄学的写作模式而呈现出一种直接与生活现场相撞击的诗意，这诗意并非古典诗词所营造出的浪漫、梦幻所概述的那种，恰恰相反，贯穿马知遥诗歌的生存苦难、世道众生、情之艰辛、爱之乱象等作为失败证据的存在，本相总是按捺不住地透过字缝丝丝缕缕攀爬而出，他写道"至少关上门就属于自己"，他难道只是写张爱玲？在《张爱玲之死》中，马知遥以近乎残酷的笔触捅破了笼罩着张爱玲一生的传奇面纱而直接把一个客死异乡的老女人端到读者面前。诗人已经看到了生命自出生就被给定的最终走向死亡，哪怕出名趁早的张爱玲到此刻也只能来到她的最终归处死亡。究竟诗人给予张爱玲之死怎样的估价：却原来也不过是一片叶子和另一片叶子的遭遇。每个人都是浮生中的一片叶子，都将下落，而那盛开在空中的圆月和沉浸在水中的圆月，它们也无非都是不攻自破的幻象，任谁也触摸打捞不到！

　　萨特说：意识的超现象存在不能为现象的超现象存在奠定基础。无论诗人的意识如何愿意为现象的存在做出合情合理的解释，他 / 她实际上都是"不能"，马知遥似乎深知自己的"不能"，因此他还原张爱玲到一个"女人"的身份的自觉显得如此强硬不容更改，这是对个体生命参悟后的极端反抗，人越是在高峰体验中尝尽成功的狂喜，就必将在死之将至时纷涌自暴自弃的绝望。这既适合张爱玲，当然也适合马知遥！通读马知遥的诗篇，我发现了这一个"感动写作"矢志不移的阐述者自身的犹疑和悖论：他在诗中提供给我们的充满冷静、无奈和荒诞的场景并不止这一处。在《酒场》一诗他说：

来的陌生人和熟人／大家坐下／因为一场酒要结成朋友

我特别惊心于"因为一场酒"这一词汇结构所揭开的因果序幕：无情竟然可以无情到如此地步！无情到底，人已不堪。却原来，成为朋友仅仅是"因为一场酒"，也就是，维系朋友感情的并非心灵相通言语投合而是一个外在于人的"物"——酒。在一个物化社会里，所有关系都物质化了，商业化了，表演化了，人与人之间已经很难赤诚相见，人被物化或从物中消失都是常态。物统领了人于是我们看到：

来的都很陌生／酒开始称兄道弟

这意味着我们承认物自身以其自身的法则操控着人类的情感状态，在物面前，人已然不存在了。人陌生但物在称兄道弟，多么荒诞的画面，但谁能说它不是今日更为真实的日常人生？人与人之间的关系其实就是物与物之间的关系。所谓物是人非，物永远正确，不正确的反倒是人。看透人生荒诞的人是不幸的，这看透将让他／她不得安生，当诗人在《穷人》一诗中如此提问到：

这些穷人谁生养了他们／然后抛弃他／然后让他丢了家

他实际上是在用精神分析法去解决现实世界不可解的难题，他看到到处都有穷人，拣别人吃剩的，热恋别人的钱包，脸很久不洗……他罗列这些究竟想说明又能说明什么？他什么也不能说明！"穷人"因为"到处"而显出一种必然而非或然，这"必然"已浮现在社会的表层，但今天因为诗人的搬运——他把他们搬运到纸上——而显出一种怵目和酸楚，我们说，这是诗人所能做也只能做的正义之举，谁让这些穷人丢了家？

谁让这些穷人成为穷人？马知遥是个有社会观察力的诗写者，他确乎不想为一己的悲欢而写作，因此他说：

落了魄的可以喊回来／失了势的可以转过来／／你夺了我的纯洁／抢了我的时光／消磨了我大好青春华年／／我却只能低眉袖手／只能心甘情愿／只能把个奴才的

这一首创作于 2007 年题为《还魂歌》的诗作将被视为特定时代特定人群悲惨一生的立此存照。这存照因其"代代相传"而凸显悲惨的分量。优秀的诗人总是比自己的时代先行一步，这既是他的特权也是他的命定，他有责任用诗歌的方式去指证、去唤醒同时代的蒙昧者，而多年前鲁迅先生在《呐喊》自序中却已因预知蒙昧者中的清醒者在铁屋子中将因被唤醒而再次领受无可挽救的临终的苦楚而发出悲叹，那么，诗人如此一意孤行他将遇到什么问题？

他必须解决自己与时代、与时代中人在"看见"与"看不见"间的利害冲突所导致的内心交战，这"交战"将因诗人自身的先知先觉而充满不被理解的困惑与挣扎。当诗人说：

你夺了我的纯洁／抢了我的时光／消磨了我大好青春华年

我们不禁潸然泪下并且瞬间发现，青丝变白。谁夺走了我们的纯洁并置换了我们一身，奴才的嘴脸？！

2009–11–11　初稿

2020–1–6　修订

书　名	《柔刚诗歌奖专号》(1992-2018)
著(译)者	黄礼孩 编
版　别	中国艺文出版社 2018 年

"爱，以及人类精神世界里最绚烂的一道闪电"

　　合上第 534 页，舒婷秀气灵动的"柔刚艺术学苑"六个字还在眼前晃动，这是柔刚退休后来到厦门鼓浪屿创办的系列文化产业之一。我特别感兴趣的还有霞辉柔刚养老院，能在温厚、宽和、仁义的柔刚兄的养老院养老，又有诗歌作陪，当是诗人们最好的选择了我想。所有见过柔刚的人都难以忘怀他安静的笑容和永远躲在聚光灯照不到的某个角落的身影，这样的一个人却偏偏做成了一件又一件大事：汽车、物流、网络科技，还有柔刚诗歌奖。

　　是的，诗歌界所知道的就是柔刚诗歌奖了，中国大陆第一个以个人名义命名的诗歌奖项，1992 年创办至今，没有一年中断，2020 年已到第 28 届。20 世纪 90 年代中国诗坛也曾有过若干个人出资命名的诗歌奖项，但大都办了几届就悄然退隐、不知所踪，唯有柔刚坚持了下来，成为民间诗歌奖项时间跨度最长的唯一幸存者，更加上每届只有一位诗人获得主奖，柔刚诗歌奖也因此被称为诗歌界的诺贝尔奖而广受瞩目，已从最初的获奖者为奖项增光到今日的奖项为获奖者增光了。

　　借此文让我把收入本书的前 25 位主奖诗人名单公布一下，立此存证：1992 年第一届游刃、1993 年第二届周伦佑、1994 年第三届彭一田、1995 年第四届安琪、1996 年第五届主奖空缺、1997 年第六届庞培、1998 年第七届庞余亮、1999 年第八届主奖空缺、2000 年第九届杨键、2001 年第十届孙磊、2002 年第十一届宇向、2003 年第十二届胡续冬、2004 年第十三届曹五木和格式并列、2005 年第十四届姚风、2006 年第十五届朵渔、2007 年第十六届柏桦、2008 年第十七届潘维、2009 年第十八届潘洗尘、2010 年第十九届沈苇和叶辉并列、2011 年第二十届麦芒、2012 年第二十一届王夫刚、2013 年第二十二届胡弦、2014 年第二十三届陈家农（蒋立波）、2015 年第二十四届年微漾、2016 年第二十五届苏奇飞。

如果再加上入围奖、荣誉奖、新人奖和校园奖，柔刚诗歌奖的获奖作者队伍已经将近一百名了，涵盖了朦胧诗以后中国当代新诗各个代际的优秀诗人，这部《柔刚诗歌奖专号》前 25 届获奖作者专刊收入的除了主奖还有其他各类奖项获得者的获奖诗作，容量浩大、质量上乘，每一个获奖作者都散发出他们独特而迷人的美学光晕，他们各有各的精神母题和写作疆域，各有各的崇高和野性、超验和经验，各有各的神性和本性，四天四夜的阅读对我是各种类型诗歌写作的教育，是经典诗作的重温，是对每一个优秀诗人的学习和致意。这是一部弥足珍贵的诗歌选本，除了诗作，还有每一届的授奖词和获奖感言以及获奖作者访谈。2008 年我应潘洗尘之约向第一至第十八届主奖获得者做了访谈，全部刊登于当年的《星星诗刊》理论版，时隔 12 年重读，读出了更多的深思和感慨，在对潘洗尘的最后一问中我给出的是诗最终留下什么？

潘洗尘坚定地回答："爱，以及人类精神世界里最绚烂的一道闪电。"

是的，柔刚、潘洗尘，还有本书主编黄礼孩都是有爱的人，他们的爱已经温暖到他们能够温暖到的更广大的人群。柔刚诗歌奖如是。

本书有一种勃勃的生机，书中有大量的与柔刚诗歌奖有关的文字信息。作为柔刚诗歌奖第十六届至今的承办方，中国南京现代汉诗研究计划的许多资料，包括连续三年的中国汉诗排行榜等都收入书中，为不熟悉当年烽烟四起的诗歌江湖的诗歌新人们了解那段历史留下了血肉丰满的记忆。柔刚诗歌奖此前十五届采用的是轮流坐庄的承办方式，每一届由柔刚自行选择一个诗歌团队来评选，我和康城主持的《第三说》诗刊就曾承办过第十届，第十六届时我正在北京中视经典《诗歌月刊》下半月当编辑，柔刚当时希望我们来承办但我自觉忙不过来，且当时正好知道南京有一群诗歌教授们成立了这样一个汉诗研究机构，遂牵线搭桥把柔刚介绍给汉诗研究机构发起人之一黄梵，当然，最后柔刚把往后的承办权都交付给了汉诗研究机构也是当时的我没有想到的。读《柔刚诗歌奖专号》才知道，后来柔刚诗歌奖承办方改为南京大学中国诗歌研究中心，但成员构成基本还是汉诗研究机构这批学者。

本书最后一文题为《柔刚诗歌奖介绍》，副标题"柔刚诗歌奖评选办法（征求意见稿）"，详细陈述了评选程序，可视为评奖章程的范本。确实学者就是学者，严谨到为柔刚诗歌奖撰写了洋洋几千字的规章制度，不由得人肃然起敬。柔刚诗歌奖越做越大，影响力已经溢出诗歌界，与南京这批诗学专家们的认真评选以及每年隆重的颁奖典礼分不开。

祝福柔刚，祝福柔刚诗歌奖，祝福中国当代新诗！

2020-1-17

书　　名	《读诗·1949-2009：中国当代诗 100 首》
著(译)者	潘洗尘 主编
版　　别	江苏文艺出版社 2009 年

"把李白挑出来！"

2008 年，诗人潘洗尘在他执行主编的《星星》下半月理论版上开辟了一个栏目，"虚拟选本：中国当代诗 100 首"，邀请 16 位中国当代诗人、诗歌批评家每人推荐 100 首诗目，他们是：马铃薯兄弟、马知遥、安琪、沈奇、何言宏、苏历铭、吴投文、赵思运、杨四平、杨志学、张德明、张立群、罗振亚、胡亮、燎原、霍俊明（以姓氏笔画为序）。一年后，潘洗尘把 16 位选家的诗歌选目进行统计，按票数多少排列出"中国当代诗 100 首"，时间跨度 60 年（1949-2009），这就是我们所读到这本诗选。

本部诗选以"最大公约数"的集体智慧确定入选诗作，"最大限度地消除在以往诗歌选本中经常出现的个人趣味和小圈子趣味对一个选本客观性与公正性的影响"，确实为中国新诗提供了一份独具"大精神格局和教科书气质的诗歌档案"，迄今依然是我认为的在编选上最合理的优秀诗歌读本。（引号部分均来自本书编者序）

作为被邀请的 16 位选家之一，我发现了一个有趣的现象，那就是经典篇目越少的作者在这样的海选中最占优势，举例说，张三只有一首公认的代表作，李四却有三首大家都知晓的代表作，结果，张三的票数肯定高于被分散的李四的票数。话讲回来，李四也有可能因为代表作多而入选两至三首（不过这样的概率不大）。无论如何，今日重读本部诗选，我依然要为潘洗尘如此用心设计整个编选程序点赞。

"把李白挑出来！"，潘洗尘在序言中引用了批评家徐敬亚先生的话表明了自己编选本书的志向。

2016–11–9

书　　　名	《书写之辨》
著(译)者	林丹娅 著
版　　　别	福建人民出版社 2015 年

文本之外的思考

2013 年 6 月，曾有机会和林丹娅等厦门作家团一起赴韩参加中韩作家笔会，娇美清秀的林教授一路兴致勃勃，举着她的单反相机，隔着长途大巴的玻璃窗摄下沿途所见，无论汉江，还是道路两旁繁茂的植被。有一次主办方组织我们参观一处古民居，我看见林教授离开众人，独自背着她的相机房前屋后拍下许多边边角角景致。林教授话不多，每到一地必细心观察，我至今记得车过汉江时她说，汉江上隔一段路就有一座桥，她还说，判断一个地方经济发不发达看桥的密度便知。我暗自惭愧自己根本没注意到汉江的桥。

此番读她的《书写之辨》，我同样暗自惭愧自己的阅读总是停留在肤浅之处，并未对所读的文本进行文本之外的思考。林丹娅从分析《伤逝》《白毛女》《青春之歌》等几部小说中得出了中国女性形象从"私奔"所必然遭遇的悲惨结局到"公奔"后的幸福生活，其实质依然是女性寻求被拯救的身份不变。其"公奔"一词的首创颇具形象性和经典性。所谓"公奔"，即是寻求强大的政治势力作为社会背景来成全女性"私奔"的合理性。以《青春之歌》为例，林道静因反抗包办婚姻离家出走却陷入绝境，此时余永泽以同居方式拯救了她，这是一种传统私奔模式的现代表述，反抗婚姻的林道静还是得依凭同居求得生存。不一样的是，林道静并不是鲁迅笔下的子君，她不满足于和余永泽一起生活时自己家庭妇女的角色，在共产党员卢嘉川的指引下她走上革命道路，卢嘉川牺牲后另一革命党人江华适时出现，继续引导她成为坚定的无产阶级革命战士。

经过林丹娅层层剖析，我们不得不承认男性在妇女解放运动中一直扮演着强力角色。《青春之歌》的作者杨沫自身也是女性，想来她自己都没有林丹娅这么深刻地了解到自己潜意识中依然存有的男尊女卑观念，整部《青春之歌》，宣扬的依然是"男性在性别关系中一直处于强势地位"的事实，只是披上了一层革命的外衣，立刻由"私"转"公"获得主流意识形态的认可，成为红色经典中的经典。

读林丹娅的《书写之辨》，读她对我们习见的小说从性别角度给予毫不客气却又在情在理的解剖，真是大长见识。林丹娅是著名的女性主义学者，对女性一直葆有最深的理解和推助，本书中收有一篇题为《在她们与作品之间》，研读了残雪、徐小斌、王安忆、斯妤、陈染、叶梦、刘思谦七位女作家，自然，本书涉及的女性作家不止这七位，在此就不一一列举。

2012 年莫言获诺贝尔文学奖后厦门大学举办了一次莫言作品研讨会，"荟集当代文学一线学者"，林丹娅注意到，整个会议论文与发言几乎无涉性别研究，是研究者的无意识还是思维习惯使然？林丹娅如是问。

2016-12-20

书　名	《新世纪十佳青年女诗人诗选》
著(译)者	诗刊社 编
版　别	时代文艺出版社 2006 年

新世纪十佳青年女诗人

接张德明教授微信，询问"新世纪十佳青年女诗人"为哪"十佳"，遂抽取出此书，一一报上：蓝蓝、路也、娜夜、鲁西西、杜涯、李小洛、海男、安琪、荣荣、林雪。想想已是 10 年前的事了。今日看来，这 10 人中除我之外，其余 9 人创作力皆未曾衰竭，显见当年的评选颇具远见。在我看来，获得这种群体奖都有一种幸运元素在里面，讲究的是正当其时。如果这个奖放在今年评，一定是另一批人上榜，因为会有写作状态及影响力更卓著的另一批人等候着。本奖由《诗刊》下半月刊动议，得到福建晋江市文化馆和山东济南《都市女报》及在妇女界有深远影响的《中国妇女报》加盟，是为四家联办，具体评选由诗刊社承办。

2006 年 1 月，诗刊社向 60 位 45 岁以下的女诗人发出参评邀请函，截至 2 月中旬，收到 53 位女诗人回复表示愿意参评，7 人未回复经分析其原因为：第一，3 人年龄超过 45 岁；第二，3 人可能未收到邀请函；第三，1 人拒绝参加。2006 年 2 月 20 日，主办方向选定的 100 名专家评委发出活动说明、评选表格及候选女诗人名单并附信一封，请评委们投票他们心目中的"十佳"并对每一个被推荐者作出一句话评语。79 位评委回寄他们的选票结果。经主办方统计票数，得出"新世纪十佳青年女诗人"最终名单。

2006 年 5 月，《新世纪十佳青年女诗人诗选》由时代文艺出版社出版。同年 8 月，《诗刊》下半月为"新世纪十佳青年女诗人"做了一期专刊。

以上简短回顾来自本书的编前说明。

而我记忆最深的是 2006 年 5 月我们 10 位女诗人一起出席颁奖仪式的点滴故事。那天我们是在北京站统一集合一起上的高铁，我们的第一站是主办方之一，

《都市女报》所在地济南。高铁上，许久未见的鲁西西表现出基督教信徒的热诚，一路情绪激昂叙述她的信教体会。到济南后，我和杜涯同住一屋，彼时我生活境况不佳，一路沉默哭丧着脸，而杜涯也是不善言辞之人，两人同宿几夜竟没有什么交流。依稀记得护士出生的杜涯极爱干净，随身带着床单包裹自己睡在宾馆的床上。在济南第二个晚上记不得是到哪所大学，得票第一的蓝蓝代表我们10位女诗人上台讲话，白色拉链夹克衫、蓝色牛仔裤、黑布鞋装扮的蓝蓝扎着半长不长的马尾巴大咧咧地走上台，开口赞美济南说这地方"很干净"，全体学生哄然大笑，蓝蓝笑问，我说错了吗？学生们又笑，气氛极为活跃。

在济南自然要参观趵突泉，自然要参观李清照故居。在李清照故居，10位女诗人依次朗诵此前已经写好的与李清照有关的诗，然后把诗作交给叶延滨老师，叶延滨老师就在李清照故居前的石凳上当场拆解组合10位女诗人的诗作形成新的一首诗并当场朗诵。遗憾当时没有把叶老师的诗记下来。

济南之后我们奔赴福建晋江，晋江是福建最富裕的县级市，把个颁奖仪式整得像瑞典皇家学院颁诺贝尔奖一样，在这欢庆的场合，突然，鲁西西说她的诗稿丢了，此处省去77字，后来主持人说，报告大家一个好消息，鲁西西的诗稿找到了。全场掌声响起。在晋江的第二天是十佳女诗人研讨会，陈仲义老师在自己的宝地福建果然不负众望，逐一点评每位获奖诗人，用语绝不重复显见其深厚的学术修养，此点评后来以文字的形式刊登于《星星》诗刊及各大网站。本次评选的主要策划人林莽老师代我念了获奖感言，真的在故乡面前，一个执意北漂却被生活撞得头破血流的失败中人就像无颜见江东父老的项羽一开口就会掉下泪来。感谢林莽老师关于评选"十佳"女诗人的创意及行动，这个荣誉成为当年濒临绝境的我一个夜深人静时自我安慰自我劝勉的力量。

一周的同行，我认识了善解人意的林雪、作品强悍体格娇小的海男、知心姐姐一样的荣荣（她告诉我，婚姻也得像写作一样用心经营）、发言中妙语连珠机锋闪射的路也、娴静优雅的娜夜、俏皮的李小洛……久违了，姐妹们！

2016-12-28

书　　名	《师者仁心：童庆炳画传》
著(译)者	吴子林　特约组稿
版　　别	《名作欣赏》别册，2018 年第 1 期

师者仁心

《名作欣赏》2018 年每期附加一别册，主题，"学人画传"，第 1 期推出的是《师者仁心：童庆炳画传》，由童老师的学生吴子林组稿编辑，我便也得以在第一时间先睹为快，预先把校样稿细读了一遍，等到刊物出来时即可写读书记。

《师者仁心：童庆炳画传》总 32 页，和《名作欣赏》一样开本。封面左下角有童老师 2005 年的照片一帧，满面含笑的童老师亲和、自信、开阔，当时童老师的教学和研究正处于生命中的巅峰状态，这张照片一直为童门弟子所喜爱，《童庆炳全集》用的也是这帧。

扉页选用了一段话，来自中国社会科学院荣誉学部委员、著名文艺理论家钱中文老师：

"童老师从审美诗学到文化诗学的建立，正是改革开放以来我国文艺理论研究的自然历程，是现实的需要，他在文艺理论中提出了新思想、新观念、新学说，更新了我国原有的文艺理论，是形成中的具有中国特色的文艺理论，是我们自己的文艺理论。他是我国文艺理论界的杰出代表人物。"

第 2 页为童庆炳老师的简介，由编者撰写。从简介中我们可获悉，童老师培养了博士生八十余人，带出了文艺学界一支赫赫有名的"童家军"。

第 3 页至第 32 页为正文。大体上采用左图右文的形式编排设计，干净、整洁、文雅、给予人格外熨帖的阅读效果。

正文由四个版块构成：生平述要、著作要略、书法手迹和名言隽语。

"生平述要"从 1936 年童庆炳出生于今福建省连城县莒溪镇莒市村写起，采用大事记的方式，抓住童老师一生中 21 个重要的节点：就读北京师范大学中文系本科、留校任教、发表第一篇学术论文、到越南河内师范大学中文系任教、到阿尔巴尼亚国立地拉那大学历史语言系任教、回国后被"闲置"期间刻苦攻读文艺理论和美学著作、独立编写《文学概论》教材、招收第一批文艺学博士生……每一个大节点里又有小年谱，翔实生动地记录了童庆炳老师创造与丰盈的一生。

童老师一生著述甚丰并且涉猎领域广泛，"著作要略"因此又分为四单元，第一单元：小说、散文、随笔，计7部；第二单元：学术著作，计17部；第三单元：文学理论教材，计5部；第四单元：教育论著，计1部。每部书均有作者或其他论者对该书的阐述节选，学理与情感兼具，文采与哲思并存。这部分的阅读让我非常受益，也是本画传的重中之重。

"书法手迹"收入了童老师为刊物、为学生题写的书法作品若干，以及童老师钢笔手书的教案，很是珍贵。回想童老师生前，子林和我听说他在练书法，曾想请他为我们写幅字，童老师总是笑着说，不着急，等我练得更好些再来。谁知童老师遽然离世，我们再也等不到那一天了。童老师的书法灵动洒脱，已自成一格了。童门弟子得到童老师书法赠言的并不多，弟子罗宏梅算一个，真是令人羡煞。

"名言隽语"从童老师各个时期的访谈、著作、文论中精选佳句，是童老师对教学、人生、亲情、世界的探索和感悟，可谓言短意长。

《师者仁心：童庆炳画传》选用了60帧童老师个人和著作的照片，配之以3万言文字，直观、系统、全面地呈现了一代文艺理论大家丰硕、卓越的学术成就，让人景仰！

2018-1-21

书　　名	《百年中国长诗经典》
著(译)者	海啸　主编
版　　别	中国画报出版社 2010 年

长诗写作才是对一个人综合素质的最终检验

整理书柜，醒目的《百年中国长诗经典》扑入眼帘，想到又有好几年没见到海啸了，也不知他最近忙些什么，是否继续编辑他的诗歌读本。2010-2013 年间，海啸主编的"中国经典诗歌系列读本"都取得不凡的市场销量，这本《百年中国长诗经典》以两万起印，之后又多次再版，让我们十分高兴。

那时马新朝先生尚在世，有一次我们在山东临沂九间棚"时代文学"奖颁奖现场相遇，谈到这本诗选，我们都认为这是当时中国唯一仅有的一本长诗选，入选诗人都有各自时代的代表性，且装帧印制极为出色，倘若加以宣传，当能在诗界引发大关注（我们都认为，本书在圈内的影响似乎没有销量那样大）。但海啸这人太低调，只管把书出版出来就再也不做下文，马新朝先生说，如果能约到评论文章，他倒是可以找到刊物刊登。但请谁写、谁来请？终究他和我都不愿开口，此事也就不了了之。

转眼就到 2018 年，回看这本《百年中国长诗经典》，依然感受得到它的分量。本书分上下两卷，上卷"故宫"，下卷"绝唱"，各收入 10 位诗人，总 20 位。以"故宫"和"绝唱"来命名，庄重和典雅之心可见。尤其"故宫"，这样一个几近枯朽老迈的词于此获得新生。"故宫"，沉甸甸的词，沉甸甸的辉煌与梦想。

20 位入选的诗人诗作：郭沫若《凤凰涅槃》、艾青《向太阳》、穆旦《神魔之争》、彭燕郊《混沌初开》、郑敏《诗人与死》、洛夫《石室之死亡》、昌耀《慈航》、北岛《白日梦》、杨炼《诺日朗》、海子《河流》、于坚《0 档案》、马新朝《幻河》、欧阳江河《悬棺》、西川《致敬》、南鸥《火浴》、伊沙《唐》、余怒《猛兽》、安琪《轮回碑》、海啸《海啸三部曲》、南方狼（现名谢长安）《青铜调》。年龄跨度从郭沫若 1892，到南方狼 1982。这 20 个题目折射出的前卫、激进、凝重、苍茫感，很容易引发共鸣。

海啸出版这部诗选时——与入选作者或者家人取得联系，得到授权（郑敏老师的授权是我帮助联系的）。入选的 20 部长诗均全文收入而非节选，对我这个长诗写作者而言，能得到这样一个学习机会自是不能错过，我确实很认真地逐句读完这本书，并且还做了阅读札记。

我一向对长诗写作情有独钟，在我看来，长诗写作才是对一个人综合素质的最终检验。叶橹教授也指出，"一个国家，一个民族，如果始终不能出现能够抒写杰出伟大的长篇诗歌的大手笔，必定是这个国家和民族的一种缺憾和悲哀"。这么多年这么多人在长诗写作上孜孜以求，内心充满的必是形而上的果敢和宏大高远的抱负。短诗可以凭借瞬间灵感闪现一蹴而就，长诗则无此种可能，它与一个人的呼吸长短、精神气脉、血质底蕴有关，与一个人认识世界、经历生活、丰富内心有关。入选《百年中国长诗经典》可以说是对我长诗情结的一种资质认证和精神鼓励，以至当时拿到此书恍然间竟有此生足矣的慨叹。

《百年中国长诗经典》以郭沫若的《凤凰涅槃》为开篇有它浓烈的象征意义：《凤凰涅槃》是新诗史上第一首杰出的浪漫主义抒情长诗，1920 年 1 月由《时事新报·学灯》副刊以整版的篇幅连续发表，该报宣告，它"比谁都出色地表现了'五四'精神"。郭沫若还曾明白地告诉读者，"我的那篇《凤凰涅槃》，便是象征着中国的再生""同时也是我自己的再生"。

海啸列《凤凰涅槃》为开篇之作，显然有他对中国新诗自旧体诗中"再生"的期许。

2018-1-24

书　　名	《词语的色彩：当代女性诗歌散论》
著(译)者	池沫树 著
版　　别	长江文艺出版社 2017 年

当代女性诗歌脸谱

　　池沫树《词语的色彩：当代女性诗歌散论》是继张晓红教授《互文视野中的女性诗歌》之后我读到的第二本女性诗歌研究专著，特别珍贵。此前知道池沫树写诗、主编有《小不点儿童诗报》，这次又见识了他诗歌批评家的一面，不免吃惊又佩服。池沫树，80 后，江西宜丰人，现居东莞，毕业于中国传媒大学，有诗歌入选人教版新疆专用小学语文二年级上册课文。我特别注意到本书下篇论及余秀华的长文《余秀华诗歌散论：“天使”与“恶魔”的情欲》确实是从传播学的角度细细梳理了余秀华成名的流程，指出，“对于传媒而言，诗歌是极为‘敏感’的文本，却也是渗透最广的文本。文学研究自有它的一套体系，但是，‘余秀华’显然超越了文学范畴”，这是内行人的内行之语，当然余秀华的爆红也有她自身的文本优势和智力优势，池沫树在本文中所作的许多余诗赏析就证明了这点。

　　本书系 21 个女性诗人专论的合集，所跨年代从朦胧诗的舒婷一直到“80 后”郑小琼，体现了作者广博的批评视野和历史意识。后记中作者详细列出了 20 世纪 80 年代至今各种女性选本和诗歌刊物中女性专栏所涉及的女性诗人名录，是一份极为重要的研究女性诗歌的必备资料。池沫树身为 80 后诗人，却已有 10 年埋首女性诗歌研究的经历，他的写作才能如此从容不迫。本书既是批评家与诗人的对话，亦是诗人与诗人的对话，“这种诗人与诗人之间的‘对话’所呈现的体己式批评，或许更具有代入感”（赵思运）。池沫树深知，对一个诗人最贴切的阅读就是从每一首具体的诗作入手，他因此专注于文本内部的语言结构探索和意义分析，告诉你，何以“这个人”是他所选中的能够代表当代女性诗歌精神的经典诗人。每一个批评家都有自己的经典谱系，所有的谱系汇集到一起取最大公约数，具有普遍共识的经典就出来了。感谢池沫树静悄悄的写作为女性诗歌研究奉献出的心力，蓝棣之教授为本书所下的定义是，"我认为这是一本严肃、言之有物，因而有水平的论文集"。

2018-3-19

书　　名	《女性主义者笔记》
著(译)者	安琪 著
版　　别	阳光出版社 2015 年

女性主义者是孤独的

我一直相信"诗歌"这个场域的存在就像相信商界、政界的存在一样，它们都是并列的，但因为诗歌的精神化性质而使之显出虚拟的假象，事实上，诗歌同样是一个可触可感的世界，同样有自己的一套价值取向。一个政治家说他很有抱负，想在更高的位置上为人民谋福利，我们就敬佩他；一个商人说他的目标是成为百万亿万富翁，我们也向他表示祝福，但一个诗人，说他想成为伟大的诗人想在诗歌领域拥有更大的做事的能力我们就骂他追名逐利，这是很不公正的。每个诗人都应该给自己成为"最优秀"的定位和鼓励。

说到"女性诗歌"我首先承认有"女性诗歌"的存在，为了不致混淆概念，最好加上主义也就是"女性主义诗歌"甚至"女权诗歌"都可以。有时我觉得很悲哀，时代到了 21 世纪，女性的位置却没有相应地向前推进，女性写作和理论的繁衍也没有和社会的发展变化同步，而是仍处于波伏瓦所说的"第二性"状态。承认、揭示、反抗，仍然是女性主义写作的三个主基调。一言以庇之，21 世纪的今天，"追求个性解放，打破束缚女性的种种传统戒律"，依然还是有思想的女性的内心驱动力，虽然悲凉但仍不应妥协。

现在女性受教育的程度越来越高，但她们面临的矛盾和痛苦却依然没有减弱，女性的一些基本问题仍然在周而复始地重复着，所以我觉得"女性主义"应该不断得到重申，哪怕重申毫无意义，也要重申。并不是女性诗人所写的诗歌才叫女性主义诗歌，应该注意"女性"中的"女"与"性"。"女"是性别身份的标志，"性"是人本身所具有的能力和作用，它强调的是能力与作用。女性的很多角色，如温柔，做家务啊，等等，这都是男性社会对女性的要求而非女性先天具有的，满足于男性要求于女性的写作也就是通常我们说的小女人写作是不属于女性主义写作的，那种安于家庭妇女的幸福状，撒娇装痴状，炫耀夫疼子乖状，在我看来都是小女人写作而非女性主义写作。男性作者所写的文字如果是站在女性关怀立场，是从女性意识出发，同情女性，为女性说话，为女性发出吁请，那也可以划入女性主义写作的范畴。譬如曹雪芹，他就是典型的女性主义者。

"女"，作为与"男"对立的客观存在，他们相融构成了一个完整的世界，相离则应是各自独立的两个世界。而事实却是，大部分女性无法独立成一个世界，主要原因我以为有两个：生理的和社会的。生理原因属于先天宿命。我曾在回答韩国《诗评》杂志高炯烈主编关于男女平等在我们社会主义国家是否可能的提问中回答，男女平等无论在哪个主义的国家都是一句空话，男女在生理结构上的不平等首先就是男女平等的障碍。不用说女人每个月的例假对情绪状态的影响，单是做爱之后男性了无牵挂女性却得担心怀孕而产生的沮丧惊恐，又怎能使她们享受到如男性一样的放松的快乐。而当女性怀孕生产，抚养子女，这些完全真实的生活程序，使女性的精力、情感不得不受限于家庭琐事时，男性已经在通往事业的道路上义无反顾前行多年，男性与女性之间的距离也已义无反顾拉开多年。这个观点我在不久前读到的沈睿自述文章《一个女诗人的心灵史》中也读到了，文中，沈睿回顾了自己第一次婚姻的破裂过程，大体上就是从生理和社会要求于男性和女性的不同而产生的困惑及不得不面对的分手选择。

我读沈文的时候多次落泪，真是感同身受。一个女性要按照自己的心意成长，要有所作为，最终总是得像沈睿一样婚姻解体。我自己也有过一次婚姻解体，我一直在思索，到底谁错了，后来我给自己一个答案：是性别错了。在北京我看到一个普遍的事实那就是，凡男性北上的，老婆都跟着北上，没北上的也在家守候，女性北上的都家庭解体。我只呈现这个事实，背后原因就是女性诗歌所要解决的或至少是所要表达的。

社会的不平等体现在社会对女性所设置的障碍，譬如说找工作，同样求职，女性的压力就比男性大，同样到 40 岁，女性就被视为不可用，而男性却正当其时。这些都是客观存在的事实，男女平等只是理论上、文字上的。

我们作为女性应该有性别自觉，要在不利因素和环境中保持这种自觉。不要告诉我女人很伟大因为她可以当母亲，这些都是常识，我也知道也承认女人很伟大，男女保持着这个世界的平衡，等等。那些道理一百个人有九十个人懂，现在我们要看到并指出九十个人不懂的男女不平等，女人不伟大。我觉得这才是我们要做的事。

女性还要时时提醒自己不要成为另一个女性的压迫者，从古至今，女性所受的压迫除了来自社会和男性，还有来自女性自身，比如婆媳关系就是很典型的社会问题在家庭中的反映，克服女性自身的狭隘，确实需要女性的自我提醒。

女性主义者的可悲就在于，男性、女性都讨厌女性主义者，女性主义者都是很孤独的。有时连女性主义者也不见得会理解和接受另一个女性主义者。

前面所说的沈睿的自述文章《一个女诗人的心灵史》表达的就是女性成为一个女性主义者所不得不面临的灾变，这似乎告诉我们，成为女性主义者的必由之路就是要付出无法计量的努力和辛酸，究其原因就是"性别错误"。

一个女性主义者必定是先锋精神的追求者。虽然中国提倡中庸，但我个人认为保持思想的尖锐锋芒中庸是不行的，你无法既在生活上中庸又要在思想和写作上先锋。这是很难协调的。有什么样的思想就有什么样的语言和生活。我一直提醒自己，先锋，再先锋。今年 3 月 21 日世界诗歌日时我写了若干信条，算是对自己的再次催促，它们是：1. 信仰诗，诗有神。2. 我经常在写作中感受到如有神助，神即诗神。3. 诗歌高于一切！对于诗歌应当有信仰，有些精神方面的东西是看不见的，"诗歌界"与商界、政界是平等的，想要在诗歌上有所作为是正常的，是为他人造福。可是现在却存在着普遍的对精神领域的不尊重，而只认可对现实层面的追求。4. 未经文字记录的人生不值一过！经过文字记录这一生才有证据，要强化对文字的重视和尊重。5. 当生活种种都能游刃有余进入诗时，生活种种皆为幸福。种种！6. 保持一颗先锋的心。7. 平庸之人无法写出先锋之作。我认为在生活上中庸、妥协是没有办法在写作上先锋的。8. 先锋，永远必须！它是创新、勇往直前、壮志未酬身先死的激烈，它使"我到来、我看见、我说出"成为可能，它拒绝千人一面，它血管里流淌的永远是个性的血。9. 你无法模仿我的生活。理论上每个生命个体都应与众不同，都应无法模仿。但事实上大部分人却活得大致相同，那是因为大家都在模仿生活，抄袭生活。10. 我有极端的性格，正是这性格保证了我的诗写，只要这性格一直跟随着我，我就能一直写到死。11. 要做诗事就要做好，不然就不做，做好做坏花的精力其实差不多。

回顾我的写作历程，我也经过短暂的小女人写作，譬如《红苹果》《养雾》《草莓颜色的公园》《情感线条》等，它们的特点是：唯美，纯情。所幸，这个时段很短，我就进入颇具女性自我意识的写作，譬如《明天将出现什么样的词》《干蚂蚁》《节律》《未完成》等，《明天将出现什么样的词》这首就不用说了，在"爱人"和"词"之间最后"词"出现时爱人藏在阴暗里，很多批评家说这首诗是我命运的预言。用词和爱人不断追问，作为一个女人她关心的是明天将出现什么样的爱人，作为一个诗人她关心的是明天将出现什么样的词？全诗就这样在爱人与词的不断追问中，通过一个女人和诗人的视角不断变换而最后，诗人的身份已经超越了女人的身份，爱人藏入阴暗、藏入词之中。这首诗暴露了我潜意识中的女性主义，虽然那时我还没有现在这样的自觉，这首创作于1996年的诗作基本预示了我将走到今天。另外三首1994年创作的长诗主题分别是死亡、爱情、命运，也是很有抱负的。大家可以查一下王光明老师的评语，非常准确。那些诗作都有超越女人身份的东西在里面。后来我接触庞德后，又受到了他的影响，悟到任何东西都可以入诗，我写出了一系列长诗，如《轮回碑》《九寨沟》《任性》《纸空气》等等。像写《九寨沟》，我并不是简单地赞美自然风光，而是写出了我在九寨沟的见闻感受，同时我在写这首诗时世界发生了什么我也把它纳入这首诗中，只有这样的写作，才能一百个人有一百个《九寨沟》，单纯描摹风景只能是一百个人只有一个《九寨沟》。

1999年，我写了一个诗观表达了我当时宏大的写作野心："我的愿望是被诗神命中，成为一首融中西方神话、个人与他人现实经验、日常阅读体认、超现实想象为一体的大诗的作者。"当然我的前提是，必须被诗神命中。我一直相信万物有灵，相信诗歌高于一切，相信有一个诗神在里面，所以我觉得只有诗神命中你，你才能完成这些大诗。我不知道我是不是能达到，也许已经达成，也许还没有，这是以后的事情。

中国女性主义诗歌在20世纪并未获得大的值得骄傲的成绩，体现在：第一，在历次诗歌大运动大格局的形成中，女性均处于被动参与地位，且介入人数极少。

第二，女性诗人的"短命"现象，此处指的是诗歌生命。第三，女性主义诗歌理论的贫乏使得女性主义写作一直处于感性阶段而难以上升到智性写作的高度。随着高学历有思想的知识女性诗人的不断涌现，21世纪的女性主义诗歌也许会有一个大突破。

最后，我认为女性主义批评与女性主义诗歌一样，必须首先要有性别自觉，自觉女性所处的劣势和位置，承认女性面对的种种问题，为女性发出吁请。我要为女性身份的改变做出什么，能达到什么样的效果，这是我作为一个女性诗人所应该做的，我会尽力而为。只要每个女性都做出努力，女性的生态环境就能得到一点点的改变，每个一点点加起来就很可观了，要让"从我做起，从现在做起"成为行动而不是口号。

2009-4-26

2016-9-27 修订

书　　名	《纸葵》
著(译)者	龚学敏 著
版　　别	成都时代出版社 2018 年

大家之作

《纸葵》看出了龚学敏的诗学抱负，他用书名创造了一个词，纸葵。世上并无纸葵此物，但龚学敏说有，便有了。川人龚学敏选择"葵"之意象，自然与蜀葵这一四川特产有关，植物前冠以地名，似乎也只蜀葵？但龚学敏用"纸"字替换之，与他文学身份有关，葵由他纸上长出，便可不受地域限制，传播各处，也可不受四时限制，长盛不衰。

《纸葵》的抱负还体现在本书收入的两首诗，两首长诗，其一曰《三星堆》，其二曰《金沙》。无前言、无后语，干干净净，只让你读诗，这又是作者自信的一种体现。说实话，翻开《纸葵》看见全书只有这两首长诗，我还是吃了一惊，一般概念肯定以为这是一本短诗合集，但龚学敏又避开了"一般概念"，给了你不一般的四川两处神秘之境。三星堆和金沙距今已有 5000 至 3000 年历史，是迄今在西南地区发现的范围最大、延续时间最长、文化内涵最丰富的古城、古国、古蜀文化遗址，是李白《蜀道难》之"蚕丛及鱼凫，开国何茫然"之"国"，这两处遗址博物馆恰好我都去过，是我走过的博物馆中最值得一去的。两处的共同点是没有文字留存。诗人因此找到切入口，想用自己的诗作代三星堆和金沙立言，我如此揣度龚学敏。当我在 CA1488 达州至北京的航班上读完《纸葵》，我有一种惊异感，想不到龚学敏是写这类诗。

在《三星堆》一诗中，词性的自由转换产生的对既有意义的否定和再造、词与词的无逻辑对接产生的歧义与玄妙、句与句之间的大幅度跨越产生的鸿沟迫使你的惯性思维必须紧急跳跃，否则就有摔倒在沟的风险，我想到了我的老师之一：《西方超现实主义诗选》，我不知道龚学敏是否也受过超现实主义的影响，但毫无疑问，在《三星堆》中我读到的语词冲锋陷阵般的勇猛和词在外军令有所不受的狂野，让我回到了超现实主义写作的我，回到了先锋诗浪潮汹涌的 20 世纪 80 年代，探索和实验是那个年代的主流。请允许我引用《三星堆》开篇第一节佐证：

抛光锯开的空气，树长出的唇，/ 滑过被水埋葬的可能。/ 被吮吸的太阳，/ 跌破斑鸠的皮肤，羽毛，呼吸过的空气，/ 用光环遗落乳房。石头蓬勃的羽毛，/ 在岷山的乳汁中啼叫。饮下一棵树，/ 树的魂魄流向空气被抛光时的，/ 眼睛。

阅读此节，我想到的是三星堆遗址不可言传的古蜀文明气息，想到的是通高 262 厘米、重逾 180 公斤青铜立人像向外凸出的眼睛，以及世界上最早、树株最高的青铜神树上栖落的九个太阳……神异的物象在岷山之地幻化并不断冲撞着诗人的视觉和感觉使之晕眩，由此产生梦想和迷惑气质十足的诗句。

整部《三星堆》的文字构成基本是这样。那么可以想见它的阅读效果，作者深知其然因为他在此山中，而读者不免大呼"云深不知处"因为他们在此山之外。对此龚学敏不以为意，他说"有些诗是属于为未知领域开拓的，感到阅读困难，也是一种能量"，对三星堆，这样的解释相对有说服力，它切合了三星堆的认知困难。但我个人目前不赞许过度设置阅读障碍的写作这也是我离开超现实主义之路的原因，作者的一己之力终究只是一己之力，一部作品的流布需要的还有无数读者的心口相传。

接下来我要说《金沙》，这是 2017 年中国长诗的重要收获，我不清楚《金沙》有否刊登过，也不清楚这首诗写于何时，在我的阅读记忆里这首诗并未获得足以匹配它的优秀的声誉。这首诗取了《三星堆》语言激活想象力之长又避开《三星堆》语言自说自话、不着边际之短。全诗 8 章，每一章均由一则中外古典文学或民间传说中的诗文作引，譬如《山海经》、譬如《羌戈大战》、譬如《查姆》、譬如《薄加梵歌》、譬如《诗经》，作者以古证古，同类相比，持续加大加重金沙古蜀文明遗址的分量，这一细节的设计注定了《金沙》这部长诗的历史感和中国性，昭示了金沙所处的长江流域与黄河流域一样，同属中华文明的母体，是长江文明之源。全诗气脉贯通、酣畅淋漓，显见出作者情绪的饱满和创作时的如入无人之境，对比《三星堆》的字斟句酌和呕心沥血，《金沙》的写作诗思充沛语句收放自如，作者是在三星堆外写《三星堆》却是在金沙之内写《金沙》，他与三星堆隔、与金沙亲。依旧举《金沙》第一章第一节：

从水开始，水便混沌。水中取出白鹳，/ 把鸣叫砍碎，瘴气一直乱到岷山脚下。/ 时间腐烂前，一棵黄桷树了断时间。/ 树飞翔的刀，了断长发 / 和密布在女人与稼穑间的脐带。

每一句都新鲜，却每一句都有逻辑链接，看看白鹳从水中探头起身被作者描述成"水中取出白鹳"，多么打动人心，听觉中的白鹳断续之声作者形之为"把鸣叫砍碎"，瘴气是"乱"到岷山脚下，一个"乱"字堪比王安石之"绿"（春风又绿江南岸），时间腐烂，其实是黄桷树腐烂，黄桷树有自尊，不待时间来腐烂它先行自我了断，由特指的黄桷树引申到泛指的树，内在线条牵着，树飞翔的刀，我想到树叶，武侠小说里常有的飞花伤人、取叶为剑，树是利器，帮助男人狩猎，帮助女人了断与稼穑间的关系，完成了母系社会向父系社会转变的文明进程。

《金沙》整体布局胸有成竹，写作过程灵光闪现、妙句频出，是与金沙文明交相辉映的神品。引《人间词话》第 56 则，"大家之作，其言情也必沁人心脾，其写景也必豁人耳目，其词脱口而出，无矫揉妆束之态。以其所见者真，所知者深也"。读龚学敏《金沙》，深信。

2018-4-29

书　　名	《退藏于密》
著(译)者	耿占春 著
版　　别	陕西人民教育出版社 2015 年

灵魂大于躯体

　　2018 年 4 月 24 日晨 9∶29 分，《诗歌周刊》主编韩庆成兄微信我，"经《诗歌周刊》年度人物评审委员会 14 位评委投票，耿占春先生在 39 位提名作者中，以最高票当选《诗歌周刊》2017 年度批评家，请抽空为他写一份 200 字左右的授奖词，本周五微信发我即可。谢谢支持！"时我正在渠县，遂答复"好的，明天到家写"。25 号回家即收到"读书记"出版方"选题通过，请提供目录文稿"的通知，忙忙了两天，才抽出耿占春先生的《退藏于密》拜读，此时，《诗歌周刊》已推出"二十一位诗人学者评价耿占春""耿占春访谈""耿占春感言"系列，我一一转到微信，知道我的授奖词已赶不上，话说回来，我有能力写授奖词吗？两天时间拜读《退藏于密》后，我给自己的答案是：完全没有。

　　记得当时购买沈奇先生主编的这套"当代新诗话"时，唯一对耿占春的《退藏于密》书名感兴趣，内心以为可能是耿先生自创词汇，此番开始阅读特意搜索了一下，出处在《易系辞上》，"六爻之义易以贡，圣人以此洗心，退藏于密，吉凶与民同患，神以知来，知以藏往，其孰能与此哉？"退藏于密，意思是后退隐藏于秘密之处，不露行迹。本书的第一部分即是"退藏于密"，它并非指向"人"，而是"语言"，为什么语言要"退"，因为"语言不为世用"，因此只能"让语言守护着自身，使之成为有意义的沉默的守护者"。什么样的"语言"不为世用？什么样的"语言"才为世用？同样这一部分有这么一节，"诗学给予你再次开口说话的理由。诗学话语是在凝固的现实面前的退避三舍，诗学话语未尝不是政治思想的避难之所，而且并非仅是如此。诗学在改变政治学：因为诗学带来了对语言与沉默富于理性的神秘主义的理解。"是否可以得出这样一个结论：当你的口头语言改变不了社会选择"退藏于密"时，你的文字会协助你生活，协助你度过危难时刻。我读到耿占春如此表述，"诗学，让你思考政治学可能不会顾及的另一种自由"。

本书由八个部分构成，每一部分的标题即为本部分的主题，彼此间又有交叉、凝视。我特别注意到耿占春使用着不同的写作手法以与每一部分主题相对应：诗学的、哲学的、散文的，唯一共同之处在于，它们都有沉郁苦痛的思想性。全书后面站着一个落落寡欢的思想者，他无力无助地徘徊于退无可退的现实之间。他读到一本书，他路过建筑工地，他听雨，他观水，他冥想，都难掩一种凄凉的情调。我最喜欢第六部分，"论古典感性"，作者已经不是想让语言退藏于密了，他想退的是自己的整个身心，躯体与心灵，退到哪里，退到古典感性里。但一个灵魂大于躯体的人是没有合适的地方让他蜷身的，哪怕躯体缩进去了，庞大的灵魂还是明晃晃地露在外面，没有办法，除非他摒弃了灵魂，或者磨圆一点也行，但他没有，他说，"我宁要体内那个哭泣的孩子，永远心怀希望"。

这注定了他的焦虑，在"一个内在价值分崩离析的世界"，满脑子构想着"一个人的基本人格"的知识分子，注定要焦虑。

2018-5-1

书　　名	《极地之境》
著(译)者	安琪　著
版　　别	长江文艺出版社 2013 年

查无此人

今日端午，一早起床，天灰风暗，雨水若干滴，沾不湿伞面，却使我的心情略有阴郁。似乎是放假了，公交车上乘客寥落使我有足够的时间安坐靠窗的位置看各色人形闪现而过。每到一个站台，就有面容各异的男女老少或上或下，这些来自祖国各地的脸有着基本上可以辨认的脸形，福建的大抵瘦削有骨感，广东广西大眼凹目、唇厚额凸，湖北圆脸细眼、个子纤瘦，湖南眉眼周正有新青年遗风，安徽白净帅气高大，山东憨厚敦实粗壮，山西长脸，内蒙古圆脸，如此等等，倘再加以乡音辅助，那就更是了然。我庆幸自己把一生过成两生，一生在南方，一生在北方。而我的长相也相应地有了南方北方的区别，南方的我，瘦小纤弱，整天都在牙疼感冒的小病小灾中；北方的我，高大结实，像"高大女神的自行车"（海子语），日日游荡在家门之外的公交车上或公司里，不敢生病也不能生病。北方的"此生"我才开始（我经常跟朋友说我今年六岁半），正是充满想象力的年龄，人世种种皆还未知，正在成长中的人生怎能使我诗意消退？

对我而言，诗歌写作并非体现在纸本上或电脑上，诗意留存即可。如前所述，我从未让我的脑子有个消停，它时时处于高度运转之中，风吹感伤或见光心喜，人流喧涌时黯然神伤于自己的孤独或转而庆幸孤独的妙处。譬如可以随时停下脚步看公园中随高音喇叭跳舞健身的男女并羡慕于他们舞姿的协调，健步穿行在北京的南锣鼓巷这簇拥着酒吧、中央戏剧学院、按摩房、咖啡屋、吉他室、茶餐厅的元朝小巷时，脑中不断闪现着这样一个词组——垂垂老矣的青春。这一切，难道不就是诗歌情怀吗？我漳州师院的学弟吴子林博士在为我并不富裕的生活忧虑时我说，所幸我们还有一个"一箪食，一瓢饮，在陋巷，人不堪其忧，回也不改其乐"的颜回成为我的样板。对我而言，写诗是件手一伸就能摘到果子的事，它是我荒芜身体荒凉此生的唯一休闲，唯一娱乐。我从不怀疑我的写作能力因为生活就是我的诗歌来源，我所有的诗歌基本都是生活真实而非寓言或编造，时至今日我已经把生活过得颇具传奇色彩，每当我不解于我的生活种种譬如荒诞、无助我就说，这是诗神的赐予因为你太幸福和幸运了：你能表述！

诗集《极地之境》便是这一表述的见证，它收入 2002 年 12 月至 2012 年 12 月我的北京十年短诗将近 400 首。

是的，我能表述，把我全部的诗歌按照时间线索串在一起就能展现出我出生至今的面貌，我的欢爱与仇恨，我的快与痛，我的不死的过去和死着的现在：藏都藏不住啊。多年以后人们将在对安琪的追溯中盖下此章"查无此人"因为——

在死者生活过的尘世，邮差早于死者死去，你邮寄到尘世的信因此无人传递。

我此刻的生活就是那个死者，我在现世所写下的诗作就是那封邮寄到尘世的信，我希望有人传播但"邮差早于死者死去"，如果有流泪有感叹，有不适，那就是这个了。我所有的解决方式就是，继续在尘世写信，有时涂抹在口无遮拦的脑回沟中，有时成型落迹于文本或电脑中。

2009-6-8

2016-9-27 修订

书　　名	《现代诗：语言张力论》
著(译)者	陈仲义 著
版　　别	长江文艺出版社 2012 年

一部诗歌写作的教科书

2013 年 4 月第二届中澳文学论坛上，刘震云以这样一个故事做开场白，故事说的是他到德国交流期间，和一帮德国青年聚会莱茵河畔，他随口问了一句"莱茵河水有多深"，结果那些德国青年很紧张地叽咕了半天回答他，先生，我们很遗憾无法确切地告知你具体答案，因为莱茵河在不同季节有不同的水深。刘震云接着说，你要是问我故乡随便哪个人村里小河有多深，他一定会告诉你，两三米吧。刘震云这番话引来全场大笑，连澳洲作家们也笑了。它说明什么呢？说明了，中国人和外国人在思维上的显著不同，中国讲究模糊，凡事只求大概，外国讲究精确，遇事必要深析。现在，偏偏有这么一本诗歌理论专著按着外国人的认真劲儿来琢磨，就一个语言张力问题写出厚达 400 余页的大部头专著，委实让我们这些习惯在阅读上知其然不知其所以然的读者既惊且叹。

这就是陈仲义先生新近出版的《现代诗：语言张力论》，我大约用了一周时间逐字逐句读完，且拿着笔涂涂画画还加批注，这在我以前的阅读生涯中是少有的，我把阅读此书当成提高自己诗学理论的范本，也确实从中学到了很多有益的知识。

诚如书名所示，本书指向的是现代诗，为此，作者用了一个章节的篇幅辨析了文言诗语、白话诗语和现代诗语的衍变、分野及超越，所有的论断都有古今诗句的举证来完成，譬如以"月亮"这个抒写对象在三种诗语中的比照，让读者在与"月亮"有关的古今诗句中领悟到文言诗语中月亮所被施加的强大象征功能（诸如爱情、怀乡、时间等）已经不能适应现代西方理性逻辑介入后现代人复杂多变、曲折地看待世界的方式。作者认为，现代诗语采用的是"加法"原则，更多热衷于进出事物周遭关系，更多专注于对象周遭关系的各种展开处理，显然与古人的单纯不可同日而语。这一章作为引领读者进入现代诗语张力问题的必须通道，客观上也为长期受制于"古典诗标高"贬抑下的现代诗做了理论和文本上的自明身份，按作者的叙述就是：我们已经回不去文言诗语的时代，我们只有在现代语境下坚定地以现代诗语为领军，从事翻造旧词、自铸新语的工程。

几乎可以说，全书就是在对"翻造旧词、自铸新语"的传道授业中展开的这个结论是在读完全书后倒推着得出的。作者在写作中采用揭秘或解密的策略，逐一讲解与语言张力有关的每个关键词：含混、悖论、反讽、变形、戏剧性、能指与所指、纵聚合与横组合、隐喻与转喻、意象与非意象，等等。每一个关键词都是一部小辞典，它由该词的最早提出者、该词引进中国的历史、该词在现代诗语的使用与分析……组成，写作这本专著要花费作者多少年的阅读积累可想而知。其中特别令人感叹的是作者引用的大量诗作，它们并非简单地来自名家大师的作品，相当一部分诗作来自名不见经传的诗人，只要这些诗人的诗作可以充当作者的举证。这里面包含了作者对普天下诗人一视同仁的爱心和他深入到社会各层面的诗歌阅读，其阅读量之大在本书中一望即知。许多诗人都在阅读本书的过程中得到意外的喜悦，他/她看到了自己的诗句闪烁其中。

当作者用具体的文本告诉我们何为含混何为悖论时，我们事实上已经学到了含混与悖论在诗歌写作中的使用，因此我说，《现代诗：语言张力论》不仅是一部诗学理论专著，某种程度上它也是一部诗歌写作的教科书。

2004年5月在广东清新县举办的第二届女性诗歌研讨会上，徐敬亚先生在发言中谈到他越来越不能忍受学院派的批评，他认为，应该恢复中国传统的诗话批评。陈仲义先生提出反对意见，理由是，中国传统的诗话批评大都感悟式，只是一种通盘的看法，无法深入诗作内部进行细节分析。这么多年过去，徐陈两位先生各自沿着自己的方向做着诗歌批评工作，徐敬亚先生把他的喜好贯彻在《特区文学》系列联席阅读上，且成绩不俗；陈仲义先生则用一部理性主义色彩浓厚的诗学专著为大陆诗界动辄以"世纪""世界""中国""民族"冠名的宏大学术叙事氛围提供了"在纹理上有所计较，积小成大"（陈仲义语）的诗学专著，其所涉及的语言细节问题，难道不是每个诗写者最为本质的第一步？

2013-5-11

书 名	《在自然的庙堂里》
著(译)者	李少君 著
版 别	西北大学出版社 2010 年

向自然致敬

2013 年 4 月 24 日，我和李见心、黑眼睛、郭守先、曹向荣、史映红几位同学便往北外赶，晚上有一场诗歌讲座，主讲人李少君。北外文学论坛召集人为北外教授、俄罗斯文学翻译家汪剑钊博士。少君讲话语速颇快，但因为声音洪亮且咬字清晰，听起来不费劲。在鲁院学习我发觉，几乎每个授课教师讲课时都是一字一顿缓慢得很，像少君这样快的语速很不合算，他的一小时相当于别人一个半小时，也就是，同样一个小时，他的授课内容要比别人多半个小时的量。这个晚上，少君讲课主题是"诗歌的草根性"问题，却不是我想当然以为的草根性提出的来龙去脉及代表诗人等内容，而是上下五千年地谈了中国诗歌的发展史，并时不时间杂于东西方对比，信息量和知识量很大，且有着少君自己独特的观点，敢下论语是少君的特色，对中国当代诗歌报之以积极乐观心态是少君的另一特色。

少君先从中国诗歌传统以向自然致敬谈起，讲究人与自然的和谐，人与人的和谐，从《诗经》的关关雎鸠、《离骚》的香草美人，都拿人与自然作譬，体现了自然经由诗歌来抚慰心灵的力量。因此，中国诗人没有自杀的传统，屈原自杀在少君看来是一件值得质疑的事，他引用一个学者的研究认为，屈原是被追杀的，朝廷为了掩人耳目而以自杀名之，划龙舟就有这种追杀的隐喻，我想了想似乎有道理，权且记下，算今晚的一个收获。少君进而例举苏东坡等古代诗人无论身处多大磨难都乐观面对来印证，古代诗歌对诗人心灵的安抚作用犹如大自然的教化，总是能让人获得自我解脱的宁静。

新诗开始后，诗人自杀的现象就多起来了，朱湘、海子，和近几年几个"80后"诗人，为何会这样？少君认为，这是新诗向西方现代派学习的结果。西方的思维是二元对立的，上帝和魔鬼非此即彼、不可兼容，形成了一种对抗思维，影响了各种艺术门类，现代诗也是如此。中国当代新诗在学习西方现代诗的过程中把这种极端、对抗的思维和行动也学了过来，新诗变得暴烈，诗人的性情也跟着改变。少君这个观点让我联想起自己的写作，我之现代诗写作确实学习的是西方超现实主义，我性格中的极端和不善通融也因此深入骨髓，所做出的离乡背井北漂似乎也正根源于此，少君这段话可算今晚我反思自己的另一收获。

李少君着重谈了关于诗歌"草根性"的问题。少君说，"草根性"这个概念是根据个人的经历而提出的。有次，他前去参加苏州的一个研讨会，途中经过很多镇、县，而在他"走走停停"的过程中偶然发现，包括农民在内的很多人都会作诗。从前，我们总以为诗歌是一个很"高"的东西，但是，现在很多镇、县里的人都在写诗，不得不说明，诗歌正向着"大众化"的方向迈进。中国的新诗出现了三次高潮。第一次出现在五四时期、第二次出现在30年代，以现代派诗人为代表，第三次以60、70年代的台湾诗人以及80年代的朦胧派诗人和第三代诗人为代表。无论是五四时期的优秀诗人，还是朦胧派诗人，不可否认的是这些诗人作为高干子弟，都得益于首先接触到外国文学，包括"灰皮书"。他们因现实产生出失望的情绪，又在翻译外国作品时受其影响，于是写出了很多有感染力的诗歌。另外，朦胧派诗人多是北京诗人（舒婷因蔡其矫老师的牵线算得上是准北京诗人），到了第三代诗人多是四川、上海、江浙一带，显然诗歌的城市中心，由北京转向了二线城市，呈边缘化走向。而现在，即使连镇、县中的"草根"都可以作诗。事实上，诗人、民间诗刊的数量远大于80年代。那么是什么原因促使这种情况的产生呢？李少君说，首先，由于教育的普及，诗歌的半专制、半垄断、半封闭的情况被打破，形成了完全开放之势；其次，发达的网络传媒，产生了越来越多会写诗的人。自古以来，无论是春秋战国，还是唐朝的文化繁荣，都与传媒的发展密切相关。而在网络十分发达的年代，农民的诗可以面向全国进行传播，更多的"草根"诗人进入到人们的视野之内。而这，也正是诗的数量急剧上升的原因。

少君认为，网络诗歌最终将带来一场深刻的诗歌革命，释放出诗歌的创造性。回望每一次文学革命的背后都有技术因素。甲骨文时代，稀少的甲骨，阅读或写作，非贵族不能为，文化成为垄断之物。到了竹简时代，情况有所好转，故出现了中国历史上第一次大的文化高潮——诸子百家争鸣，但竹简仍是士大夫们的私有财产，平民百姓难以接触。东汉蔡伦发明造纸术，使得图书制造成本更为低廉，携带也方便，中小地主阶层得以获得教育机会，其创作也方便传播，大大释放了文化创造力，故积累一段时间之后出现了盛唐景象，林庚先生称唐文学是"寒士文学"，有"布衣感"，颇有道理。李白、孟浩然这样出自偏僻之地的诗人，借助新技术的创造，读到流传至穷乡僻壤的文学经典，又能通过个人天才的创造获得认可，迅速进入中心，这些寒士布衣的创造，成就了最伟大的文学高潮。再往后，活字印刷术的出现，使长篇小说创作成为可能，在明清小说广泛流行的基础上，最终出现《金瓶梅》《红楼梦》……技术产生了两个有益效果：一是教育得以更加普及，培养了创作者，进而释放了文化创造力；同时也培养了读者，没有优秀的读者也就无法激发社会的创造性。二是作品得以方便流传，使创作者获得了动力与信心，创造出更优秀的作品。总之，文学借助技术的翅膀，迅速飞翔。

在当代，网络及手机等新媒体的出现，为诗歌的自由创造与传播奠定了技术条件，开辟了一个更大的平台。从理论上说，一个身处边缘乡村的诗人和北京、上海、纽约的诗人，可以接收同样多的信息与观念，进行同样多的诗歌交流，并且，优秀的诗歌也可以在一夜之间传遍全世界。

"一个诗歌的草根性时代"就此到来。少君如此总结。少君自己，也确实一直走在面向自然、书写自然的写作之路上，散文集《在自然的庙堂里》，表达的即是对自然无限的深情和敬意。

2013-5-3

书　　名	《美学诊所》
著(译)者	安琪 著
版　　别	北岳文艺出版社 2017 年

安宁心境下的写作

2017 年 1 月 10 日下午，走进熟悉的鲁迅文学院教室的我并没有料到，诗神已为我秘密种下一颗喜悦的种子，它通过摆放桌牌的方式，把我命中的贵人安排过来。我在我的位置上坐下，看见我边上的桌牌上"王朝军"三字，依稀记得这是近几年涌现出的"80 后"新锐批评家，这个下午，我应鲁迅文学院邀请，回到母校参加山西青年诗人张二棍的诗歌研讨会，幸运地与北岳文艺出版社编辑、青年批评家王朝军先生结下了这部诗集的缘分。

本诗集收入的是 2012 年至今我的 178 首短诗和 3 首长诗。2012 年，我在北京有了知音般的爱人，结束了 10 年艰辛的北漂生活，落地安家，诗歌写作进入新的调整期。在此之前，推动我写作的强大动力来自两个字"不安"，2002 年北漂前在福建漳州，我有稳定的家庭、舒适的文化馆工作，又因为写作而在我的小城市拥有社会认同：市管专业技术人才、区政协常委、作协副秘书长，种种证据表明，我完全可以比一般女性过得更优裕自足。但我内心不安分的火山喷涌着，终于强力爆发，把我喷射到北京。此为第一种不安。到北京后，我开始体验到了家庭、工作皆失的恐惧，孤身一人，辗转于朋友们的公司，搬家、搬家、再搬家……对未来茫无所知，不安全、不安定，我陷入了第二种不安。在长达 20 年（1992-2012）的现代诗写中，我因"不安"而激发出的能量构成了长诗选《你无法模仿我的生活》和短诗选《极地之境》两部诗集。

现在我必须面对安宁心境下的写作了。这是一个艰难的转型。我的诗歌一直以切合自身际遇的生命写作为主，当我的生活步入正轨而我又已经不再如年轻时那般躁动不安时，写作已追不到我的动荡和漂泊（动荡和漂泊事实也意味着灵魂的强烈起伏和多种复杂情绪交集的可能），此时，写作要如何展开？本部诗集大体回答了这个问题。其中有一部分还有着对往昔困苦的回忆，有一部分是对现今生活的感触，另有一部分是外出采风的灵感撞击。无论哪一部分，我秉持的依旧是心有所动、心有所感才写，我不喜欢无病呻吟的诗、不喜欢玩弄语言技巧言之无物的诗、也不喜欢没有突破不断重复自己的诗。

感谢青年学者胡亮慷慨应允为本书作序。胡亮才情卓越，东西方学养均十分深厚，其文遣词造句自成一格，其人有坚持：处事敦厚却不妥协于世俗趣味。本书何其有幸，得王朝军、胡亮两青年才俊成全。

2017-3-1

书　　名	《诗歌的一种演义：〈诗歌与人〉研究》
著(译)者	明飞龙 著
版　　别	九州出版社 2010 年

《诗歌与人》：改变了中国当代诗歌史进程

本书是明飞龙的硕士学位论文，作者独辟蹊径，在导师李森教授的指导下，从一本民刊入手，来完成他对诗歌史的另类观察。从一本名为《诗歌与人》的民刊入手，是因为该刊作为新世纪创办的影响最大的民间诗歌刊物，在推出中间代和"70 后"两个诗歌概念的过程中以其卓有见识的魄力和扎实的文本编辑，使历史强行进入被学院派教授把持的诗歌史叙述谱系，"中间代"填补了诗歌代际概念的一个空白，"70 后"则接续上了诗歌代际概念的脉络。都知道时势可以造英雄，却不知英雄亦可以造时势，黄礼孩就是这样一位诗歌英雄。从这个角度，本书书名中的"演义"二字，深得《诗歌与人》的题中之义。

民间诗刊是诗歌这种文体的特有现象，它由一人或众人发起，采用独资或集资的方式，编选诗歌选本，自行印制，也不要书号因为根本没有出售的打算，只是诗人间互相寄赠、传阅，彼此赏鉴、批评。当代诗歌史第一份可以称之为真正意义上的民间诗刊是 1978 年 12 月 23 日由北岛、芒克创办的《今天》杂志，它以一种对抗主流诗学意识形态的身份表明态度，而黄礼孩的《诗歌与人》则采取融入的方式，在主流意识形态的断层之处彰显了自己存在的意义。无论《今天》、无论《诗歌与人》，都有效地参与了中国新诗建设和思想解放运动，成为中国民间诗歌刊物传统的重要组成部分。跟大部分民间诗刊的同仁性质不同，黄礼孩的《诗歌与人》走的是包容、开放与独创之路，《诗歌与人》的办刊理念或者说编辑方针是，做别的诗刊不敢做或遗忘的部分，从而竭力呈现一个不可重复的诗歌现场。《诗歌与人》从创办之初即有宏观的学术视野和身处民间的自由精神，始终关注那些处在模糊状态中的实力诗人，给他们以系列性的编辑推介。黄礼孩深知诗歌刊物的读者相对其他文学体裁更为小众，而民间刊物的众多又会分散这群小众读者的注意力，如何让自己的刊物获得真正的阅读？除了在选题上下功夫，刊物本身的印制也很重要，纸张、装帧、封面设计都要给人耳目一新之感，比如在杂志中加入作者照片就是设计的一种方式。黄礼孩力求做到让读者拿到刊物之后爱不释手，不忍轻易丢弃。对读者的选择黄礼孩也有自己的主意，那就是"影响有影响力的人"。每期黄礼孩都限量赠送著名诗人、作家、批评家来传播《诗歌与人》的影响，再由他们传播给更多的读者。这是一种精英化的传播方式。

人文立场也是《诗歌与人》的坚持。"5·12"汶川地震，《诗歌与人》推出了诗、论两部专刊，所选诗文无一例外蕴含着浓郁的人文精神，那种对生命、对人性的思考与关怀，充溢在每一个汉字里。当黄礼孩发现"整个中国文学史至今还没有一本关于少数民族女性诗歌的汉语诗歌选本"时，他即着手编辑此卷，他深知，少数民族女性诗歌写作在激活汉语诗歌经验的同时，也是对自身民族传统的不断更新。创办《诗歌与人》诗人奖是黄礼孩又一建设性的重要举措，该奖系名副其实的"一个人的诗歌奖"，每年评选一人，评委由黄礼孩亲自担任，奖品：由《诗歌与人》出版一期获奖诗人专号、举办一场诗歌颁奖盛典、奖金一万元人民币。为了《诗歌与人》，黄礼孩倾尽心血、财力和物力，倘要给黄礼孩做一个评价，我想用这八个字：灵魂有光、心中有爱。

耿占春教授有言，编辑也是一种批评。《诗歌与人》之所以获得大家的信任，与它每一期推出的有说服力的文本分不开，与黄礼孩自身优秀诗人身份分不开。黄礼孩的诗作涌动着精神的力量，良知、悲悯和爱是他诗作的主基调。在黄礼孩入选《大学语文》的诗作《谁跑得比闪电还快》中，黄礼孩如此写到"人生像一次闪电一样短"，也许正是因为这种自觉，使他不停息地忙碌于诗歌工作？

《诗歌的一种演义:〈诗歌与人〉研究》是第一部民间诗刊研究专著，为写此著，明飞龙做了大量的案头工作，研读每一期刊物，访谈大量入选诗人。阅读本书，既是对既往诗歌史的一种回顾，也是对今日诗界的一种探测。全书充满理论的思辨和文本的论述，显见作者用心之深。本书的意义还在于，提供了写作此类书籍的一种全新探索方式和实验成果，值得细细阅读、珍藏!

2020-2-25

书　　　名	《中国女诗人诗选 2017 年卷》
著(译)者	海男、施施然　主编
版　　　别	长江文艺出版社 2018 年

惊喜不断的阅读

本书采用 9 个编委推荐制，每个编委推荐多少名额我已记不清了。还记得2017 年底，施施然微信告知，她和海男将联袂主编一本女诗人年选并有打算每年编一本的意思，邀我担任编委并推荐诗人诗作。半年后的今天，一本设计精良的诗选摆在大家的案头，9 个编委：安琪、戴潍娜、冯娜、海男、横行胭脂、金铃子、施施然、谭畅、潇潇，"60 后""70 后""80 后"均有，每个时代有每个时代的视野，每个时代也有每个时代的局限，编委年龄段跨度保证了入选诗人的年龄跨度，本书的 92 位女诗人从"50 后"到"90 后"均有，比较真实地反映了当下女诗人的诗写状况。不知其他编委怎样，我记得我推荐的若干女诗人没有入选，说明了主编有主编自己的诗歌判断，这也是对编委今后推荐人选的一个提醒，必须是精品中的精品。

昨天开始阅读本书，一直到此刻撰写"读书记"，可以说惊喜不断。实在说，已经很久没有这么系统阅读女诗人诗作了，许多女诗人名字熟悉但诗作接触不多，又或者名字熟悉旧作也熟悉，但新作就不熟悉了。像入选此书的娜夜诗作《这里……》，改变了此前娜夜诗作在我心中的印象。不再是短小警句式的。洋洋洒洒48行在娜夜诗作里应该算是长的，娜夜成长于甘肃，写作起步于甘肃，21世纪以来因为工作需要调动到陕西，后又调动到重庆，本诗的"这里"即是"重庆"，但通篇写的却是"那里"，那里是哪里？是她的第一故乡甘肃。这个角度让我很赞叹，因此记住此诗。

曾听戴潍娜朗诵过《表妹》，听总不及读，如今一读，深感其妙，一种五四女青年的情结、一种抛洒热血的革命青年的情结，又掺杂着青春年少爱的情愫，可知作者心中的激情和浪漫。相比于戴潍娜，更年轻的杨碧薇更狠，戴只是想牺牲自己，杨是连整个家庭都可以舍弃、可以毁灭，读读她的《家庭背景》，足够叛逆的少女、足够决绝的女孩。

颜艾琳是21世纪以来往返两岸比较频繁的台湾女诗人，但我们切不可因她的活跃而忽视她的诗作（大陆诗界一直有一些逻辑不通的偏见，低调安静就必写好诗，活跃的诗就不怎样）。从我目前读到的颜艾琳诗作，颜艾琳从来没有让我失望过。她极具先锋气质的诗写在入选的这三首诗里又一次充分展现出来，尤其《定时器》一诗里反复出现的"替踏替踏"，既是时针走动的声音，亦是鞋子踩踏大地的声音。颜艾琳编过剧演过戏，她的创作在舞台效果上较不曾有舞台经验的人更有可观可赏性，2017年夏鼓浪屿诗歌节她边击鼓边朗诵的一幕相信已经刻印在现场观众心里。颜艾琳的诗经常指向生命伦理和文明冲突，有她尖锐的思想性在。近几年因为写"读书记"我养成了文本细读的习惯，很反对不读诗而单凭感觉或道听途说就轻易给一个人下定义的做派。

童蔚入选本书的三首诗真的让我感觉好厉害，语感保持得真好，童蔚是被语言拖着走的人，她只需顺着语言的指引往前走就是，根本无须苦思冥想遣词造句，这样的诗人是幸运的，但语言为什么愿意带她走，显然她一直不曾放弃对语言的追寻，她一直坚定地行进在诗歌语言之路上而不旁顾，诸如考虑写作主题，诸如考虑读者理解，这些，都不在她的心里。童蔚的诗，无解，只管读就是。

　　唐小米《清明，给外婆写封信》在悼亡诗里新意闪现，写给外婆的信却大部分用来叙述母亲，女强人的母亲，风风火火的母亲，全诗最后我才读出，诗人其实在拿母亲自喻：我和母亲一样，不比男人差。真是心思细密啊！同样写母亲，玉珍的《1966》从母亲出生的年份入手，一开篇，"1966，一个伟大的年成／我从世界那儿收获了我的母亲"，真是大手笔，仿佛那一年最重大的事件就是母亲的出生。玉珍属于"90后"里不曾被埋没也不曾经过漫长黑暗期的诗人，她是一出世就光芒万丈，照亮了官方民间并在官方民间的共同推举中耀眼至今。她几乎是没有青春期写作就一步到达成熟的诗人，其诗有大气开阔的精神向度，又有天意灌注的语言纯度。

　　零星写下几个在我脑中留下深刻刻痕的诗人诗作。这是一本值得一读的女性诗选，相信你也会喜欢。

2018-6-27

书　　名	《林继中文艺随笔选》
著(译)者	林继中 著
版　　别	中国华侨出版社 2018 年

随物赋形，不拘一格

　　"在作者比读者还多的时代，作品只好像'三更雨'一样，任它'空阶滴到明了'。只有作者还怀着侥幸：'或许它们是种子，值得秋收冬藏？'于是收集、细读一过、校对付印。不知还有没有喜欢看旧相册的朋友？是亦为序。"连标点不足百字的序，可能是我读过的书里序言最短的一本了，短，却饱含着无奈和期许。

　　林继中老师不知，我家有两个喜欢看旧相册的朋友，说朋友不对，应该说学生。是的，吴子林和我，都是林老师的学生。只是我缘浅，未得林老师亲炙，我们 1986 级中文系的学生一入学即知，全漳州师院中文系只有一个林继中教授是博士，那时博士真的很稀罕，更何况林继中是"文革"后恢复博士学位所招的第一届博士生，乃山东大学杜诗研究专家萧涤非教授的开门弟子。遗憾这个林继中教授已被 1985 级学长抢去当他们的教授了，我们 1986 级四个班 160 名学子只有唯一一次上大课听林老师讲授唐诗的机会，过节一样熙熙攘攘，林老师拿着麦克风，走到学生中间，身材挺拔，嗓门宏大，言谈举止颇具李白之名士风范。谈的什么已记不得了，能记得的是课后大家都说好听、好听，都希望林老师再来一课，但终究是奢望。如今有了《林继中文艺随笔》这本书，我想跟 1986 级中文系四个班的同学们说，当年没听到林老师的课没关系，读一读这本书，你也就相当于上了林老师一个学期的课了。

本书由 100 多篇短文集成，主要是一些学术随笔与散文：或文史、或时事、或游记，触事兴感，随物赋形，不拘一格。每篇大约千把字，是作者日常阅读、平时生活、外出旅游的点滴记录，因着作者博学的才识和不凡的见解，而有深远的况味。学者之文倘严格遵照学术规范来写，则非我等小民百姓可以读得下去，家里有林老师若干学术专著，但我率先选择的就是此书即为明证。作为漳州人，我特别有感《手中的"金饭碗"》一文，文中所指"金饭碗"即是南宋大儒朱熹朱文公，朱熹在漳州当过一年太守，为漳州做了四件事：正经界、蠲横赋、敦风俗、播儒教。相比于潮州对只当过半年刺史的韩愈的尊崇以及韩愈所带给潮州的巨大声誉，漳州确实在朱熹这件事上做得远远不够（甚至可以说还没做）。要不是读到林老师此文，我基本都忘了漳州有过朱熹这么一件大事，希望家乡执政者或学术界能被林老师此文所提醒，切切实实做好朱熹文章（相比于韩愈，朱熹可是影响力大多了）。

读《林继中文艺随笔选》，可知林老师是个有生活情趣并且愿意记录点滴感受之人，一味小吃、一盏茶、一首诗、一本书、一个景点，均能引发林老师丰富的联想和感触，他用笔即时记录下这些联想和感触，我们便也从中体味到万象之妙。学者之文，"学"字当头，"学"在哪里，读《林继中文艺随笔选》就知，寻常事物，林老师旁征博引，你便也跟着读了好多名人好多名言好多诗词好多佳句，最主要的，还有好多见解，譬如，"在我们的传统文化中，有排斥'异端'的深层的东西"，譬如，"一件事发生，不是众手补救之、完善之，而是一哄而起，或'正名'或'追究责任之所在'，表白自己，却一任事情继续往坏的方面滑落。"作为知识分子中的一员，林继中老师究竟当不得闲散超脱之野鹤，总对这个民族的某些劣根性，怀抱着热切的疗治之心。

2018-6-28

书　　名	《空楼梯》
著(译)者	胡弦　著
版　　别	中国青年出版社 2017 年

驱使文字如驾驭千军万马

三天读一本诗集证明了：确确实实一首不落读完本书；这是一本需安安静静读、认认真真想的书。综合以上两点再归结出两个结论：《空楼梯》值得你细细品读而非一目十行读，更非跳着选读；《空楼梯》不是一本可以带给你阅读快感的诗集，它是一本慢诗集，作者写得慢，你读得也就慢。

如何判断作者写得快还是写得慢？凭气息、凭语言的调遣、凭节奏、凭作者运注在每一首诗里的神思、凭作者的用心。本质上胡弦依旧秉持着"诗以载道"之心而不"娱乐至死"，也不解构，不后现代，想从胡弦的诗中读出游戏、读出轻佻、读出破碎、读出轻薄……一句话，读出有损诗歌的那一面，是不可能的。他坚守自己对于诗歌的理念，行进在保持住诗的纯正形象的那条路上。一本《空楼梯》读下来，沉思的胡弦、熟练掌握语言完美表达自己所思所感的胡弦、严谨的胡弦、安静的胡弦、民国风范的胡弦、略带抑郁忧思的胡弦，就立体地站立在你面前。

《在靠近另一个世界的地方》和《黑白相册》两组诗令我久久回味。它们与死亡、与亲情有关，这是每一个人都回避不了的。《观城隍庙壁画》，想不到作者竟然把审判的笔锋指向自己，从壁画中死者的遭遇反观自身，类比自身，让人想到那句著名的"我不入地狱，谁入地狱"，这种想象力甚至让我产生惊悚感。《两个人的死》，人到中年，谁没遇到童年伙伴的死，建设和王美娟，你们的死被你们的小学同学搬到诗里，你们就活了回来，当然你们不是为了被搬到诗里而死，但只要有一个人惦记着你们，就可差强安慰你们的死。《高速路边》，常见的墓地引发作者对逝者现状的联想，一种将心比心的慈悲，当我读到"我们总爱说逝者长眠，但也许并非如此，/ 比如，他们也需要鞭炮声把他们 / 从梦中唤起"，我想到的是，生毕竟好于死，想到的是，我也常见到铁路边、高速路边的墓地，而我竟无语，也许有过多种感叹，但笔力不逮，无从表述。

说到笔力，可以肯定的是，胡弦已老练到驱使文字如驾驭千军万马。2012 年夏，在《十月》杂志组织的笔会上曾和胡弦有过一面之缘，聊到中年写作的瓶颈问题，胡弦说，我已确信自己能写到老。其时我正为能否持续写作而苦恼。读完《空楼梯》，我感到胡弦的"确信"是有道理的，只要他想写，就一定能写出，他的写作依凭的不是灵感的光临（那是被动的），而是自己对语言的掌控力（这才是主动的）。以《患糖尿病的父亲》一诗为例，"到了晚年，糖在父亲体内突然 / 变得疯狂。这个毕生吃苦的人，/ 碰上的竟然是糖做的坎"，读到这样的起笔，只有拍案叫绝的份。但还有，"而它们 / 是怎样潜入偏僻乡村，找到了 / 一个中国农民衰老的躯体？"近几年我越来越佩服这样的诗人，他 / 她的超拔之处，不是体现在莫名其妙的语词搭配和句与句的组合，那是疯子或佯装疯子的人都能干的，一个诗人的超拔之处，应该是面对俗常的事物、面对大家都耳熟能详的事物，你如何表达，譬如糖尿病、譬如高速路边的墓地。

近几年诗人们时有外出采风的机会，与风景相遇并用诗歌说出风景是风景对诗人们的考验，《空楼梯》这部分诗作亦占了相当部分，如果我是风景，我给胡弦打的分一定不低，"如何在别的诗人已经蹚过的河水里再次发现隐秘不宣的垫脚石"（霍俊明）？如何在别的诗人已经写过的风景里再次发现新的风景？对每个诗人都是一道艰难的测试题，我特意挑了《龙门石窟》，这地方我去过但迄今一字未得，诗从刀斧入手，因为顽石成佛，需要刀砍斧斫，但诗又不止于刀斧与佛的关系，它要指认的是，"一样的刀斧，一直分属于不同的种族"，它要指认的是这个世界的杀戮，国与国的纷争、民族与民族的纠葛，纵使佛也拯救不了，这是我读《龙门石窟》的感悟。

2017 年冬我回了一趟母校闽南师范大学并做了一场题为《中国当代诗歌的几种写作向度》的讲座，讲座中我认为胡弦的写作与中国古典文学的血缘更近并以他的《下游》一诗为例。

2018-7-2

书　　　名	《跋涉的梦游者：牛汉诗歌研究》
著(译)者	孙晓娅　著
版　　　别	北方妇女儿童出版社 2003 年

鹰的诞生

整理书柜时看到晓娅教授这部书，很感兴趣。被研究者牛汉先生我也曾有几面之缘，每次会议，只要牛汉先生发言，必是霹雳雷霆一般打破会场温文尔雅面纱下的怯懦和平庸而呈现出一种快人快语的尖锐和深刻。1923 年出生的牛汉无疑是每次会议中年龄最大者，他的发言之率性无羁，他对当下现实种种的批判，似乎也因为他的高龄而享有了某种程度的豁免权。当然，这也证明了时代毕竟还是有些微的言论上的宽厚。

"文化大革命"的那十年，牛汉也未能幸免于挨斗和批判，在湖北咸宁文化部"五七干校"劳动改造了五年零三个月。在更早之前的 1955 年 5 月，作为七月派成员之一，牛汉自然没有逃得过胡风案的牵连，被划为胡风反革命集团分子遭拘捕审查，被关押两年。在更更早的 1946 年，爱国青年牛汉，因参加民主学生运动被国民党政府逮捕，判刑两年。对此孙晓娅感叹，20 世纪的中国知识分子多颠簸在厄运的旅程中，世纪前半期，民族的灾难激励他们自觉承担起拯救国家危亡的重任，终日奔波劳顿，上下求索；"文革"前后近 20 年，政治上的高压控制又将他们抛向郁闷窒息的"铁屋子"，他们失去自由的同时又被施加以本不应属于他们的自卑感。也正是这样的命运铸就了牛汉的反抗诗学，生活的灾难和精神困境虽可以使常人沉沦，却更可以刺激非常人跳脱沉沦、超越困境。晓娅从牛汉的一系列诗作中把捉到了牛汉的生命流程和心灵轨迹，《冻结》（1974）中对悲剧人生处境的描写、《车前草》（1972）中肃然起敬于弱小生命坚忍不屈的奉献、《悼念一棵枫树》（1973）对一切为诗为真理而受难的灵魂的记录和哀悼、《雪峰同志和斗笠》（1970）中两个精神界战士互相抚慰支撑并互相勉励的坚定信念……牛汉庄重地意识到诗人的责任感，他清醒地以诗人的身份写诗，以诗为证。

每一个人都不能离开他的时代独立存在，研究牛汉，也必然避不开牛汉所置身其中的时代。晓娅此著时间跨度长，20世纪中华民族内忧外患，几经沉浮，在书中都有沉痛的表达。全书采用时间顺序，从20世纪40年代牛汉的诗歌创作写起，历经50年代、"文革"时期及至80年代以来，系统全面研究了牛汉60余年的诗歌创作，在对40年代至今的广阔的历史背景和文学背景进行梳理和引入的同时，论述了作为一个诗人的牛汉在思想艺术上的成长过程，分析其人品性格、情感价值取向、创作观念、诗思和诗品的变化。本书既是牛汉一个人的诗歌史、诗学研究，也是牛汉同时代人的新生、再生与超拔。晓娅撰写此著，注重从历史和现实进入文本、从作家主体和文学史的资料进入文本、从研究者个体的感悟和理性思维进入文本，构筑出一个立体纵深的研究空间和审美空间。

晓娅撰写此著时年不满20，其时她正就读北京师范大学王富仁教授门下，年轻的晓娅，矢志于牛汉诗歌研究并以此作为她的博士学位论文，这是一种勇气和诗学锐见。本书的出版，填补了牛汉研究专著的空白，为后人研究牛汉这样一位"人格与诗品互相促进、共臻完善的诗人"（孙晓娅语），提供了一份珍贵而扎实的文本。

2020-2-26

书　　名	《丰子恺谈名画》
著(译)者	丰子恺 著
版　　别	东方出版社 2005 年

具体入微的美术教学课

喜欢丰子恺的行文风格，简静、淡定、和气、平实、儒雅、睿智，谦谦君子风范。民国文人的语言总是透着一股古典韵味，好比煮熟的米饭，喷香而软，可口，不似 1949 年后新华体改造过的今日白话，硬而冲。我不幸习得更多后者的表达，连笑容都是僵的。读丰子恺作品，那种由内而外散发出的纯真气息，总是让我感动。

知道丰子恺，是因为他是李叔同的学生，写有多篇怀念李叔同的文章，对李叔同的出家，丰子恺有言："我却能理解他的心，我认为他的出家是当然的。我以为人的生活，可以分作三层：一是物质生活，二是精神生活，三是灵魂生活。物质生活就是衣食。精神生活就是学术文艺。灵魂生活就是宗教。"丰子恺的"三层生活论"让很多人豁然开朗，不再拘泥于拿世俗的眼光去看待李叔同的出家。

《丰子恺谈名画》全书 12 讲，以米勒开篇，到新派绘画结束，讲到的画家很多：米勒、德拉克洛瓦、库尔贝、透纳、马奈、莫奈、惠司勒、大卫（众多画家中只有此人最无骨气，为了当官不断攀附不同的权贵，但丰子恺讲到他还是语含悲悯）、安格尔、伦勃朗（画太太和画自己为主）、凡·高、高更、塞尚、鲁本斯、达·芬奇、米开朗琪罗、提香、拉斐尔、契马布埃、乔托、安吉利科、波提切利、毕沙罗、德加、雷诺阿……尽量多列举是想让读者知晓本书的容量和分量。本书当是丰子恺的讲稿，但因无前言后记，不清楚讲课时间（貌似民国时期）。对马蒂斯以后的绘画，丰子恺认为"变化太奇，还没有确立他们的根基，也不能引起我们的兴味"，因此寥寥数笔介绍了现如今大名鼎鼎的毕加索、马里内蒂、康定斯基。本书可视为绘画爱好者的入门书，既有对名画的解读，也有对名画作者的介绍，更有绘画技巧的分析和传授，读之很是受益。

任何艺术门类一定得艺术中人才能说得透彻，丰子恺如此比较达·芬奇的《蒙娜丽莎》和提香的《花灵》，"前者有庄严神圣之气，虽是世间女子，却像天上的女神；后者有娇艳妩媚之态，虽是天上的女神，反像是地上的少女"，再细看这两幅画，可不就这样。《丰子恺谈名画》并不引用任何一句名人名言而完全是丰子恺自己的语言，笔调略微散文体，写起来随心随性，读起来也就很入心，大约一天即可读完。许多美术上的疑问在此书都可以得到解答，譬如为什么美院学生要描摹裸体？油画是谁发明的？写实的意义何在？颜色如何看？西洋油画与中国画的区别，等等。

我读《丰子恺谈名画》，知道"主题"只有一个，要放在"画中最容易看见的地方"，丰子恺以苹果摆放的细节教会我们，倘画两只苹果，一定不要两只分开摆在左右，"一定把两只摆拢在一块，使前面一只遮住后面一只的部分"，这已经是具体入微的美术教学课了。

本书讲解的都是西洋画，不知丰子恺可有讲解中国画，待查。

2018–7–20

书　　名	《哈尼族口传文化译注全集》第 33 卷
著(译)者	红河哈尼族彝族自治州人民政府 编
版　　别	云南民族出版社 2015 年

万物有灵

米夏是那个能一眼被认出的姑娘，小麦色的皮肤透着一种与大自然近距离亲近的痕迹，粗壮黝黑的长辫子一直拖到腰部这般模样的辫子在城市中已难得一见，特色最分明的当然是她的神态，一瞥温顺娇柔，细看却有一股睿智和大气。2018年3月25日，在北京金泰开阳大厦举办的"北京之春"诗歌朗诵会上，我一看到米夏就觉得她与众不同，其时我并不知道她是哈尼族姑娘，也不知道她的名姓，我们彼此都是第一次见到。

渐渐就开始了往来，这才知道以米夏之名写诗的她另有一个身份，李松梅，这是她的本名，也是她的主业，民族学研究专家。搜索"哈尼族李松梅"会出现很多她撰写的论文和编著的书目，诸如《文学伦理学视角下的哈尼族女作家爱情观》，诸如《哈尼族民间故事》，等等。2017年6月应海男之邀首次到云南，采风所在地就是红河州的个旧，也参观了举世闻名的哈尼梯田，吃过哈尼手抓饭，写过哈尼诗篇，心理感觉与哈尼族就像老朋友了，如今天缘凑巧又认识米夏，并得其所赠《哈尼族口传文化译注全集》第33卷，更是欣喜。本卷名"呀朵"，经询问诗人孤城，获悉其意为"咒语"，这就对了，本卷确实是各类咒语的集成：驱病、驱纠纷、治疗烧伤、解食物中毒、止血、难产、驱逐野兽，等等，均有咒语。本卷演唱者杨克保，哈尼文记录、国际音标注音、汉文翻译全由李松梅完成。诗人米夏来做这个翻译工作是再合适不过了，因为这些咒语本身就是歌谣的形式。

"万物有灵"本是中华各民族皆信奉的自然信仰，但随着现代化和城市化进程的加快，此信仰正在弱化，代之而起的唯物论和科学观，让人类对自然不那么敬畏了，对植物的砍伐、对动物的屠杀已是常态，更有甚者，更改大地山川的走向和流向，也时有发生，凡此种种，在把自然推向深渊的同时也让人类自身尝到恶果。近日读到一文，北极和南极的冰川都在大面积融化，不仅北极熊、企鹅因为找不到吃食而遭难，冰川融化后提升的海平面，势必淹没众多陆地。这些，都是人类过度开发和各种工业排放导致的全球气候变暖造成的。作为凡俗中的一员，我等小民百姓只能无奈哀叹。敬畏自然在今天仿佛只保留在各类民间歌谣、民间咒语里，当我在《哈尼族口传文化译注全集》第33卷读到病神奎、寨神、毒神、彩霞神、蔬菜神、淋巴疫神、天神、水井神、毛虫神、脓疮神、癞头神……我真的很感慨，确实在哈尼族人的心里，各种物事都有神，无论这物是好是坏，是有利于人类还是有害于人类，它们是平等的。哈尼族人自然是喜欢有益于人类的神，不喜欢有害于人类的神，不喜欢的，你也不能杀死它，你只能念咒语把它赶跑，请它回去，"踩着独木搭建的梯子回去 / 踩着九层鸡翅搭建的梯子回去"，为了让它们回去，你得款待它们，"祭献给你报晓的白公鸡 / 祭献给你颗粒饱满的红米 /

祭献给你碎铁铜屑"。读哈尼族"呀朵"，读到哈尼族人将心比心的想象力，人类有亲人，各类神也有亲人，纠纷神有妯娌们、彩霞神有女儿有儿媳、淋巴疫神有儿孙，这想象力居然让我产生了浪漫感，眼前闪现的是各路神灵都有一个大家族、都有一个自己的世界，这么一转念，恐怖的各路疾病神也就没那么恐怖了。

读《哈尼族口传文化译注全集》第33卷，读到了哈尼族人的讲话方式，劝诫式的、恳请式的而非凶巴巴式的、威胁式的，他们会跟各种不祥的神商榷、讲道理，相信每个人读到"请毒神愉快地回家去／请毒神高兴地回家去"时，都会和我一样忍不住微笑，即使是咒语在哈尼族人口中也如此温情，世界要是都像哈尼族人眼中的样子，应该会美好很多。

2018-8-10

书　　名	《物书》
著(译)者	玄武　著
版　　别	贵州人民出版社 2017 年

他在人世找不到的同类，他在物中找到了

玄武，中国古代神话中四大神兽之一，亦称玄冥，龟蛇合体，为水神。但在山西，还有一个玄武，男性公民，1972 年出生，1989 年开始写作，能诗善文，最重要的，一直保有一股真气、义气和血气。

与玄武相识于 2017 年 6 月的云南行，其时我等应海男之邀到昆明参加她的画展，之后赴个旧采风，言谈中隐约感觉玄武人黑壮、心柔软。那个早晨一干人 5 点起床顶着寒气到哈尼梯田看日出，日出没看到，却看到一条大犬，别家游客自驾游带来的，众人躲闪不及，玄武却一声"黑背"招呼它过来，拥抱它的头、抚摸它的脊，

拍照时黑背乖顺蹲伏玄武膝前，至今还留在我们的相片里。回程的车上玄武谈了几件与狗有关的故事，年少时在村路上偶遇绿眼睛的狼，狼步步紧逼的瞬刻玄武一声哭叫，群狗毕至，把狼赶跑，这个细节写在《物书》之中。《物书》，物之书，何物，动物：兽类、禽类、虫类，举凡你能叫出的都有，它们自人间、自典籍、自传说，纷纷奔涌至玄武笔下，借玄武的笔现身，它们是玄武的血肉兄弟，是玄武自造的一个世界，玄武视自己为其中一员，有时他不用"它"称呼他笔下的兄弟，他用"他"，物们比人更得玄武尊重。玄武经常用"无毛兽"和"两足兽"来称呼人，他曾用老虎的口吻写有一诗，老虎是他豢养的一头加纳利犬的名字，在老虎看来，人"目光呆滞"，"不懂节俭，不知掩埋剩下的食物"。作为长期跟读玄武微信文章的人，我深知玄武对"人"的失望，凡事只求自保、浑浑噩噩、见利忘义、没有正义感、没有公德心，只满足于奴性十足地活着……玄武不想当这样的人，问题疫苗事件发生后他呼吁朋友圈文人切实做一些事譬如公开签名呼吁，结果是只有他一人痛心疾首率先写作一篇檄文。读玄武微信文章，总是担心他会得抑郁症，这是荷戟独彷徨者的宿命。我几次想学渔夫对玄武说，"世人皆浊，何不淈其泥而扬其波？众人皆醉，何不哺其糟而歠其醨"而终不敢。我也一直被心忧和怯懦折磨着。

玄武博览群书，每写一物，必唤来古今中外与此物有关的诗文掌故，融会贯通，极尽此物之能事。兴之所至，玄武自编自导自演所写之物，那19只飞鸟，有多少只来自玄武的阅读记忆？又有多少只来自玄武玄妙的想象？它们从古巴比伦、从印度、从波斯、从古中国……展翅飞来，无一例外都有勇猛的品质，它们是玄武希望的鸟，发怒时的鸣叫使众山神战栗不已、它们傲视死亡、折磨先知菲纽斯……玄武把自己对理想人格的期待都放到了飞鸟的身上，或者说，他在人世找不到的同类，他在飞鸟群体中找到了。其实整部《物书》就是玄武的寄托之书：豹、虎、狼、狗、蛇、鸟、鹰、鼠、猫、牛……每一种物都那么有血性、有人性，有血性、有人性，是玄武笔下物的共性。

《物书》在写法上可分为两大类，一类是间接经验，如前所述，综合阅读和想象种种成就一物；一类是直接经验，亦即作者亲身经历的与物交往史，这类写作以"狗"为主人公的颇多。玄武嗜养狗，并早已把狗当作家人，玄武的家族嗜养狗的也多，大姑父、表哥，均是。玄武写狗，主要写情，写他与狗的情，这情如此之深以致读者很容易就被带了进去：温小刀、老虎，玄武的狗于是也成为读者的狗。写温小刀迎接主人归来，"门开了缝隙便扑出来，左旋右转，无一刻或止，喉中发出咻咻的嘶吼。很多次他居然能激动到失禁，像小孩子尿裤子一般，滴出几滴尿来"，写老虎爱吃鱼，"我好几次在楼上窗前，瞥见它盯着鱼池想办法，哈喇子滴到鱼池里"。玄武文笔透出的是他沉郁的古典修为，谋篇布局刻画动物又似小说，玄武散文，如果以戏剧来比拟，有悲剧、有正剧，但绝无喜剧。

2018-8-12

书　　名	《中国当代诗人论》
著(译)者	吴思敬　著
版　　别	社会科学文献出版社 2015 年

优秀批评家是优秀作家的知音，同时也在期待自己的知音

"在中国古代政治权威和思想权威是分离的……这种思想权威不以政治权威的更替而更替……'文革'中，一个人的政治权威和思想权威高度结合在一起，彻底终结了我国古代的思想文化传统……这就是我们这一代人经历悲剧的原因"，这一段带血的反思出自吴思敬老师的《中国当代诗人论》专著，让我们看到了一个优秀诗歌批评家切入批评对象的方式，既要入乎其内，又要出乎其外。一个优秀的诗歌批评家，他在分析批评一个诗人时，一定是把这个诗人放在特定的历史语境里，他在分析批评一个诗人时，一定是把自己毕生的思考所得呈现在文字中以觅知音。优秀批评家是优秀作家的知音，同时也在期待着自己的知音，批评也是一种创作，也是批评家生命状态和思想感情的凝聚。

《中国当代诗人论》是吴思敬老师为当代诗人所写评论文章的一个选集，分"归来的诗人研究""朦胧诗人研究""中生代诗人研究""西部诗人、少数民族诗人研究""女性诗人研究""当代诗人散论"六辑总 68 篇，所涉及的诗人涵盖诗歌

史的各个时代，作者宽广的研究视野以及扶老携幼式的批评情怀，着实令人感动。本书所书写的对象从 20 世纪 20 年代到 20 世纪 80 年代，年龄跨度 60 年，有经历了大变革时代风风雨雨的老诗人，也有初执诗笔的青年新锐。吴思敬，1942 年出生，北京人，首都师范大学文学院教授、博士生导师，长期从事诗歌理论研究和中国当代诗歌批评工作。"他像是一座活的诗歌博物馆"，《中华读书报》资深记者舒晋瑜如此评价吴思敬，"在中国当代诗歌发展史上，吴思敬不仅仅是一个在场者、见证者、书写者，更因为他广博的学识、独到的见解，以及为推动诗歌发展所付出的种种努力，成为中国诗坛不可替代的人物"。确实，迄今诗歌批评界依旧活跃在诗歌现场的老一辈批评家中，除了谢冕老师，就是吴思敬老师。吴思敬老师慈祥、和蔼、睿智、包容，从不推辞对青年一代的关注与扶持，每次见到吴老师，我的脑海里总不由得浮现出一个词，"父亲"。对待学子、对待晚辈诗人，吴老师真的像父亲一样无微不至。

读本书，需拿好笔和笔记簿划好词好句、做摘录，真知灼见时时闪现在每一篇文章中。本书的重中之重当在第一章，"归来的诗人研究"，所谓"归来"，即是 1949 年新中国成立后在历次政治运动中遭遇迫害而停笔的诗人、作家群体，他们都曾是国统区和解放区的创作主力。1976 年粉碎"四人帮"拨乱反正后，这一群有特殊经历与特殊成就的诗人、作家们重新拿起了笔，回到了创作之中。此时，年轻的吴思敬正好步入诗歌批评行列，1978 年 3 月，吴思敬撰写的《读〈天上的歌〉兼谈儿童诗中的幻想》刊登于《光明日报》，成为他的诗歌评论处女作。时间节点的契合使吴思敬把批评的视野放在归来诗人群体中，当是历史和时代的双重选择。在《归来的艾青与新时期的诗歌伦理》一文中，吴思敬老师抓住归来的艾青"对长期以来与主流意识形态纠结在一起的高度政治化的诗歌伦理的突破"，实际上传达了自己的写作和批评理念，当政治的伦理成为诗歌的伦理时，"一旦政治出现偏差，诗歌也会跟着迷失"。吴思敬老师充分肯定了"复出的艾青是诗坛拨乱反正的领军人物"，也在文章的结尾说出了一个残酷的事实，"艾青在新时期的诗歌创作未能超越他 20 世纪 30 年代曾达到的高度"，诗，终究不是你豢养的哈巴狗，不是想唤就唤得回的，这是被迫停笔近 30 年的归来的诗人的无奈和悲哀。

可以说大部分归来的诗人都遇到艾青一样的写作困境，但也有一个人在归来之后越写越好并于 65 岁前后开始"衰年变法"，这个人就是本书所写到彭燕郊，题为《风前大树：彭燕郊诗歌论》。这是一篇饱含着作者浓烈激情和动人文采的评论美文，天地有大美的美。文章从彭燕郊抗战期间为被捕的冯雪峰写下的一首诗《风前大树闻雪峰被囚于上饶集中营》写起，带出了本文主人公彭燕郊，此写法有如散文、又似小说，用一个能凸显人物性格的事件引出人物，使得人物一出场便具有鲜明的形象。彭燕郊是福建莆田人，1920 年出生，跟另一位福建诗人郑敏同龄，1939 年开始发表诗作，"与诗歌不离不弃，始终保持着旺盛的诗情和创造力，即使在经受牢狱之灾的时候，也仍然采取'默记'的方法坚持着诗歌创作"，感谢吴思敬老师笔录下中国诗人也有的"默记"的坎坷和辛酸，此前存留在我脑波纹的"默记"属于前苏联诗人曼德斯塔姆遗孀娜杰日达·曼德斯塔姆，她就是用这种方式保存下自己丈夫的杰作。相比于彭燕郊"默记"的不为人知，娜杰日达·曼德斯塔姆的"默记"在中国诗人心中可谓耳熟能详。我们需要更多的吴思敬们为我们挖掘本土优秀诗人不为人知的诗写细节，并在这细节的挖掘中和盘托出时代的黑暗记忆。

本书中有若干文论是吴思敬老师参加各类诗歌研讨会的出口成章，像《读杨键长诗〈哭庙〉》，2013 年 9 月 28 日杨键长诗《哭庙》在北京举办了研讨会，那天我也在场，作为德高望重的诗歌批评家，吴思敬老师第一个发言，本文就是根据他的发言录音整理而成，后刊登于《星星》理论月刊 2013 年第 10 期。正是在这次研讨会中，吴思敬老师谈到了思想权威与政治权威，谈到了"思想权威就是以儒家学说为主体，此外还有老庄思想等与之相辅相成的东西，构成了中国知识分子一种持久不息的精神支撑"，而"政治权威则是以封建皇权为代表，改朝换代了，或皇帝驾崩了，其政治权威也就丧失了"，为什么中华民族两千多年来保持了高度的凝聚力，中国文化得以代代承继？"那是因为中国的思想权威没有（随着政治权威的变而）变"，但是，到了"五四"，到了"文革"，"中国古代思想文化的精华被摧残殆尽"。吴思敬老师评论杨键的《哭庙》由此开篇，是一代有良心的知识分子面对中国思想文化传统的断裂所发出的锥心之叹。

2018-9-4

书　　名	《转世的桃花：陈超评传》
著(译)者	霍俊明　著
版　　别	河北教育出版社 2018 年

一诞生就意味着经典

2014 年 10 月 31 日听闻陈超老师辞世消息时没有流下的泪水，在读到 522 页时流了下来，索性让自己放声痛哭，再坐回桌前。这是连续四天夜以继日阅读的必然如此，情绪的不断积累，思想的持续被牵引所达致的全神贯注，你已完全进入作者的悲喜，你迷糊了自己和传主的身份，仿佛你就是传主、传主就是你，你迷糊了你和作者的身份，仿佛你就是作者、作者就是你。你沉默、恍惚，想一口气读完此书但完全无此可能，这 648 页 16 开本的书，只允许你正襟危坐于它面前，你没有办法捧着读，更不能躺着读。一个个诗人出入在这部书中，这些你熟悉的人，你没见过也听说过的人，这些诗人中的诗人，他们，或者是传主的评述对象，或者是传主的同道好友，他们一生的某段历程，是和传主一起行走的，只能是某段历程了，因为传主已先他们而去，传主就是陈超，为传主立传的就是他的学生，霍俊明。

不是每个老师都有这样的福分能在一生的教学生涯中遇到一个为他 / 她立传的学生，否则这世界就该有数不清的教师传记。陈超遇到了，于是有了这样一部一经写出就注定会传之久远的专著，《转世的桃花：陈超评传》。确实有的书一诞生就意味着经典，尤其人物传记，这里面有三个衡量指数：传主；立传者；文本。当传主和立传者在自己的领域里具有不可替代的卓越品质保证时，当文本深深地打动并牢牢地烙印在读者脑海里时，即已宣告这部传记的影响力和权威性，后人哪怕要重写传主，也必将以此一版本为母体，从中汲取血液和养料。

我想说，《转世的桃花：陈超评传》就是这样的经典，虽然它刚刚出版，还保持着崭新的挺拔的身姿。它必将成为常销书和畅销书，在今后的岁月中不断再版、重印。这是它必然的前景，因为它的传主、因为它的立传者、因为它的文本。

《转世的桃花：陈超评传》打破常规评传的写法，不是按照人物的出生、成长及至离世的时间顺序，因此你无法跳着读、选着读，你只能一字一句从头到尾地读，否则你把握不到传主的生命历程。这是一种大手笔的写法，作者对传主的熟知让他心中有数，他要在哪一个章节告诉读者传主的身世，他胸藏一本清楚的账，他不按照读者想象中的条理来写，他只遵循自己内心的声音。全书从陈超的离世入手，这是作者最切肤之痛最刻骨铭心的一个开端，老师生命的终结之日正是这部书的出发之时，2014年10月31日凌晨，陈超从石家庄三宏大厦自己居处的15和16楼转角处的窗户，"从高处抛身大地"（谷川俊太郎），那一刻，"一座雪山在瞬间崩塌，万吨寒冷顷刻席卷过来"，"一生的眼泪都在今天流完了"，霍俊明陷入了绝望和苦痛中，在老师辞世后的半年多时间里，霍俊明患上了失眠恐惧症，焦躁、心悸。作为陈超老师寄予厚望的弟子，冥冥之中老师已把自己转世的目光投注到霍俊明身上，"我终于意识到诗歌和精神既然已经比生命更为长久和凝恒，那么肉身的消散就不是那么至关重要了"，霍俊明立意要为老师写一部评传。所有的评传都是传主和立传者的互相选择，那么多的学生，为什么是霍俊明？借用维特根斯坦的话，答案只能是，不为什么，它就必须是霍俊明。

3年来，霍俊明全身心集中投入钻研陈超的文本世界，手稿、书信、日记……还读了近100本优秀的西方诗人传记，汲取为诗人灵魂作传的秘诀。他已经可以抛开评传的常规写作模式而开创出自己的评传写作路径了。如前所述，作者先从生命中最疼痛的那天写起，从老师的离世之日写起，再进入老师的教学生涯，陈超一直是所在学校河北师范大学最受学生欢迎的老师，是为第二章。本章穿插着陈超自己的文章和日记，以及学生的回忆文字，让我们看到了一个对大学教育有自己按捺不住忧思的教师，"现行大学教学体制中的文学教育基本是失败的"，陈超在《我看大学的文学教育》如是说，怎么办？陈超提出了自己的三个解决方案：第一，传授文学及理论知识；第二，教会学生处理文本的方法；第三，激发和召唤学生的文学体验能力。无论你是否大学教授，你都能在对本章的阅读中体味到陈超与学生之间的灵魂互识和互照。

作为一个在先锋诗界有着重大影响力的先锋诗人、先锋诗歌批评家和编选家，陈超的诗集、陈超的批评专著、陈超编选的诗歌选本，成为本书各章的关键词，撰写这样的章节需要撰写者本身具备以诗论诗、以诗论论诗论的能力，同为先锋诗人、先锋诗歌批评家和编选家的霍俊明恰好三者皆全，他的书写方能和传主心心相印。霍俊明有自己的"大评传"的构想，写到陈超的抑郁症，他会旁引与抑郁症有关的各类文字，让读者经由此书了解抑郁症；写到陈超的天蝎座，他一起分析了同为天蝎座的狄兰·托马斯、西尔维娅·普拉斯的生平及性格特征；写到陈超的自杀，他分析了诗人自杀行为为何总是携带着各种文化和社会的附加意义……凡此种种，构成了本书庞杂、丰富的知识点和信息量，你读的就不仅是陈超，这是一种评传的扩容，它如此深刻而迷人。本书更是中国几代诗人、诗歌批评家的交汇地，从朦胧诗到第三代直至 21 世纪，陈超所关注并撰写过评论、导读的诗人许多在本书出场，这是一个充满勃勃生机的诗歌现场，时间跨越了几个诗歌时代。我相信诗人们读这部书一定会读得不忍放手，如果你与陈超同时代，你便读到了亲切的往昔，如果你晚于陈超，你便可跟随作者走一遍中国诗歌从朦胧诗到今日的历程，并且认识到心态各异的各路诗人，这些诗人都曾经或依然是今日中国诗歌写作场域的主力。诗人间频繁的通信是本书的一大特色，亦是珍贵的第一手资料。

　　本书是诗、散文和评论的结合体，作者不拘泥于某种叙述话语，而是充分调动各种语体表达，当他动用评论话语时我们跟着他体悟传主诗文的奥秘，我们有着开悟的欣喜；当他动用诗和散文话语时，这时他心境低沉、他感伤、他茫然于命运对陈超的残酷，这是他打动我们并让我们忍不住跟他流泪的时刻。但全文并不煽情、不为催出你的眼泪，陈超不是悲剧主人公，陈超是一个师者、一个诗者、一个思者。这是作者要告诉我们的陈超。

　　陈超不朽，在他所有留存于世的文本中，在《转世的桃花：陈超评传》中。

　　陈超不朽！

2018-9-13

书　　名	《我的恋人》
著(译)者	戴望舒 著
版　　别	人民文学出版社 1989 年

行动带出了戴望舒诗风的转变

中秋夜，突然失眠。索性把床头戴望舒《我的恋人》读完。依稀记得在一篇关于张枣的文章中读到戴望舒，文章说，戴望舒一生创作量很少，诗作不足 90 首。收入此书的戴望舒诗作 89 首。而张枣，众所周知，也是"以少少许胜多多许"的诗人。为找出此文我搜索了许久，文未找出，却找到柏桦在关于张枣的文章中说到张枣的《镜中》"在一夜之间广为传唱的命运近似于徐志摩的《再别康桥》或戴望舒的《雨巷》"，确实它们共有"婉妙的言词"和"眷恋萦回"的情感。

如同大部分诗人，我对戴望舒的印象停留在三首诗：《雨巷》，大学课程中的诗目，也是戴望舒流传最广、影响最大的一首诗；《萧红墓畔口占》，臧棣为此四行短诗著有长文《一首伟大的诗，可以有多短》，刊登于 2001 年第 12 期《读书》杂志，内容已模糊了，但这典型的臧氏诗风的题目相信会让人难以忘怀：伟大和短，仿佛是反方向的两极却在转义中胶着在一起，诱发人深入探究的欲望。《我用残损的手掌》，不记得在哪个选本上读到此诗，一读即喜欢，超过前面两首。这是一首可以和艾青《雪落在中国的土地上》相互媲美的诗作，它们有着共同的主题：爱国；它们有着共同的情感：深情和深沉。戴望舒的写作有着明显的诗风的转变，前期以《雨巷》为代表，基本是古典诗的白话翻译，无论意象还是意境，都没有跳脱出旧体诗词的况味，如果仅只有这部分的诗，则这个戴望舒并不为我所佩服。但有了后期的《我用残损的手掌》这一类的诗作，戴望舒就有了他的时代性和战斗性，戴望舒是个勇敢者，1941 年底，因宣传革命，被日本人逮捕入狱。1947 年 7 月，因参加教授联谊会、支持进步学生爱国民主运动，被暨南大学解聘。1948 年 5 月，因参加教授罢课，被上海市立师专校长串通地方法院，诬陷控告。从前期"寂寥""愁怨"的感伤惆怅，到后期的"狱中题壁"，行动带出了戴望舒诗风的转变。我对戴望舒了解不多，我想，他的英年早逝（1950年病逝，享年45岁）当与他的入狱及颠沛流离的生活有关。戴望舒安葬于北京西山脚下的北京香山万安公墓，墓碑上有茅盾亲笔书写的"诗人戴望舒之墓"，以后若有再到香山，当去瞻仰祭奠先生。

　　江弱水认为，戴望舒最好的诗，既不是早期的《雨巷》，也不是后期的《我用残损的手掌》，而是中期他的风格最成熟时候所写的《眼》。《眼》是戴望舒写给他的新婚妻子穆丽娟的爱情之作。

2018-9-25

书　　　名	《诗意曼德拉》
著(译)者	王继军 主编
版　　　别	内蒙古人民出版社 2018 年

纵身跃入古先民的时空

　　人类历史上总有一些不解之谜，埃及尼罗河沿岸96座金字塔算一处、太平洋复活岛上三百五十处石造坛及一千多尊巨石人像算一处，如今应该补上的还有中国内蒙古阿拉善右旗曼德拉戈壁方圆18平方公里的近万幅岩画。它们的共同点是，都在人迹罕至之地且规模宏大。2017年10月，我和一干诗人应邀到阿右旗采风，第一次踏上这片神秘广袤的荒漠之地，是的，荒漠，这是阿右旗区别于我所到过的内蒙古其他诸地（呼和浩特、鄂尔多斯、科尔沁、阿尔山）的显著地貌，通常我们心目中的内蒙，就是一望无际的草原，而阿右旗恰恰没有草原，但它有更为奇特的戈壁、草场、沙漠，和仿佛不属于地球的品相诡异宏大的怪石阵。作为区级建制的阿右旗总面积7.3万平方公里（对比我的故乡福建12.4万平方千米），人口只有 26683 人（2014 年统计），人烟可谓稀少。从阿右旗首府巴丹吉林到曼德拉戈壁驱车要两三个小时，可见曼德拉戈壁地处之偏远，但恰恰是在这一片空旷寂寥的戈壁，遍布着近万幅岩画，显然这里曾经繁荣兴盛着各游牧部落，据考证，羌、月氏、匈奴、鲜卑、回纥、党项、蒙古等北方少数民族曾先后在此聚居，这些岩画即是他们生活和精神的写照。

作为今人其实很难想象古人为何这么有耐心，一笔一笔敲打刻画出岩石上丰富的狩猎图、生育图、婚丧嫁娶图，石头作为刻画的主体和刻画的工具，在青铜和铁尚未发明的旧石器时代和新时期时代，制作者要费多大的心神和精力才能剔凿出他们的眼中所见、心中所思。这是一种"以刚克刚"（燎原语）的艺术，和纸笔发明后的绘画完全不是一个概念，也因此，岩画均体现出一种极简和抽象，于今看来，反而有一种朴拙之美、大巧若愚之美，它是人类智慧的早期，对天地有敬畏、对自然现象的种种不解保持着唯命是从的礼待。他们可能没有创作的概念却扎扎实实地用持之以恒的凿刻，在岩石上记录了万物的悲欣与生死，成为今人解读的依据。

2017 年 10 月，一群拥有共同名字"诗人"的男女老少，应邀来到了阿右旗，来到了曼德拉戈壁。他们挨个辨认大大小小岩面上的图案，开始了今人与古人的对话。这次采风，主办方别出心裁，不需要诗人讴歌山水、即景抒情，只需要诗人对着曼德拉山万幅岩画一一辨析、理解，体悟先人们凿此岩画的动机，捕捉他们心中的诗意，写下它们！这就是这本《诗意曼德拉》的出版缘起和出版成果。这是一部诗人与诗人之间的隔世对话，燎原先生在序言中指认这些岩画的作者与其说是画家，不如说更接近诗人，因为"在远古先民和游牧者的时空中，岩画，其实就是他们包含了大量信息密码的象形文字"，此论断堪称创造性发现，它呼唤我们重新审视各地发掘出土的各类岩画所透露的文字秘密。在燎原先生的审美谱系里，无数匿名的远古"刻画"先民，本质就是造字之仓颉。而我们，使用着仓颉造出的文字的诗人，于生命中的某一天来到这片古意象密集的造字之地，与一群统一称之为"仓颉"的古先民相遇、相认，把他们从一幅一幅古岩画中呼唤出来，为他们作注、为他们传播，这是我们自当领受的天赐的福分，我们的喜悦。

那么，翻开《诗意曼德拉》吧，读读 38 位诗人与古先民携手合作的诗篇。就着诗篇上的岩画摹本，你也可以纵身跃入古先民的时空，出来时你必定已是神灵附体的诗人，如我。

2018-12-9

书　　名	《作家中的作家》
著(译)者	邱华栋 著
版　　别	广西师范大学出版社 2018 年

"用随笔的形式所写作的学术研究专著"

　　每次参加小众书坊组织的新书分享会，回家必然是先读此书，这里面当然有对该书的好奇和分享会上诸家评论在心头的回响。2018 年 12 月 9 日，阳光很好，难得的无雾霾天，且还不刮风。天气虽冷，但还不至于刺骨，我在三点之前即来到北京南锣鼓巷小众书坊，这个下午，这里将举办邱华栋新著《作家中的作家》分享会，坊主彭明榜早把座椅摆好，我寻个位置，放下手提袋，便来到前台购买华栋新著，不曾想，除了《作家中的作家》外，还有《金瓶梅版本图鉴》，更有 38 卷本的《邱华栋文集》，仅仅 2018 年，邱华栋就出版了这么多新著，真的让人惊叹。

　　《作家中的作家》是邱华栋的读书笔记，也可以视为邱华栋的写作课教材，身为鲁院常务副院长，这部书确实很适合他的讲课需要，扩而广之，这部书也很适合每一个文学爱好者自学，像我这种偶尔应邀讲学的，也可以拿着这本书为自己壮胆。本书是邱华栋从此前出版的《亲近文学大师的七十二堂课》四卷本中精中选精而成，计选取了 13 家，每一家均作了详细的补充和完善。邱华栋自言"很满意"。对谈嘉宾是著名作家宁肯和旅美作家陈九，我坐在前排，扎扎实实记录下大家的发言，很有感慨，很有收获。

　　邱华栋首先谈了自己的读书体验，读书一直是他持续不断的喜好，在大量的阅读中，邱华栋形成了一种关联性的追索，比如卡夫卡被谁谁谁影响同时又影响了谁谁谁，这么一串连，人类文明便显露出了它亲切的传承。为了检索自己的阅读面，邱华栋特意买了一个地球仪，他会让地球仪转动起来，然后随机按停，手指所按之处是哪个国家，他就让自己说出这个国家的作家，基本都能说出，偶尔遇到若干说不出的，他便火速下单购买该国作家作品继续阅读，确保不让自己的阅读版图出现空白。这是邱华栋对自己的严要求和超常规训练，也是他文学的世界地理观的自觉践行。

确实邱华栋的阅读是很惊人的，他的博客有大量的购书记录和阅读手记，古今中外、天文地理，无所不包，除了经济，邱华栋不读经济类书籍，怕被限制想象力。邱华栋有一个见解，文学的历史其实也有"大陆漂移"现象：欧洲现代主义（普鲁斯特、卡夫卡、加缪）、美国文学繁荣（福克纳），再到"拉美文学爆炸"（马尔克斯），最后到全球化、互联网时代的"无国界作家"和中国当代文学的勃兴，在时间和空间上，形成了一个有联系的线条。带动这种漂移的就是前面所说的文学的影响，以《威廉·福克纳：美国文学新神话》一文为例，我们知道了福克纳师承詹姆斯·乔伊斯，还影响了加西亚·马尔克斯写出了《百年孤独》，加西亚·马尔克斯的作品后来又影响了莫言等很多作家。"文学创新的火种"就这样"在各个大陆的杰出作家之间不断地被传递"。

这是一部"用随笔的形式所写作的学术研究专著"（北航蔡劲松教授语），每一篇均有万把字，有对作家的生平介绍和来龙去脉的探究，更有对作家几乎每一部作品的分析解剖，后面这一点最令人赞叹。通常我们读书，只读某一个作家最经典的那部，但邱华栋却对每一个作家的每一部作品都如数家珍，仅以君特·格拉斯为例，普通读者大约只读他的但泽三部曲（《铁皮鼓》《猫与鼠》《狗年月》），邱华栋却在一部接一部的鉴赏解读中让我们继续跟进《比目鱼》（50万字）、《母鼠》（32万字）、《辽阔的田野》（55万字）……真的难以想象邱华栋的时间和精力，同样一天24小时，为何他的使用价值就比我们高效？！"神秘的不是世界为何这样？而是世界就是这样！"（维特根斯坦），读完《作家中的作家》，你也只能认领邱华栋"同样一天24小时却能阅读完超过常人几十倍书籍"这样一个事实，除此还能做什么呢？

《作家中的作家》也是邱华栋写作态度的一个表达，当他说博尔赫斯"可以自由地将一个时间和空间跨度都很大的故事，浓缩成篇幅很小的短篇小说"，当他说巴别尔《骑兵军》的写法，"有些像是由片段构成的'糖葫芦'小说"，当他发现"昆德拉的小说和音乐有着密切的关系，具有现代音乐修养的人更容易进入他的小说世界"……他其实已经通过对笔下13位世界文学经典大师写作秘密的揭示而传递了自己的写作洞见，这些珍贵的观点是作者写作经验和阅读经验化学反应后的脱口而出，读者用心品味，定会心动。

可以根据《作家中的作家》所提到的作家书目按图索骥深度阅读，也可以只读邱华栋此著，因为，"本书特别系统、特别全面，作为一个一直在中国当代文学现场的优秀写作者，邱华栋准确把握到每个作家轮廓的独特性和他们匪夷所思的精神世界，阅读的过程，就是面对世界大师看他们如何构思的过程，就是跟华栋书中的作家们完全搅动循环起来的过程，也是建构自己文学坐标的过程。"著名作家宁肯如是说。

2018-12-10

书　　名	《平心》
著(译)者	李敬泽 著
版　　别	海豚出版社 2012 年

内心生活

2013 年 3 月 11 日，在鲁院，聆听了李敬泽先生的讲课，题为《内在性的难题》。李敬泽气场很足，他一坐上讲台，全场便有一股沉郁的气息。音质浑厚，语速缓慢，语句有力，是他讲话的特点。

李敬泽从刚刚观看的电影《悲惨世界》说起，认为这是一部非常好的电影，好到"此生我们看不到这么好的中国电影了"（他发给电影界朋友的短信，得到的回答是：此生我们也看不到这么好的中国小说了）。李敬泽初中开始读小说《悲惨世界》，那是一个不知高考为何物的年代，除了玩，就是读小说。他说，这部写于 19 世纪上半叶的小说，迄今感动着影响着我们，当我们讲到文学的荣耀时，我们能从雨果身上感受到。从《悲惨世界》，我们知道经典的力量，就在于带领我们回到人生中一些具有根本性的问题来。《悲惨世界》告诉我们，生命有另外一种可能：爱的可能。

从《悲惨世界》入手，李敬泽分析了小说中大量的自我对话（批评术语叫"内心独白"），它其实是主人公的自我倾诉自我倾听，人之有别于其他动物就在于人有自我对话的能力，也就是，人有自己的内心生活。但中国文学一向缺少的就是这种能力，回顾中国传统小说，没有一部以"我"为第一人称的（有人搜肠刮肚终于找出一部淫秽小说《痴婆子传》，是为一笑），也没有如同《悲惨世界》一样和自己对话的小说。当一个人能自己跟自己对话时，他／她是一个能够自我选择自己对自己负责的人，从这个角度来说，鲁迅的《狂人日记》很伟大，第一次出现了"我"为主人公，第一次自我对话。所以说，鲁迅这类的文学是真正的新文学。

谈到新文学，李敬泽回想起有一次参加主题为网络时代武侠小说、神话小说与传统小说的区别的研讨会，他在发言中指出，武侠和神话小说本来就是传统小说的延续，并无什么区别，有区别也是与鲁迅这路新文学的区别。新文学发生的历史背景是在中国面临亡国亡种的焦虑中，梁启超等一批先觉者发现，中国的问题不是武器的问题，而是人的问题。要使中国成为强国，首先要改造人，使每个中国人从一盘散沙的奴才转变为国家和命运的主人。

人，只有具备内心生活才能成为自己和生活的主人。鲁迅的《呐喊》《彷徨》揭示了中国人祖祖辈辈麻木的精神状态，只想"这样"，不想其实可以"不这样"，可以说，整个新文学运动就是在做把麻木唤醒，把麻木唤醒了才能发展出人的内心生活。

鲁迅等人为中国人建立了一种面对自己的内心生活的传统，在现时代还有没有意义，成为一个问题。20世纪80年代以来，文学创作文学批评有对"内"的恐惧，仿佛只要向"内"转就不靠谱，就个人情调，于是一味地提倡向"外"，其实把文学分为内外是愚蠢的，真正的内心生活永远是向世界敞开的过程，也正是在向世界敞开中才有意义。谁又能在文学中切出内外？

新文化运动迄今一百年，给自己一个内心生活依然是中国人面临的问题。网络时代里，人们每天都面对着这么多的事情，貌似都过着丰沛的外部生活，但内心却被如此丰沛的外在生活压迫得越来越狭窄。在网络上，你感到你置身其中的是一个道德理想国，人人都疾恶如仇，但在现实生活中，你却发现，好人也不那么好找。这是中国的现实。雨果的幸运在于，当他给人物内心生活并作出选择时，尽管如此艰难，读者依然相信这不仅因为作家的能力、笔力，和作家有一套预设的精神支撑，还因为，他作品的真实性在他的时代有说服力。

同样的情节，在中国语境中会成为笑柄，成为不可信。在中国，精神性背景的支撑往往不足。真实和不真实取决于作者和读者对真实的共识范围。但文学创造之所以是创造，就在于挑战可能性的共识，把不可能的生活选择生活道路，因为作者本身足够的力量和情感能力，而带你走进去并让你接受。

当然，说是容易的，做起来也许还是困难。说到底，中国作家面临的问题不是技巧问题，而是给人物一个真实的而非凭空的内心生活。中国作家要向前辈学习，要有一套自己的方法去磨炼去接近去抓住去看清这个时代的人心。时代和人心中有很多苟且，恰恰是中国作家应该打开的。

时代和人心中还有很多沉默的区域，打开时，就是一条新的道路。听李敬泽的课，读李敬泽的《平心》，感受是一样的。

2013-3-11

书　　名	《咏而归》
著(译)者	李敬泽 著
版　　别	中信出版集团 2017 年

把书中人一一请出

读完本书的第一个反应是，巡视书架，把《酉阳杂俎》《东京梦华录》《板桥杂记》《陶庵梦忆》从熙熙攘攘的书堆中掏了出来。自然也久闻它们大名，但要真正排进阅读序列还需一个机缘，实在"吾生也有涯，而书海也无涯"，急需一艘导航舰运送我们，《咏而归》就是这样的一艘。

掌舵人李敬泽用他胸有成竹的表情，于茫茫书海中一座一座指点我们那些秘密各异的岛屿，他说，《酉阳杂俎》是一部"黑夜之书"，它"全面记录人的黑夜，黑夜的美妙、迷狂、恐怖和神秘，人在黑夜里放纵的怪癖……"，他如此说道。《东京梦华录》，"一部奇书"。他断定，《板桥杂记》是一份'伪史'"而"《陶庵梦忆》是一世界的热闹，一个人的梦"。还有一部经是他所知而我闻所未闻的，《长阿含经》，读此经他萌生的联想是，"如果释迦和耶稣坐在一起，耶稣就是个寡言的木匠，而孔子或苏格拉底则是简朴的夫子，释迦也许是其中最具神性光芒的一位，他曾是王子，他的声音中有好大的富丽，是无穷无尽、汹涌澎湃的繁华。"

读书，不仅要自己走入书中，也要把书中人一一请出，李敬泽就是这样做的。这些他请出的人物，有的你认识，有的你不认识，有的在你的认识系统里好像和李敬泽请出的不是同一个，这时你就会想，究竟你认识的那个和李敬泽请出的这个，谁更符合历史的真实？这么一想，你的书就没白读，李敬泽的书就没白写。李敬泽本质上是孔子这一路而非孟子那一路，按照他自己对孔、孟二师的解析，"我觉得孔子是老人，平和，看清了世间事……读《孟子》，我觉得那铿锵的声音出自中年人，他威严、精悍……随时准备战斗……"李敬泽是平和的，这是阅读《咏而归》给我留下的印象：一个深谙"绝对的幻灭感和绝对的脆弱感"才能欣赏《牡丹亭》和《红楼梦》的人，内心必有浪漫的情趣和人性的弱点，"而孟子无弱点"，李敬泽说。

《咏而归》有相当一部分叙写的是春秋战国时代的故事，虽然李敬泽自言不敢确定活在那个时代是否幸福，但他一定是喜欢那个时代，他毫不掩饰对那个时代的赞美，他在赞美时脸上必定露出长者般宽和的微笑就好像面对着人类的童年，他一口认定该时代可爱，因为"到处都是暴脾气的热血豪杰"，他用"荷马史诗般的壮阔和莽荡"来形容那个时代，他看到宋闵公与南宫万在下棋，知道南宫万要说出致人命和致己命的话，忍不住在一旁直骂南宫万"缺心眼"。好吧，既然南宫万不好听的话已出口，你宋闵公就忍啊，"当领导的基本功就是忍"。李敬泽在一旁使眼色，奈何隔着两千多年的漫漫长路宋闵公看不见，平时在强大的下属面前窝囊惯了的宋闵公这回没忍住回了一句话，这下好了，两命俱丧。究竟南宫万、宋闵公各自说了什么话？两人丧命的方式又是如何惨烈？还是翻读《咏而归》吧。

一部《咏而归》，李敬泽带领我们在春秋战国时代走走停停，嘿，那边走来一个满腹牢骚的老头，知道李敬泽是文学批评家，拿着《离骚》要他点评，李敬泽也不客气实话实说，您这是官场失意的失态，绕来绕去还是离不开一个实际问题：调离、跳槽还是留下来、熬到底？看到老先生脸上挂不住，李敬泽赶紧安慰，不要在意，不要在意，"每间办公室里都可能有屈原"呢。行文至此，忽接批评家北乔兄电话，言及其正在撰写的"诗山"系列，我说我也正在写李敬泽《咏而归》的读书记，不知北乔兄能否给一言引用，这便接到了他的一句：

李敬泽为我们提供了一种当代人与历史对话的有效路径，带着当下的生命体验和文化感受，回到历史深处，去发掘，去激活，寻找灵魂深处与历史隐秘的精神联系。

2019-1-20

书　　名	《北漂诗篇 2018 卷》
著(译)者	师力斌 安琪 主编
版　　别	中国言实出版社 2018 年

"一本诗歌版的北京志"

2018 年 7 月 23 日发出《北漂诗篇（2018 卷）》征稿启事，9 月 30 日截稿，10 月 10 日在贵州绥阳十二背后风景区参加第 38 届世界诗人大会间隙开始编辑，大半个月我沉浸在邮箱中的一封封来稿里，一首一首认真阅读、筛选。和众多选本以编者定向约稿或编者悄悄自选不同，《北漂诗篇（2018 卷）》和去年一样，走的是公开征集之路，我们并不能确定北漂诗人们分布在北京的哪个角落，我们也不能判断哪个是哪个不是北漂诗人。"北漂诗人"是一个封闭也是一个敞开的概念，封闭在于它有它的特定内涵：外省到京人群、非北京户口人群；敞开在于它有它的流动性和无限性：来往进出北京的每一个诗人，都是本书的作者。如同去年一样，大量陌生的、新鲜的面孔成为本书的亮点：这是真正漂在北京各个角落的诗人，有门卫、有快递员、有钟点工、有自由职业者，许多作者时至今日编者也不认识，他们都隐藏在邮件的另一边。还记得那天，当我读到一个署名张华的诗作

《三口之家的情怀》时我的激动心情，我迅速发给本书另一主编师力斌和诗人鲁克（我知道鲁克正在做"好诗精鉴"推送），师力斌一以贯之回我以热烈的三个字，"太好了！"鲁克则很快做了题为《怎么呼吸就怎么爱，怎么流泪就怎么写诗》的解读，"我在这首诗里看到了自己，看到了好多同乡和同道，看到了无数草根在这个庞大的物质时代的小小背影"。在作者简介中张华自述，"20世纪90年代末来到北京。其间，当过建筑小工、装卸工，现在从事个体司机工作"。互加微信后张华自嘲，"开黑车，但心不黑"。是的，爱诗的人都是有信仰的人，有信仰的人，心怎么会黑呢？我想到了同样在阅读中深深打动我的诗人冯朝军和他的《信徒》一诗，诗中叙述了北漂生涯中面临的一个又一个困难：一个客户不再合作，另一个客户被奸猾的同事撬走，房东加了房租还在电表上动了手脚，困顿中作者自问"做个坏蛋，是不是日子就会好过？"然后诗人自答——

　　这怎么可能
　　我很快否定，当我转身回到诗歌里
　　我已是个信徒

　　读到此诗，我浑身起了鸡皮疙瘩，那种被好诗击中的感觉电流一样穿过全身，生活的残酷是真实的，诗歌的信仰也是真实的，因为诗歌，我们的心灵不会在生活的种种丑恶面前变形、扭曲；因为诗歌，我们有底线，不会蜕变堕落成我们所厌恶的那群人。读冯朝军此诗，我的脑中浮起了沈浩波的一句话，"诗歌让我们成为更好的人"。我迄今不知道冯朝军是干什么的，但从他投稿《北漂诗篇（2018卷）》的这组诗，我坚信他是一个有良知的优秀诗人，这就够了。

　　"90后"诗人刘浪以一首《由于狭小》引发微信朋友圈的共鸣。是的，我经常第一时间把编选过程中读到的令我心动的诗作发布朋友圈，犹如宝剑看见英雄会叫，我也一直葆有看见好诗就爱嚷嚷的天性，诗神在上，这天性多么迷人。好吧，我们来看看刘浪的诗，很短：

　　由于狭小，屋里的每件东西都有多种用途
　　唯一的桌子，既是饭桌也是书桌
　　仅有的窗户，既用于采光也用于眺望

那扇门，一旦关上就没有另外的出口

这张床，是他们争吵的地方也是他们和解的地方

何其熟悉的北漂场景，地下室？筒子楼？单元房的某间隔断板隔出的蜗居？谁没有在狭小房间困苦过谁就不能称之为"北漂"！这五句，每一句都来自生活的真实但却在最后一句踩到了丰富而奇妙之处，可以说是无奈，房子太小，争吵也快和解也快，因为都在同一张床上；可以说是幸运，幸好房子太小，争吵也快和解也快，因为都在同一张床上。如果房子大了，一人一间了，两人的争吵谁都有自己赌气的床，那他们的和解还能这么快吗？这首诗不是写出来的，是活出来的。

类似"活出来"的诗作在这部书里还很多，或者说，这部书简直就是为这些"活出来的诗"而编。我想起编选过程中我和一些微信好友的交流，我希望投稿《北漂诗篇》的诗作在情感上能落到实处而非空泛地抒情，我希望有细节的真实，有感知得到的生活的底质，有鲜明的悲和喜的作者形象，有看得见的北京面孔、触摸得到的北京体温。一句话，我想说的是，《北漂诗篇》的关键词是"北漂"，它希望达成的是这样一种理念，借用某一年《南方周末》的新年祝词，"给绝望者以希望，让无力者前行"。

师力斌老师和我都是带着一种责任感、一种自豪感来编选《北漂诗篇》的，当然，这份责任和自豪都是我们自带的。相比于众多诗歌选本，《北漂诗篇》不是对众多已成名诗人的锦上添花，它是对更多隐藏于北京各个角落的努力生活、默默写作的诗人的雪中送炭。回想 2017 年版的《北漂诗篇》涌现出的许烟波、杨泽西、左安军、常文铎等写出过饱含生命痛感诗作的优秀诗人，今年并未见到他们投稿，我也不知他们在哪里，是否还在北京？这就是《北漂诗篇》的编选状态，它的作者永远是不确定的；它的作者有时自己都不知道自己什么时候就离开北京了；它的作者要考虑的永远是生存第一，诗歌于他们是过于奢侈的非物质存在；它的作者，它的作者啊，并不知道自己是多么优秀的诗人！

感谢中国言实出版社继 2017 年首次出版《北漂诗篇》后今年继续承担本书的出版工作，感谢王昕朋社长的慧眼和人文关怀。作为中国第一部正式出版的北漂诗人年选，《北漂诗篇》已成为"一本诗歌版的'北京志'"（千龙网），它是北京的"新地标"（《信报》）。2018 年 5 月，笔者应邀赴上海参加上海社会科学院和临港区政府联合主办的"城市诗学"研讨会，做了题为《北漂诗人的城市诗写》

的主题发言，会上笔者提出的一个观点得到了与会诗人、专家的认同，"漂在各地的诗人已构成了城市诗写的主力和新的诗歌生长点"。

祝福北漂诗人，祝福北漂诗篇！

2018-10-23

书　　名	《好诗记》
著(译)者	郁葱 编著
版　　别	广西师范大学出版社 2019 年

"面对诗歌，背对诗坛"

2019 年 3 月，广西师范大学出版社推出了郁葱老师的《好诗记》，从微信上获悉此讯，我当即下单购买，引用本书策划人、诗人刘春的话，"编著者花费了巨大的精力，挑选出自己喜欢的当代诗人的作品并进行解读，这种工作很少人愿意做。"确实如此，诗人们都期待自己的诗作像千里马一样被发现、被阅读、被评点，却极少有愿意当伯乐的，当伯乐归根结底就是一件为人作嫁衣的工作。

郁葱老师长期在刊物当主编，先是《诗神》，后是《诗选刊》，尤其《诗选刊》时代的郁葱，更是把一本选刊类编辑空间相对较小的刊物，办出了不亚于原创性刊物的自由度和生猛度，其中两个栏目已做成诗界品牌并延续至今：一是原创首发，一是年代大展。除此，郁葱老师每年均写有一篇《中国诗歌年度述评》长文，解读、分析该年度他心目中的优秀诗作（直到他调离《诗选刊》这个习惯一直保留着），这也是构成今日《好诗记》的出版基础。有过写作诗歌点评经验的人都知道，写十几首还行，写几十首就有点吃力了，写上百首简直就是对阅读智力和评论语汇的残酷考验，诗歌写作无非就是那几种手法：抒情、口语、意象、综合，无非就是那么几种永恒的主题：故土、亲人、爱情、活着与死去。2015 年微信公众号刚兴起不久，我曾应闽省《海峡都市报》"六种武器"公众号邀约做过诗歌推荐，每天一首诗一段点评，做了 3 个月我就败下阵来，遇到的就是词穷问题，对着一首诗无话可说。可郁葱老师的《好诗记》点评的是 300 首，作者充沛的阅读激情和饱满的文本解读力令人感佩。

在序言中郁葱老师解释了本书的写作出发点，回答"什么是好诗""为什么是好诗""好诗的标准是什么""怎样写出好诗"等问题，也就是，当你读完这本书，这四个问题也就得到了解决。读《好诗记》的过程也是体会郁葱老师诗学修为和性情喜好的过程，安静、纯净、平和、宽容是郁葱老师留给我的印象，当主编的郁葱和不当主编的郁葱没有什么区别，他几乎从不参加任何诗歌活动，总是在石家庄读诗、编诗、写诗，郁葱老师确实是一个非常低调的主编，低调到他哪一年调离《诗选刊》主编职位许多人都不知道（我咨询过几个人得出的答案）。对郁葱老师而言，当不当主编他都是那样一个活在诗歌文本世界的人。

21 世纪初郁葱老师曾写有一文，文中提出了一个观点，"面对诗歌，背对诗坛"，这个观点很快传播开去，成为许多人的座右铭，而更多的人是拿它当自我标榜的招牌。本质上郁葱老师是个不善言谈诗歌以外话题的人，在世俗生活的圈子里他落落寡欢、不合群，这是一种天性，没有办法，我想说在这点上我是他的同类但又有点不好意思，因为很多人肯定不这样看我，但我确实是这样看待郁葱老师的。郁葱老师是个理想主义者、完美主义者，是个讲究诗、人合一的人，这样的人选的诗、评点推荐的诗，一定以温暖、光明和良善为主，体现的是诗歌向好的一面。

2019-8-9

书　名	《卧夫诗选》
著(译)者	安琪　编
版　别	文汇出版社 2018 年

极端的生命体温和美学个性

　　怀念一个诗人的最好方式就是读他的诗，尤其是一个好诗人，尤其是一个只知付出却不给大家回报机会的好诗人。

　　卧夫的诗人身份在生前一直比较模糊，他更多地以服务诗人的摄影家、报道家及手稿收集者的身份为众人所知，实际上，卧夫的诗作非常有个性，他的诗作基本是他思想脉络的文字表现，部分也是他情感际遇的纸面陈述。

　　大抵上卧夫走的是生活写作的路子，但又不是那种通过他的诗你能完整还原出他的生活状况的那种，他写的是他对生活中遭遇的与己有关的事件的看法和态度，在对他贴到博客诗歌的整理过程中我遇到了调侃的卧夫，颓废的卧夫，对世界质疑的卧夫，对自己的存在自我贬低的卧夫。卧夫经常对"人"的形象给予嘲讽，他自己自诩为狼，而且是落荒之狼，一改狼在人心目中凶狠残暴的定位。本名张辉的卧夫取的就是英文"狼"（Wolf）的汉译。他最后选择荒山裸身绝食而亡，走的就是狼的死法。通常一只狼奋斗了一生，完成了生之使命后就会独自悄悄死去，这是狼的尊严。

　　卧夫是真正意义上的低调，有在某大刊供职的朋友说起，曾向他约过稿但他不以为意，从未赐稿。我觉得真正的低调应该是卧夫这样，只知服务他人，埋头写诗，从不为自己争取荣誉（而非只管自己写诗，从不服务诗歌或诗人）。就我与卧夫的交往，在历次诗歌朗诵活动中，卧夫只是不停地忙碌着为他人拍照，自己从不上台朗诵自己的诗作。2010 年 2 月，我曾为他的诗作《最后一分钟》写过短评并刊登于同年第五期《特区文学》，他也没把此文搬到他博客，可见卧夫是从骨子里彻底看淡外人对他诗歌的评价。

卧夫标志性的"卧夫制造"字样出现于 2007 年 8 月 16 日创作的《硬着头皮写一首诗》后，这应该是他明确了自己创作主体性身份的一个举措，此后，无论摄影还是诗歌，"卧夫制造"成为诗歌界的一个醒目符号，烙在大家心中。海子是卧夫这一生没有绕开的死结，从他出资为海子修墓那天起，他就把自己和海子埋在了一起。卧夫和海子同龄，他生前经常到海子家探望海子父母，关心支助着海子家人，海子家人每次到京参加活动也都是卧夫开车接送、全程陪同。卧夫的遗体告别仪式上，海子弟弟查曙明致悼词并痛哭鞠躬。卧夫几乎把自己等同于海子了，时时拿海子来比照自己，并自认为"活不过海子"，这里面的"活"我以为指向的应该是他的诗歌抱负；他羡慕海子可以"不管三七二十一"，其实也隐晦表达了他的死亡冲动。

卧夫经常给朋友写诗，每一首诗应该都与他生命中的某段故事有关，因为身在宋庄，兴之所至他也给诗人画家们的画作配诗。考察这些诗可以了解卧夫的部分生命轨迹，可以追溯卧夫生命中的诗歌兄弟与他之间的交往与激励。卧夫诗歌创作的触发点无时不在，他好像具备在任何环境下写诗的能力，他经常在诗后标注创作地点，譬如安徽怀宁，为海子扫墓期间，譬如夜宿香山，譬如 T65 次列车，譬如台湾高雄，等等。沉默寡言的卧夫就这样在沉默中吸纳着所见所闻，并运转在脑子，成诗于笔下。

卧夫有东北人天生的冷幽默，总是能冷不防冒出一两句让人发笑并且记忆深刻的话，他诗歌中随处可见的类似"我以为我把火车推得已经往前走了一点""我差一点连喝西北风的力气都没有了"这样的机智十足的句子与他的反向或多向思维有关。

卧夫诗歌大都以"我"为抒情主人公，大量出现的"我"表明了作者身上强烈的感性，卧夫的诗又总可以嗅得到一个潜在的"你"，他诗歌的个性也因这些潜在的"你"的私密而更具个性。诗歌说到底是自我心灵的慰藉，是个人生活的固化，越自我，越个人，它的个性就越强，它的感染力就越大。因为每个个体生命其实都是有很多私密的你私密的情思存在，只是大家不会表达或觉得不宜表达而没有表达。卧夫的写作因此更见可贵。

卧夫经常直接在诗歌中出现"诗歌"二字，通常情况，年轻的诗歌写作者爱这么干，一定年龄后"诗歌"二字就从作品中消退了，但卧夫不这样。他作品中时时出现的"诗歌"二字证明了诗歌是他自然而然第一反应到的对象，譬如"躺在诗歌旁边复习一种战栗"，写这首诗时他 47 岁。卧夫诗中按捺不住的"诗歌"二字自然是他对诗歌珍爱的产物。但相比于诗歌，死亡更为卧夫珍爱，死亡意识一直伴随着卧夫的写作。以博客中目前的 156 首诗来看，大约从 2010 年 10 月份起，卧夫开始直接把死亡搬到诗中，直接写"死"了。此前他的诗，死亡还是以调侃的形象出现，但现在，死亡活了，在他的诗中活了。这段时期，他的每一个博文都有 4 首以上诗作并都配有他的一段话，我把这段话列为"题记"，以 2010 年 10 月为界，卧夫的诗短促，力量感加大，特别是那些题记，几乎就是他的死亡观了。

诗歌界历来有"避谶"一说，说的是如果你太经常写到死亡，太经常惊动死亡，死亡就会循声而来找到你，拉走你。我不知道这种说法有多大的合理性，但确实的，每个意外亡故的诗人身上，总能找到浓厚的死亡诗写，如果我们想安度此生，是否该调整自己写作的语汇？此为题外。

5 月 9 日获悉卧夫死讯至今，悲伤与抑郁一直萦绕着我。细想起来，我和卧夫算不上深交，之所以对卧夫之死如此耿耿于怀，某种程度与我自身的海子情结和死亡意识有关。海子也是影响我很深的一个诗人，2002 年底我从福建北漂，其实就是一种自杀，从只身北上的那刻起，旧我已死。如今，卧夫追随海子而去，从肉身上消灭了自己，他自决的山坡看得见大秦铁路，该铁路途经海子卧轨的山海关，专门运送大同煤炭至秦皇岛。卧夫的每个举动都是有深意的，看看他博客配图，无论是狼图腾脑部用铁链围成的心形，还是一只猫蹲在《现代汉语词典》上看电脑上的诗作《寻人启事》，都有他的匠心在。

整整四天，我倾心于卧夫的博客，卧夫的诗歌，我表情凝重，内心沉郁，怀柔殡仪馆那具鲜花覆盖的身躯，那张灰黑的已经辨认不出的脸，那副新配的陌生的金边眼镜，时时出现在我的眼前，夜深人静时我不敢入睡，想到卧夫只身荒山等待死亡的七个日夜，我感到了恐惧。我曾经在悼念父亲的诗中写过，我再也不相信这个词"栩栩如生"了，生死两隔，此后的活动中再也没有那个背着大挎包拍照的卧夫了，再也没有那个邀人在他长卷写诗的卧夫了，再也没有那个顺风车稍带我回家的卧夫了，也再也没有那个可以继续为博客增添诗文的卧夫了，卧夫最后一次博客贴诗的时间是 2011 年 8 月 1 日，所贴诗作《有的人死了，死得不明不白》。他已经很久没有打理博客了。

整整四天在卧夫的诗中沉浸，我再次确认自己三年前的观点，卧夫的诗作有他极端的生命体温和美学个性，足以传世，这是我整理《卧夫诗选》的动力。我愿把整理心得与大家分享。卧夫不朽，卧夫的诗歌不朽，卧夫的诗歌精神不朽。

2014-5-16

书　　　名	《大地总有孩子跑过》
著(译)者	林茶居 著
版　　　别	教育科学出版社 2013 年

处处奇迹

　　合上书，这就读完了？读完了。还是有些舍不得，没读够的样子。好长一段时间没见到茶居老友了，手头的这部书，和经他手编辑出版的那些书、那些杂志，是时间的证据，也是一个人成长的证据。

　　1992 年我们一起在漳州写诗时谁也没想到，十年后会不约而同辞去安稳舒适的工作，离乡背井一路北上。诗歌的力量太大了，仿佛原子弹爆炸，把置身其中的我们飞射出去。我还记得 2007 年夏，长发蜷曲，眼神炯炯的林茶居，带着他的一身硬骨头，来到位于王府井的中视经典，告诉我他也到北京了，在华东师范大学出版社北京分社工作。我特别高兴，又多了一个北京的漳州老乡了，且还是一起写诗的战友。又过了两年，林茶居和同事们创办了《教师月刊》，其中的访谈栏目林茶居坚持要现场，西川、崔卫平、张莉和郑敏老师都是我们一起采访的，其实我只负责牵线搭桥，采访过程和最终成稿都是林茶居做的，为什么不采用惯常简便的书面提问？得到的回答是，喜欢那种面对面的语言碰撞所产生的意外。我还记得他对着被访对象拿出那把长方形录音笔时的神情：坚定、自信、诚恳，教师出身的他，早就做好功课，深谙被访对象的写作或学术专长，却也经常在采访过程中旁逸斜出些妙趣横生的问题。

这么多年了，《教师月刊》的访谈部分积累起来也该是一部沉甸甸的书稿了，不知出版了没有？下次见到茶居要问问他。

《大地总有孩子跑过》是林茶居继诗集《大海的两个侧面》之后出版的教育人文随笔集，两部书相隔十三年，还是有些久。一直从事出版工作的林茶居没有想到为自己出版一本书吗？好像就是这样，后记中林茶居自言，本书的出版还是得到教育科学出版社各位老师的直接促成。也许是经手出版的书多了，打破了出版的神秘？又或者生性淡泊，不在意作品的结集？没有和茶居交流过这个问题，也不曾想到他出版的书如此之少，目前也就一诗一文，两部。诗集当年我写过一篇读书记，刊登于 2000 年 12 月 1 日河北《文论报》，竟然忘了收入《人间书话》，真是遗憾。读《大地总有孩子跑过》，读到了许多老朋友的名字，其中还有我，这书出版已 6 年了，不见茶居提过，显然他无意于告诉大家。他把朋友们写入他的文字只是当时心境和语言的需要，恰好当时发生了那些事，它们值得他记录，这是他个人成长史的一部分，朋友们只是恰好一步跨进他的成长之中，如果不是这些朋友，也会有另一些朋友跨进来，不值得当成一件天大的事一样到处张扬。而我，却因为阅读中的偶然撞见而有一种会心的喜悦，仿佛窥视到了作者的秘密一般，这家伙，如果我一辈子不读这本书，他也就一辈子不会告诉我这本书埋有我们的名字。

茶居身上，兼具两种显豁的身份：诗人和教育工作者。本书因此也是这两种身份的体现，分为教育随笔和诗歌随笔两大类。教育类的茶居，行文理性、思辨，有公共知识分子的社会关怀，探讨的是教育如何作为一种唤醒和解放的力量参与到孩子们的光合作用中、而不是成为一种"逆环境"阻滞着孩子们咔嚓作响的生命拔节。茶居师范学校毕业，担任过小学语文老师、教育局干部，之后就一直在出版社主编教育类杂志，从来不曾离开教育职业。他深知对于一个孩子来说，最艰难的是成长在一个不利于他健康成长的环境中并且丝毫没有改变的可能，因此他的文章许多都在忧思教育所要恢复的人性之美，他赞同叶圣陶先生提出的"教育是农业而不是工业"的理念，主张教育中慢的、个性的、顺应自然的本质。读茶居这方面的文章，我对自己有很深的遗憾，师范学院毕业、当过几年中学语文教师后便迫不及待跳槽到文化馆的我，辞职北漂后完全离开了教育语境，等于抛弃了原本应该熟悉的领域，窝在诗里了。实际上是生命的自我窄化。现在茶居教育没有放掉，诗也没有放掉，明显比我多了一个世界。感谢本书，让我这个前教育工作者了解到当前教育的困境和解决困境的方法。茶居说，"教育，在相爱的人之间展开"，又说，"没有爱，就没有教育"，显然，"爱"是他的核心诉求。我想到我们活着的每一天，其实也都在面临着教育，每一个人都是你的老师，你也是每一个人的老师。包括物、包括事、包括自己，都能给自己以教育，终其一生，人都行进在教育之路上。教育，实在是一个大问题。

相比于教育类的对外发声，本书中诗歌随笔类可谓向内低语，此时的林茶居，放低了讲话声调，从童年开始回溯，乡村记忆，儿女情长，阅读感悟，点点滴滴的心事，徐徐缓缓地道来。这时候的林茶居，恢复了他的诗人本色，直觉敏锐，在语词神秘的光亮中游走，有时也会颓唐，有时也会空落，这是他个人经验的独特书写，细微而珍贵。

有必要提及第二辑《小纸条》，本辑采用词条模式，总290条，类似《马桥辞典》，不同的是，《小纸条》的词条与词条间有呼应的关系，即从上一个词条找出一个词作为下一个词条的关键词，继续写。我也曾如此这般地写过，查了一下，写于2007年5-6月，题为《安琪说文》，总118条，刊登于《诗歌月刊》2007年9月。两相比照，林茶居量多质优，词条辐射面广，想象力开阔，尤其语言表述饱满、扎实，时时有灵光闪现的句子出现，他如此写女高音，"而女高音是海面上蔚蓝色的悲凉和绝望"，他写腰，"爱情的身体都是腰。所以热恋中的身体特别容易发痒"，他与他的笔记本达成共谋的方式是，"把诗写到诗那里"……

读《大地总有孩子跑过》，我一路感叹林茶居守护诗意的能力，13年了，他依然保持着语言的湿润感，把一首一首诗、一篇一篇文，写得处处奇迹。

2019-10-29

书　名	《戏台》
著(译)者	青禾　著
版　别	中国华侨出版社 2018 年

漳州往事

两条线。一条剧团线，第三人称叙述。一条家庭线，第一人称叙述。叙述者"我"时年大约 5 岁，是剧团团长、著名小生笑三春的儿子阿云，家庭线主要是"我"与母亲夏莲为主角。夏莲是全书塑造得最令人难忘的角色，如何形容她？一句话，谁娶了这样的老婆真可说是家无宁日、一辈子苦不堪言。这种妇女在我父母这辈很多，不识字、蛮横、霸道、满嘴刻薄言辞，正逢上新中国成立各种政治运动给了她们撒泼斗人的正当机会，于是便成为祸害一般的人物。我之所以对夏莲这个角色有共鸣是因为从小到大遇到过这样的女人不止一个，她们视每个人为仇敌，别人不痛快、自己也不痛快，这种人带给家人的痛苦比别人更甚，别人还可逃避，家人是必须朝夕相处躲都躲不开的。夏莲的丈夫、剧团团长笑三春一直很受女观众喜欢，也有过婚外情，这在旧社会是难免的，但进入新社会就赶上思想清洗运动，不断地开会、检查、自我批评，他在是否交代自己与带着女儿独居在漳州的香港资产阶级三姨太高云的男女关系问题上几番犹豫，终于出于保护女方的目的没有坦白，这是他的幸运，而剧团编导赵敏便因过于老实如实写出自己真实的家庭、情感经历，虽然成为组织器重的知识分子，内心却因为把心爱的女人沈萍牵连进来而深为不安，整个剧团也因为他的过于坦诚交代为榜样而陷入无休止的自我坦白之中。那是一段什么样的时光啊！读《戏台》，心里很难受，每一个人都不是坏人，连作为组织代表的林方正也不能说是坏人，他组织安排到剧团的工委，响应政策主抓剧团的思想工作，按现在的说法是"左"，但在当时，谁也不敢认为"左"有什么问题。

剧团由漳州水仙班和台湾艺光班合并，台湾艺光班到大陆演出时逢上蒋介石败走大陆奔台，他们由此再也回不到台湾，于是和漳州水仙班合并，台湾也是本书的关键词之一，漳州与台湾的关系自是渊源深厚，赵敏的亲哥哥新中国成立前任过诏安县长、解放后跑到台湾，赵敏所爱的对象沈萍也在台湾，剧团爱着他的凤仙是台湾艺光班演员，在那个特定的年代，"台湾"就像原罪背负在与台湾有关的人的心上。作者心地善良，除了夏莲让人厌恶外，每一个人物都不能说是坏人，就是用尽心机想尽办法委身林方正的秋月也有她可以理解的一面。但全书中的每个人却又都活得憋屈、恐惧、无奈。

读《戏台》，读漳州往事，轰轰烈烈的三反五反、抗美援朝、思想改造，每一件事漳州都经历过，现在，作家青禾用小说的形式复活了一个过去的时代，让我们知道，每一个城市的命运、每一个人物的命运，都与国家命运息息相关，国家的每一个决策，都关系到个体生命的每一个人。读《戏台》，读漳州现在，随处可以遇到的漳州地名、漳州食物、漳州俗语，都是漳州人熟悉的乡音乡情，全书的发生地直接写的就是"漳州"。读《戏台》，读青禾师高僧说家常话的语言表达方式，我不清楚这部长篇小说写于何时，当是青禾师晚年之作，那种不悲不喜、尽量体谅书中每个人物的悲悯，已然到大境界。不炫技、不用力过猛的语言，使整部小说充满着一种绵绵不尽的悲凉。全书中只有夏莲最适应这个时代，她爱斗的天性适应。如果一个时代激发的是一个人身上恶的一面，这样的时代一定不是好时代。

2019-7-3

书　　名	《三城记》
著(译)者	张柠　著
版　　别	人民文学出版社 2019 年

逃离北上广，逃到哪里

看到《三城记》，本能地想到《双城记》，后者是英国作家查尔斯·狄更斯以法国大革命为背景所写成的长篇历史小说，首次出版于 1859 年。双城指的是巴黎与伦敦。《双城记》有一句名言几乎可以作为"时代"一词的名词解释，"这是一个最好的时代，也是一个最坏的时代"，这句明显逻辑不通的时代定论为何会被经久不息地引用原因恐怕在于每一个人对自己所处时代的无从选择产生的惶惑，时代和故乡和父母都是没有办法选择的，你一出生就在这样一个时代里，也只能自我安慰，这是一个最好的时代、也是一个最坏的时代了。

张柠的《三城记》哪三城？上海、北京、广州，恰好是作者本人迄今的人生所经历的三个城市。读当代小说的好处是，你认识作家或知道作家，你便可对着小说寻觅作者的蛛丝马迹，这种读法应该是允许的，一部《红楼梦》读下来，曹雪芹的家世被扒个底朝天，丝毫秘密也没有，连他举家食粥也仿佛在光天化日之下。所以读《三城记》，我总忍不住想到张柠教授的生平，毕业于华东师范大学，先后供职于广东省作家协会创研部和北京师范大学文学院，三城就是这三城。恰好也是传说中的"北上广"。

张柠教授此前一直以批评家形象示人且著有多部批评专著，在业内享有很好的口碑。此番突然跑出一部长篇小说，不免让人好奇。这两年批评家写诗出诗集的很多，写小说的却只张柠一个。因为小说实在需要更多的时间、更密实的生活体验和诉说能力，作为一个以诗为生的人，我内心更佩服的反而是小说家。我曾有过失败的小说创作尝试。当我把张柠教授的《三城记》读完后，我可以说是口服心服。全书以"80 后"青年顾明笛的人生轨迹为线索，写出了一类人在社会面前的不适和心灵冲撞。顾明笛代表了哪类人？有知识、有理想，不想虚度生命却又在现实面前处处碰壁、无所适从的那类人。顾明笛大学毕业后分配到上海某公园管理处工作，因为不想每天听那些毫无内容的官腔，不愿意每日喝茶读报等着下班、拍马逢迎等着升迁，就悄悄辞职，在母亲的痛惜中来到北京，应聘到《时报》当编辑。在《时报》，他遇到了和他一样有热血想干事富于职业精神的施越北、裴志武等几个好友，一干人意气相投，为了一篇深度报道的采写工作宁愿挨打也不放弃，但最终，事实证明了《时报》并不欢迎它的编辑们过于正义，他们被迫纷纷离开《时报》，施越北南下广州创业，顾明笛考上 B 大学哲学系中国现代思想史专业，师从"马工程"首席专家朱志皓教授，叙事地点落到了高校。在 B 大学，顾明笛所见大都猥琐的、不学无术的、争名夺利的学子或教授们，有点《围城》里三闾大学的当代版。其中最令顾明笛崩溃的是他的论文研究方向，他所报的都是导师否定的。在这样的学术环境里本已百般不适的顾明笛因为被已婚少妇勾引而近乎癫狂，得了抑郁症后举止失态，被迫休学暂时离开 B 大学奔赴广州施越北的公司。老友重逢但老友已非昔日的老友，大家都有了心境和人生观的改变，顾明笛茫然了，幸好在施越北公司他认识了女同事劳雨燕，幸好劳雨燕有一个父亲，这个父亲在白洋淀承包了一片农场需要劳雨燕回来一起打理，小说的终结是，顾明笛决定来到白洋淀和劳雨燕一起生活。

这样的一个结尾非常隐士，读《三城记》的过程中我就在想，在现实的鸡零狗碎、尔虞我诈中无处落脚的顾明笛最终要以什么方式收场？我认识一个作家，她的主人公每次到最后不是疯了就是死了，以至于我都窃笑了。现在，我们的张柠教授让他的主人公逃离北上广后来到风景优美的白洋淀，真心不错。这是作者的善良，更是作者心中的陶渊明替他做的抉择。但真实生活中的顾明笛们愿意离开城市去往乡村吗？每个城市青年可以自己想想，你愿意吗？

《三城记》采用的还是比较现实主义的写法，看点有几个：报社的工作流程和在报社工作可能遇到的麻烦；高校师师间、师生间的关系以及学院体制对一个人身心的压迫。本书人物间的对话也有可圈可点之处，毕竟都是高知一族，作者本身也是高知，于是读者就能读到一些比较深刻的哲学、禅学、文学的对话。

2019-8-14

书　　名	《鲁院日记：春天，在北京聆听花开的声音》
著(译)者	郭守先 著
版　　别	中国文化出版社 2019 年

鲁 19 的身份证

抽出面巾纸，抹去眼角涌出的泪水，抹不去心头一阵一阵的抽搐。两天的阅读，仿佛重新上了一次鲁院：2013 年 3 月 2 日至 4 月 27 日。其实我已忘记了这么具体的时间段，但有一个人帮我们记住了；其实我们本来每个人都可以写这么一本书因为我们都是以作家的身份来的，但最终，只有一个人写成，并出版了。他，就是郭守先。

来自青海的黑黑壮壮的相貌比年龄跑得快的诗人、批评家，一个秉持写作的公共性和批判性、追求积极自由和启蒙现代性的作家，用他扎实的文笔、公益的情怀、温暖的感情，为鲁 19 的 50 位学员保留了生命中难以忘怀但事实上已经模糊的记忆。当我在阅读中发现自己早已遗忘的授课老师和他们所授的课时，当我在阅读中补听了因各种原因没有听到的讲座时，我反复地在心里说，谢谢你，守先，谢谢你让鲁 19 在鲁院历届高研班中有了自己的身份证。不是每届高研班都有一个郭守先这个自觉这个能力写一本书的，尤其我们只读两个月。记得当时我很遗憾地对大家感叹：为什么我没有赶上正常的四个月班而是情况特殊的两个月班，徐必常同学用唱山歌一样的贵州话缓缓回答，两个月或四个月都一样的，同学的感情都在，不会受影响。读了郭守先的《鲁院日记》，我反而要庆幸，幸好我读的是两个月班，四个月班的不见得有人会写一部书。是的，这是名副其实的鲁院日记，从申请报名写起，到接到录取通知，到体检，到赴京，到每一节课、每一场活动、每一次外出，郭守先做足功课，他在获知自己能读鲁院的那一刻就计划好了，要写一本《鲁院日记》，他做成了，我们，因此得以在他的日记里重逢。

　　这是郭守先的书，也是鲁19每个学员的书，这几日微信群感动和欣喜交织，因为此书，大家酝酿着班级重聚。6年了，倘无此书，大家已经要"君子之交"了，已经要"相忘于江湖"了，但郭守先说，不能，有我的《鲁院日记》为证，我们永远是好同学，生命中我们有过两个月的朝夕相处，那相聚时的欢笑和别离时的泪水都在我的书里，你们怎么能忘呢？

　　我们不能忘！十万字两百幅照片的《鲁院日记》，唤醒了我们心头沉睡的往事，那个报道第二天在电梯就能准确叫出每个同学名字的李一鸣老师，按守先的话是，"真正智慧的人却是千方百计记住别人的名字，因为让别人记住自己的名字，你最多可能会成为一个'名人'，而记住别人的名字，你就有可能成为'伟人'……"那场潘家园的淘书所淘到的"马蹄金"和感伤，"我们目睹了那么多世界和中国一流作家的著作晾晒在那些物质和精神同样贫困的摊主脚下，低廉地出售……"那堂以全班同学要求合影表示认同和尊重的蒋子龙老师的讲课，蒋老师说，相同使我们愚蠢，我们都生活在同质时代，差异就是优势，眼光富有才是真正的富有……那在社会实践中因参观西北农林科技大学杨凌种羊场所引发的感慨，"墙上玻璃上挂了不少灰尘和蛛网，院内杂草丛生"，对比珍藏帝国记忆的文化遗产兵马俑、华清池，"说到底我们还是不重视科学技术"；那次恰巧赶上的中澳文学高端论坛上，刚获得诺贝尔文学奖的莫言在发言中表达的困惑和苦恼，"很多亲戚朋友要我以诺奖获得者的身份办事、破坏社会规则或者要我承担更多的社会责任"；那些我因为家住北京常常跑回家而无奈缺席的中国现代文学馆讲座、研讨会和同学间的聚餐；那依旧熊熊燃烧在我们诗篇里的篝火，温塘古镇的篝火……此刻都在阅读中一一回放，作为前诗人、现批评家郭守先，有强大的叙事能力和分析能力，且有自己的观点，他的听课笔记因此不是简单的记录，而是有自己态度和思考的文本，几乎每篇最后都有他的"郭史公言"，有时反驳，向授课教师提出商榷，有时存疑，把问题留给读者如我，更多理解，尽可能站在老师的立场想象他为什么会有此见解。"郭史公"的这部分文字，总是让我会心一笑，文字背后那个自信得些许有些自恋的郭同学啊，六年后，用他深情、真情的文字，活泼泼地，站到了我面前。

　　《鲁院日记》结构颇费苦心，以时间为顺序，逐日写来，文后落有日期，文前都有一句题记，题记来自同学和老师的诗文，文中穿插就学期间各种照片，附录有联谊会和诗歌朗诵会的节目单，真是非常细心和完美。《鲁院日记》既是鲁

19 的生命刻痕，也是不曾读过鲁院的人的教科书。

2019-8-16

书　名	《酒文化片羽》
著(译)者	李裴 著
版　别	贵州人民出版社 2014 年

当代酒经

起初读得很快，知识点多、文辞又美妙，吸引着你一路读将下来。慢慢地就舍不得读完，好比美酒在手，喝完了可就没有了。下楼走了一圈，回到屋来，终于还是读完了，想说酒香绕梁，可塔楼无梁，有书柜，酒香绕着书柜走了一圈，来到了我的案头，这就是《酒文化片羽》给我的阅读感受。几日来，边读边赞边叹，想作者真是做足了酒的功课，古今中外、诗词歌赋、民间俚语、大雅之音……举凡与酒有关的，尽情召唤到这本书里。真是好大一桌酒席，孔子上座了、墨子上座了、庄子上座了、四大名著上座了、刘伶上座了、李白上座了、东坡上座了、秋瑾上座了……只要你与酒有关，你就享有被邀请到此书的资格，就能得到作者的礼遇，作者会阐释你、推介你、尊重你，把你从浩瀚无边的历史书中请出，酒能通神，酒中的神人们，在《酒文化片羽》中有了自己的一席之地，有了被认识被传播的机会，可谓不亦快哉。

读《酒文化片羽》，我实在佩服作者的博学，全书分五个部分，每个部分由10 几 20 几篇小文章构成，每篇文章都是一则与酒有关的小故事或小论文，有的此前不曾读过、听过，有的虽读过却不及多想，因此我说，读《酒文化片羽》，读的是学问。在《妓院饮酒》一文里作者写到宋江与李师师在妓院饮酒，赋词一首，想通过李师师打通上层关系，然后笔锋一转，写到李师师其人乃一刚烈侠女，她痛骂张邦昌等以其献金营的行径，最后"乃脱金簪自刺其喉，不死，折而吞之，乃死"，这一转的笔锋把李师师宁死不屈的勇猛从历史的盲区中凸显出来，使李师师的形象不止于妓女的层面。这是作者熟读各类著作的信手拈来。读《贵妃醉酒》，我们方才知道，中国古代有十大酒局，唯一女主人公入选的就是贵妃这一局，而最初版本的"贵妃醉酒"有贵妃大醉后自赏怀春、轻解罗衣的儿童不宜情节，后来被梅兰芳"去污化"成现在的版本了，嗨，不读此书，哪里知道这一出经典传统剧目里还有这等曲折故事。一本书给予读者的信息越多，带给读者的意外收获自然也就越多，书的价值也就越大，《酒文化片羽》就是这样一本书。

读《酒文化片羽》，读的还有作者的性情、喜好和见地。书中有许多来自作者的生活经验和日常亲历，以及作者对与酒有关的掌故的搜集和分析，更有作者的思索和心得。在乡村吃酒，吃什么？如何吃？酒过三巡会出现何种状况？苏东坡所谓"酒食地狱"所指为何？饮酒五好哪五好？为什么文学史上著名的茶客很少，著名的酒中好汉比比皆是？品酒可分几个步骤？知道有酒量、酒胆、酒兴、酒趣，酒骨却是怎么回事？"酒肉穿肠过，佛祖心中留"典出于谁？何谓"避席"？何谓"酒之移人"？如此这般众多疑问，都可在阅读《酒文化片羽》中一一得到答案。

诚如本书中《饮食态度》一文所言，某种程度上，酒已成为生活中的必需品，柴米油盐酱醋茶应该加上一道酒，成柴米油盐酱醋茶酒八件事。中国人从小到大，耳濡目染，没有谁不曾与酒有过或多或少的接触，但专注于酒，以酒为主题特意为酒写一部书的，这是我读到的第一部，经由本书，我才知道宋代朱翼中著有一部《北山酒经》，那是古代的酒经。《酒文化片羽》确乎可作为当代酒经为爱酒之人所珍藏，一辈子浸泡在酒中却对酒一无所知，岂不辜负酒之款待。而没有酒力的人如我，则可视此书为酒文化经典读本，在李裴酿制的文字之酒中品尝，醉在其间。

李裴，华东师大硕士研究生毕业，师从著名文艺理论家徐中玉教授。"一直致力于对各种颇感兴趣的文化课题展开坚持不懈的探索"（徐潇《听从内心召唤，铸牢时代责任》）。《酒文化片羽》就是他感兴趣并致力于研究的一个课题。生于贵州，国酒茅台产地，也许李裴命定要成为酒的知己。贵州，需要一部酒经。当代中国，需要一部酒经。

2019-9-17

书　　名	《北运河书》
著(译)者	谷禾 著
版　　别	北京十月文艺出版社 2019 年

城市的谷禾，乡村的谷禾

据《大清一统志·顺天府》载，北运河"在通州东。受潮、白二河之水。温榆河及西山诸泉之流为大通河者，亦自西北来注之……"作为京杭大运河的起始段，这样的一条河流，仅有干巴巴的地理说明是不够的，还必须有与其历史、人文、自然风光相匹配的诗性文字。2004 年，北运河迎来了自己的诗写者，他先是从河南一个叫周庄的村子北上，辗转数载，决定在通州定居下来。偌大的通州，他不择果园土桥也不择艺术气息浓厚的宋庄，而选择在运河边居住定有他的理由。一直到 15 年后，这部《北运河书》终于说出了他的秘密：他购置的不止是可以居住的屋舍，还有可以在不同季节行游、长坐、寻觅、追索、书写和见证汉语诗人命运的河北运河。

一个异乡人来到这里，从不适到渐渐地扎下根来，与流经它的一条河建立了感情，有了身体和心灵的呼应，并把这呼应以诗歌的形式记录下来，体现的是一个诗人对他所置身的崭新世界的敏感，也证明了这条河流对诗人精神的激发。诗写者和诗写对象的伟大相遇，成就了这样一部令人羡慕的地理诗篇。是的羡慕！作为同在通州生活的诗友，我无缘与北运河朝夕相处。即使真如谷禾一样开门见河，北运河的涛声就能在你的身体里喧响吗？你就能为北运河写一部闪光的诗篇吗？答案显然是不确定的。在北运河畔居住的不止谷禾一个人，却只有谷禾扎扎实实地以北运河为题材，不动声色地为北运河立传、为通州存照。

《北运河书》的出版，是新通州人对通州的文字呈现和情感印证，作者在自序中如是说：我理当把这些诗章献给沿岸栖息的众生，献给这条至今仍涵养着我们民族精神的不息长河。

北运河是一条生活浪潮翻涌的当代之河，书写北运河，不能逃避它的工业文明，无论这文明带给你的是便利还是污染。在《我爱》一诗中，诗人脱口而出自己的热爱指向，"但在今天，我爱上了另一种生活／水泥、钢筋，尘埃滚滚，灼热的／汽车尾气。闪亮的钢轨／掘入地底。我爱上了／它的浮华、冷漠、孤单／夜幕下的灯红酒绿"，"但"之前，诗人写到自己"爱过平静的乡村"，那是他的过往，也是当代中国的过往，以自然经济为主的乡村生存模式在远去，你来到北京，享用了它国际化大都市政治、经济、文化中心所带给你的视野的开阔和思想意识的丰富，也就要接受它的尘埃滚滚和汽车尾气，这才是生活和情感的真实。《北运河书》里写城市的诗篇相当多，《河底清淤现场》的每一节都是一个电影镜头，生动记录了民工和工程车如何共同使力，把木头、渣土从河里捞出、运走。诗人之所以是诗人，绝不是简单搬运生活到纸上，而是要赋予这搬运深刻的意义，诗的最后一节，"仿佛一根根潮湿的木头／齐刷刷地向更深处捅去"，民工在这里化身为他们挖掘出的木头，这是形象的类比，这些在摄像机面前对着话筒只会憨笑的民工，可不就是一根根朴实的木头吗？就地取材的比喻，将习以为常的"木头"处理成独特的文本符号，牢牢楔入读者心中。

谷禾是一个平民主义者，他关注的视点总是落实到一个又一个的普通人：年纪轻轻就到建筑工地打工、从脚手架上坠落而亡的孩子（《在建筑工地》），把一天的惶惑斟满花纹陈旧的酒杯、呆愣望着某处的老人们（《在老年公寓》），车祸现场不见踪影的肇事者和遇难者留下的一大片血迹（《小事件》），小堡村孤单的站牌和形形色色有名有姓艺术家以及他们或显或隐的艺术人生（《去小堡村》）……俗常的生活经诗人之眼的观照立即焕发了出诗意。当然，诗意并非仅只是美的代名词，诗意本身是中性的，悲欣和喜怒，希望和绝望，都有它的诗意在。谷禾能够深入到诗意的背面并表述出来，说到底是诗人内心的现实关怀在起作用，也是诗人"语言的在场能力"的实力呈现。谷禾是一个时时处于写作状态中的诗人，朋友们隔三岔五就能在微信上读到他随手写下的诗篇，它们发生于他沿河散步时、搭乘322路公交车上下班时、出地铁站口时、在家里阳台望向远方时……他的心灵是湿润的，他的眼睛是明亮的，他的笔力是刚健的。

《北运河书》第四辑"忆念：周庄传"是谷禾的故乡诗写，对谷禾、对本书，这一辑都相当重要，诗人借此回到了一棵树"根"的部位。如果说运河诗写、通州诗写是繁茂的枝叶，周庄诗写就是深抓大地的根。这是一部乡村苦难叙事，每一首诗都有疼痛的荆棘在扎你……这是 20 世纪 60 年代人共同的乡村记忆，灰色、悲伤而无助。它交代了今日谷禾何以成为今日谷禾的缘由：柔软、悲悯，对万物怀有深切的爱与体认。

2019-10-24

书　　　名	《隔空对火》
著(译)者	荣荣 著
版　　　别	中国青年出版社 2017 年

女性写作疆域的拓展

从何入手谈论荣荣 2017 年出版的诗集《隔空对火》，我想了很久，决定从她的老诗集《流行传唱》说起。

查了一下，《流行传唱》出版于 1996 年，真的很久远了，21 世纪以来的诗人们想必很多已不知道此著。我其实也没有那部诗集，但我记住了那个名字，那些年，荣荣以"流行传唱"为总题的诗作发表于各大诗歌刊物，选取的流行歌曲的题目，写她的各类心事，生于 20 世纪 60 年代的诗人应该还有印象。荣荣当年就自觉地选中一个主题大规模地写作了，比同龄人早慧，要知道那时候还不兴集束诗写，创作力旺盛的一代人，逮到什么写什么，漫无边际，乱箭乱发，不知所终，以致今日我能记住的诗集只有荣荣的《流行传唱》和臧棣的《燕园纪事》，它们都是有明确的写作指向，一意孤行，在一个方向使力，产生的结果类似"文学事件"一样，刻痕深刻。网络时代开始，聪明的诗人们互取真经，也都明白主题写作的意义，一个主题一个主题写将起来，最典型的当属地域写作，几乎每个地方都有某个本土诗人奋力拼搏，搞出一部诗集来，称之为"某某书"，后知后觉者如我，此时虽也想整一部主题诗选，却已是后续乏力、力不从心了。

回看荣荣的《隔空对火》，依旧是以烈焰一般的激情投入此种体系性的写作，真是令人感叹。此番荣荣选取的主题五个字可概述之：中年之性爱。这是一个堪称犯禁的主题，雷区遍布，每一颗雷都是作者自己埋下的，一待读者走进踩响，率先炸到的，却是作者。青年学者胡亮在《窥豹录》中"荣荣"的词条里不用雷区而用"深渊"比拟，"她面对着自己的深渊，以及，异性的深渊"，无论雷区，无论深渊，总归不是家常写作，因此读《隔空对火》，我首先读到的是荣荣对女性写作题材的开拓，也许应该再加一个定语，中国当代女性写作题材。当众多中年女诗人丧失了爱情诗写能力的时候，荣荣以其勇猛的奋不顾身的姿态，述及了中年女性的爱的渴想、爱的行动、爱的热切，一首一首读下，让人心动、心跳、心领神会于她与他的情爱纠葛和互为知己。

全书第一辑"镜中花"取意颇值得探究，这个通常与"水中月"合称的词组，似实实虚，似有实无，但却以其美的幻象引人追慕，明知乌有，也愿赴汤蹈火。本辑的抒情主人公大都为他和她，穿插着大量的对话，仿佛一幕幕剧情在上演。剧中的"她"，任性而哀怨，有着女性在性爱上的被动，哪怕内心想要，行动也必须是隐忍的；"他"，则掌握了爱的主动权，像《如尘》一诗所言，"听我的！"，使得一场情事，变成专制之剧。中年女性的爱，就是如此这般无奈，倘想完全做回自己，也只能"收手"，但目前看来，"她"的"灵魂深陷于肉身的山水"，只能"选择等待宽容谅解／选择渺小"。也许人到中年，深知欢娱之短暂，便也有及时行乐的有意求之，更何况，他和她也不是只有不对等的关系，他们之间，也是知根知底，"互为鸟兽或鱼水"。我感觉荣荣有意在这一辑代言中年女性，她用诗歌的眼光观照生活中迷醉于性与爱的中年男人和女人并把他们邀请上她的纸页，她一定注意到了中国当代诗歌写作上的这一块空白。所以她倾尽心血，动用了女性的身体想象和情感意志，刻画出了一对中年男女：他和她。荣荣的写作让我想到了美国女诗人莎朗·欧茨的《雄鹿之跃》，薄薄的一本诗集，全书49首诗围绕着"前夫"而作，"离婚"是该书主题。西方国家对写作题材真是宽容。那样一本完全私密的、纯属作者个人情感际遇的诗集获得了2013年普利策诗歌奖，在中国任何一种官面上的奖项都是不可能的。因此我说，荣荣的中年女性性爱诉求的写作拓展了女性写作的疆域，是一种值得肯定的突破，可以与《雄鹿之跃》构成题材上的补充和印证，可视为东西方女性诗歌写作的姐妹篇。

书名《隔空对火》选自书中一首诗《和一个懒人隔空对火》，两地相思被具象化了，他摸出烟，她举起火机，隔空为他点上。无比细微的默契、无比浩瀚的浪漫。"隔空对火"这个词就这样被诗人生造出来。一个不曾给这个世界贡献出一个词的诗人不能称为好诗人，因为荣荣，汉语词汇库里多了一个爱的隐喻——隔空对火。从流行传唱到隔空对火，显示了诗人在更高一级语言层面上的创造力，带给读者新鲜的暗示，诗人陌生化的语码符号经由这样一部诗集，被读者牢牢记住。

本书第二辑"流水书"，同名诗作《流水书》是一首长诗，记录的两个人的一场饭局：暧昧的若有若无的爱之情愫在日常的流水中荡漾，微妙涌动，依旧是一首中年心境之诗。欲言又止，欲擒故纵，欲说还休。这首诗体现的是诗人平衡语言的能力，在日常的平庸和诗意的期许间来回摆动，心旌摇荡却不露声色。极妙。

同为女性，同为中年，读荣荣《隔空对火》，对比自己写作的保守和退化，我必须对自己进行狠狠的批评，好吧，放笔，面壁去！

2019-11-1

书　　名	《临潭的潭》
著(译)者	北乔 著
版　　别	中国青年出版社 2018 年

源于生命的诗句

翻读北乔微信，依旧有许多临潭消息，原先一直以为他只是偶尔到临潭采风，直到诗集《临潭的潭》出版并在小众书坊举办分享会，这才知道以散文和评论名世，此前从未写过诗的北乔，因为被中国作家协会安排到临潭挂职扶贫两年，为高原风光所魅惑，竟然顿悟成诗人以一天若干首的速度，不到两年完成了这样一部厚达 347 页、收有近两百首诗作的诗集。临潭，也因此成为西部诗歌版图一个崭新的地理名词。

2017 年 12 月 9 日，在张家界国际旅游诗歌节的发言中张执浩以武汉的东湖面积大西湖 7.3 倍、名气却没有西湖大时分析了个中原因：西湖有太多诗人写到而东湖没有，由此张执浩总结出一个观点：凡是诗歌没有写到的地方都是偏远之地。同样的意思我如此表述：诗歌所到之处方为到达。至 2011 年底，中国共有 2853 个县级行政区划单位，每个人所能知道的真的很有限，像我这样还算经常行走的人也是因为北乔诗集《临潭的潭》才知道临潭这个地方，于是引发了好奇，不免搜索一番，这才了解到临潭古称洮州，位于甘肃省甘南藏族自治州，地处青藏高原东北边缘与黄土高原西部过渡地段，一直被誉为"进藏门户"。确认一个地方的文学地理坐标，使之从无名中显现，成为世人心目中神一样的存在，这就是诗歌的力量，北乔以诗集《临潭的潭》加入了一己之力。

2016 年，《临潭县志》书写时必须有的一个关键词：北乔。

2016 年，《北乔文学年谱》中必须有的一个关键词：临潭。

北乔、临潭；临潭、北乔。二者的相遇让一个人成为诗人，让一个地方成为诗歌的远方，让读者心目中的旅游胜地多了一个美妙的词汇：临潭。"这样的写作是有价值的，是一个有根性的写作。一行行的文字，真诚地和一个确切的地方，和一个确切地方的人民，和那里的万物有着确切的联系。这些源于生命的诗句不是飘在天上，不是头脑里飘着的哲学或者想，而是和那个地方生息着的人们，和那里的生活，和他们的情感有着血肉般的密切关系。"评论家李敬泽先生在北乔诗集《临潭的潭》首发式暨分享会上（2018 年 7 月 26 日）的发言道出了北乔诗歌写作的意义。

从北乔走进临潭的那一刻起，他就自觉地肩负起宣传临潭、推广临潭的使命，这当然也是文字要求于一个作家的本能冲动，北乔原本打算用他擅长的散文来写作，但他身上的诗性和临潭的神性自行发生了神秘的高原反应。人在高原，人性往往让位于神性。临潭所处的甘南地区，海拔在 2650-2850 米，在这里，条状的速溶咖啡会鼓胀得如棍棒一样硬，江苏盐城人北乔在生理上没有明显的高原反应，但在心理上，他的高原反应却极其强烈，高原的壮丽、宏阔，让他不能自已。他不断地拍摄下临潭高原的风光并同步发布到微信和简书，几天后朋友们不满足于单纯地欣赏图片，他们需要北乔的实时解说，于是，诗诞生了。临潭高原就这样用独属于自己的美色诱使北乔拍摄并进而促成北乔的诗意表达，它借助北乔的手，完成了自己的诗意言说。是的，临潭有自己的选择，地域有灵，每一个地方都会选出自己的代言人，这一次，临潭选出了一个异乡人，因为这个人已把异乡当故乡，当他不断地与高原密谈，当他视"弯腰推一块石头"为"向高原深深地鞠躬"，当他说，"高原，才是最伟大的诗人"，他内心的虔诚感动了高原、感动了临潭，地域有灵，地域清楚谁才有爱心、谁才有能力书写自己、播撒自己！

阅读《临潭的潭》，你绝想不到这是一个从未写过一首诗的人的第一本诗集，"高原诗经，聚焦临潭的山川风物；隐喻或辽阔，是内心情感的风景，整体构成了一部关于临潭的诗歌志"，诗人、作家邱华栋如此评价《临潭的潭》。我注意到北乔的诗写，总是让物自己说话，在他的诗中，"我"时常隐身。西部是一个地广人稀的地方，自然万物才是主角，人是微不足道的配角。青稞、经幡、猎枪、马子奶、羊群、火焰、云朵、粮食……活灵活现，各具心态，比人还自如地出入北乔诗中，且看，"挂在墙上的猎枪，向砍刀吹嘘冒险的过往"；再且看，"粮食扶起酒杯，幸福，忧伤"；还有，"青稞酒一边回忆大地的温存，一边 / 寻找失眠的人"……读《临潭的潭》，吸引我的还有与临潭有关的地名：冶木河、冶力关、洮河、术布、八角乡、古尔战、流顺、羊永……这些颇具异域情调的词汇一如既往地带给我幽远、古奥之美，这是一些单单读到就想去往的动人之地。

禅宗里有顿悟之说，诗本质最接近禅，诗人的瞬间生成绝对可能，诗不需要漫长的过程，每个人的内心都有诗意的一个点，你被点拨了、你被触动了，诗泉即可喷涌而出。对北乔，临潭就是那根点拨的手指，就是那个开启触动的机关。

祝福北乔！

2018-12-12

书　　名	《穿过那片发光的海》
著(译)者	莫笑愚 著
版　　别	百花洲文艺出版社 2018 年

炸裂感和冷峻感

　　读莫笑愚的诗，我的脑中总是跑出美国诗人路易斯·辛普森在《美国诗歌》一诗中提出的"诗歌的胃"，"无论它是什么，它必须有 / 一个胃，能够消化 / 橡胶，煤，铀，月亮，诗篇"，真的莫笑愚的胃太大、太强悍，而且它确实消化的就是辛普森诗中的许多硬东西：橡胶，煤，铀。中国诗人不缺乏消化月亮和诗篇这些属于农业文明的胃，缺乏的是消化工业产品的胃。莫笑愚的诗因此有着一种坚硬的质地，它不是好读的诗、柔软的诗、温情脉脉的诗，它的炸裂感和冷峻感使这部诗集呈现出真正的中性写作样貌，想一口气读完莫笑愚的诗是徒劳的，你只能分阶段读，边读边歇地读，这部体量庞大的诗集除了诗作数量多，还有庞杂的题材指向和高密度的语言意味。

　　且来看看莫笑愚的诗作，她写受精卵，一枚诡异的受精卵和"我"的纠缠，像一场荒诞剧，受精卵自由出入于"我"的梦中，嘲笑我，遗弃我，在这首诗里，莫笑愚用悖谬重重的语言，传递着阴郁、神秘却又有一丝喜剧效果的现代气息。自始至终，我们并不知受精卵为何物，它是蝴蝶的受精卵，抑或是"我"的受精卵？她写无字书，朝代和人物纷涌成每一句诗在她笔下完成她对爱情的想象：这更像是一场不能说出的情感，词语所能触摸到的地方，都是绝望。她写"曾经"，把一个虚词实词化，用水、光、霞、心事、忧伤、项链、风为"曾经"赋形，每一个"曾经"都带着肉身和情感，有它自己的生命和重量，全诗不曾出现的一个"我"字仿佛隐私，秘而不宣却隐隐作疼。能感觉到莫笑愚时时沉浸在诗歌情绪中，日常物事、人际交往、微信阅读，都能成为她的诗写资源。有时她会如实交代一首诗的触发点，如果这首诗是被具体的某件事带来的，当我在《上帝的羔羊》

《雪，在梦里烧》《一百个秋天》后面读到莫笑愚的注，我被她发自肺腑的真诚感叹所感染，忍不住和她一起陷入忧思。莫笑愚有如同欧阳江河所说的"让毫不相关的甲与乙相遇，从而变为丙"的超现实语言能力，她用这种能力对俗常世象进行再度挖掘，俗常便焕发光彩。莫笑愚怀揣多种语言技能，这使她的诗面貌各异，我甚至想，遮上作者的名字，你都不敢相信它们出自同一人之手。莫笑愚又是实验诗的不懈尝试者，当我在她的诗中读到错落有致的诗行排列时我可以看到她的微笑，看到她突破整齐划一藩篱的努力。我喜欢的是莫笑愚的长句，绵长的呼吸、有着赤足丈量大地的坚韧和深远的情怀，"成熟的秋天，把头颅伸进铡刀，等待那一刻，瓜熟蒂落"，成熟亦是死亡，亦是永恒的命数。莫笑愚的长句有时也是语意不断延伸的需要，"我无端地彷徨，游移不定。饭桌的边缘有个深渊或者陷阱／我每天都掉进去，其实我掉进去多时了，只是今天，我准备接受一次洗礼"，从恍惚，到坚定，视苦难为救赎，长句代表了作者内心纷繁的折磨，它们反复地、不间断地发生、进退，最终在信仰的层面上得到慰藉。倘用短句，则呼吸急促，浮躁，达不到长句的效果。

莫笑愚有常年旅居美国的经历，但她并不写游历诗，芝加哥、夏威夷、新奥尔良、坎大哈等异国地名的出现并不以风景的形象示人，而是诗人生存其中的场域，本质上呈现的还是诗人个体生命的证据。我特别看重《献给芝加哥的诗行》，这是一首长诗，由三个组章组成，每一组又有若干首短诗。夹叙夹议夹抒情，是诗人某段生命时光的重现。诗的开篇给出了时间：2016 年 8 月 11 日，星期四，确证了一首诗的来处，诗人手法老练，叙述了从北京飞往芝加哥的行程，我所认为的莫笑愚的"诗歌的胃"、莫笑愚的"中性诗风"在这节中一览无遗。诗人用近乎刻薄的语调写到长途飞行中机舱乘客的种种表现，吃喝拉撒、看小屏幕电影，诗人奇妙而泼辣的看待世界的方式在这句泼洒出来，"另一些人在梦里遗精，在突如其来的／颠簸中，许多人同时抵达高潮"，我不知道有多少诗人能写出这样异端的诗意，它用刺痛你心让你觉得不舒服的方式拓宽了诗意的边界，诗意并非仅是风花雪月那种美的走向，它还可以不美。本诗的三个组章写于不同年份，当是诗人根据题材需要的组合，在本诗中作者融进资本、家族、总统选举、城市欲望、贵州垃圾箱死亡少年、艺术、汇率、市场和法律等当代元素，将异质的材料整合进一首诗中，展示了一幅世界文明的创造与毁灭、欢乐与悲伤、自由与束缚的复杂图景，诗人常常身在此处、心在彼处或者反过来，身在彼处、心在此处。如同诗句所写，"我住在萨克斯的一个孔里／我想起陕北的窑洞"，彼与此之间，是漂泊异国的人的心理境遇。

当我在《献给芝加哥的诗行》读到"我羞愧，我活着，对你们的苦难束手无策"，我真想狠狠痛哭一场。这句诗太具现实针对性了！

2018-7-26

后记

　　必须要写后记了，再不写，这部书就永远也完不成，完不成，我的其他事就无法做。我是个比较笨的人，只能专注于一件事，一心只能一用。但书是永远读不完的，生有涯，而书无涯。只好拿起一把"后记"的刀，告诉自己，就此终结这第二辑。2019年7月，《人间书话》出版，万万没想到，此书获得了这么踊跃的购买和阅读。当当网的排名不断前移，最好的成绩是第14名。三个月后就加印了。仅我的微信朋友圈就销出去一千本，大家都十本二十本地买，送亲朋、送好友，这真是一种友情和信任。周瑟瑟、格式、周才庶、颜桂堤、吴常青、宋春香、张家鸿、陈加等师友为《人间书话》写了书评，这些"书评的书评"让我感受到了写作读书记的快乐和价值。阅读便在这样的鼓励中继续加快。

　　以我写作读书记的经验，外国诗集最困难，因为对外国诗人背景不了解，无从说起，另外，不少声名赫赫的外国诗人也不知在哪个环节出了问题，总让我觉得他们的诗好像也不过如此，并无多么超拔之处。反而中国诗人让我备感亲切，熟识的同道，心里堵了许多话想说，他们的写作对象又大都是我也置身其中的生活现场和日常物事，我正好也借阅读了解一下同类题材他们怎么写，以此取长补短。所以这部分的读书记最多。我甚至想着慢慢读，读个100本，再专门出一本"中国当代诗集100部"之类的。把这念头先存着，等水到渠成吧。

　　《人间书话》如果一部一部出下去那我的余生就彻底交给读书了，但读书记毕竟读的写的都是别人的书，本质上不像自己的原创作品，因此我总心有不甘。想着还是应该写自己的作品、做自己的事，诗歌肯定是自己的作品，画画肯定是自己的事。因此也委实犹豫不决。至少第二部出版后我就不再全力以赴读书了，也不打算每读一本就写一篇。写读书记真的好累，我不是专业批评家，也不是学者，肚里没那么多词汇，常常有对着一本书不知从何下笔的感叹和无奈。知道是好书，好在哪儿？要把这"好"衍生成一篇文章，委实不容易。感谢《散文》汪惠仁、沙爽、《朔方》曹海英、《文学港》荣荣、《海燕》李皓、《黄河》黄风、王国伟诸位师友对读书记的刊用，谢谢你们用一次刊发一组的方式给予我切实的鼓励！特别感谢中国华侨出版社，在我本意，读书但能"积学以储宝，酌理以富才，研阅以穷照"（刘勰）就心满意足了，不意又得到出版机会，怎不让人感慨、感动复感恩呢。

感谢我的爱人吴子林提供给我良好的家庭环境让我得以静心读书、写作，我们家的书都是他购买的，本质上他规定了我的阅读方向。

2020-3-3